Visual C++ 6.0으로 구현한

전산물리학

최행진 지음

KyoWooSa 敎友社

지은이 서문

Visual C++ 6.0 은 출시된 지 상당히 오래된 프로그램이다. 몇 년만 지나도 훨씬 좋아지는 대부분의 프로그램의 경우 최신 버전을 쓸수록 좋다. 하지만 전문 프로그래머가 될 것이 아니라면, Visual C++ 컴파일러의 경우 6.0 을 사용하는 것이 오히려 좋다고 생각한다. 최근 제품을 사용하지 않아도 프로그래밍하는 데 특별히 문제될 사항이 없기 때문이다.

이 책을 통해 여러분은 Visual C++ 6.0 을 이용하여 물리학 현상을 모의실험해 볼 수 있다. 책의 구성을 살펴보자면, 일단 전체적으로는 고전역학 중심이다. 후반부에는 다른 전산물리학 책에서 보기 힘든 모의실험이 있다. 3 차원 컴퓨터 그래픽에서 자주 다루어지는 분야인 흑체복사나 '빛의 반사 모델' 이 그것이다.

전산물리학을 공부하다 보면, 물리학 현상에 대한 이해가 깊어지게 된다. 프로그래밍 공부도 하고 물리학도 배우고 그야말로 一石二鳥 아닌가!

이 책에 실린 모든 프로그램을 교우사의 누리집에서 다운로드받을 수 있다.

목차

1 MFC(MICROSOFT FOUNDATION CLASSES) 1

1.1 개론 1

1.2 MFC 2

1.2.1 준비 과정 2

1.2.2 소스 코드 23

2 함수의 그래프 26

2.1 개론 26

2.2 직교좌표계(RECTANGULAR COORDINATE SYSTEM) 27

2.2.1 이론 27

2.2.2 소스 코드 31

2.2.3 실행 결과 35

2.3 극좌표계(POLAR COORDINATE SYSTEM) 35

2.3.1 이론 35

2.3.2 소스 코드 36

2.3.3 실행 결과 40

2.4 이변수함수의 그래프와 삼차원 컴퓨터 그래픽 40

2.4.1 이론 40

2.4.2 소스 코드 41

2.4.3 실행 결과 46

2.5 연습 문제 46

3 방정식의 근 48

3.1 개론 48

3.2 이분법(BISECTION METHOD) 48

3.2.1 이론 48

3.2.2 소스 코드 50

3.2.3 실행 결과 51

3.3 뉴턴-라프슨 방법(NEWTON-RAPHSON METHOD) 52

3.3.1 이론 52

3.3.2 소스 코드 56

3.3.3 실행 결과 57

3.4 가상위치법(METHOD OF FALSE POSITION) 58

3.4.1 이론 58

3.4.2 소스 코드 59

3.4.3 실행 결과 60

3.5 연립비선형방정식을 풀기 위한 뉴턴-라프슨 방법 61

3.5.1 이론 61

3.5.2 소스 코드 64

3.5.3 실행 결과 67

3.6 연습 문제 67

4 상미분방정식(ORDINARY DIFFERENTIAL EQUATION) 68

4.1 개론 68

4.2 접선법 69

4.2.1 이론 69

4.2.2 소스 코드 73

4.2.3 실행 결과 75

4.3 RUNGE-KUTTA의 방법 76

4.3.1 이론 76

4.3.2 소스 코드 77

4.3.3 실행 결과 77

4.4 연립일계미분방정식을 풀기 위한 'RUNGE-KUTTA 방법' 79

4.4.1 이론 79

4.5 이계미분방정식을 풀기 위한 'RUNGE-KUTTA 방법' 80

4.5.1 이론 80

4.6 연습 문제 81

5 자유낙하(FREE FALL) 82

5.1 시간과 속도와의 관계 82

5.1.1 이론 82

5.1.2 소스 코드 83

5.1.3 실행 결과 84

5.2 시간에 대한 속도의 그래프 90

5.2.1 이론 90

5.2.2 소스 코드 91

5.2.3 실행 결과 96

5.3 시간과 위치와의 관계 96

5.3.1 이론 96

5.3.2 소스 코드 97

5.3.3 실행 결과 98
5.4 시간에 대한 위치의 그래프 105
5.4.1 이론 105
5.4.2 소스 코드 105
5.4.3 실행 결과 110
5.5 연습 문제 110

6 포물체운동(PROJECTILE MOTION) 112

6.1 시간과 속도와의 관계 112
6.1.1 이론 112
6.1.2 소스 코드 113
6.1.3 실행 결과 114
6.2 시간에 대한 속도의 그래프 119
6.2.1 이론 119
6.2.2 소스 코드 119
6.2.3 실행 결과 124
6.3 시간과 위치와의 관계 124
6.3.1 이론 124
6.3.2 소스 코드 125
6.3.3 실행 결과 127
6.4 모의실험 132
6.4.1 이론 132
6.4.2 소스 코드 132
6.4.3 실행 결과 137
6.5. 연습 문제 138

7 이차원 어울림떨개(HARMONIC OSCILLATOR) 139
7.1 개론 139
7.2 등방성 떨개(ISOTROPIC OSCILLATOR) 139
7.2.1 이론 139
7.3 비등방성 떨개(ANISOTROPIC OSCILLATOR) 145
7.3.1 이론 145
7.3.2 소스 코드 146
7.3.3 실행 결과 149
7.4. 연습 문제 151
8 홑흔들이(SIMPLE PENDULUM) 152
8.1 시간과 속력과의 관계 152
8.1.1 이론 152
8.1.2 소스 코드 154
8.1.3 실행 결과 155
8.2 시간에 대한 속력의 그래프 159
8.2.1 이론 159
8.2.2 소스 코드 160
8.2.3 실행 결과 165
8.3 시간과 위치와의 관계 165
8.3.1 이론 165
8.3.2 소스 코드 166
8.3.3 프로그램 실행 결과 168
8.4 모의실험 173

8.4.1 이론 173

8.4.2 소스 코드 174

8.4.3 실행 결과 180

8.5 연습 문제 183

9 프라운호퍼(FRAUNHOFER) 회절 184

9.1 개론 184

9.2 가리개 상의 위치와 복사조도(IRRADIANCE)와의 관계 185

9.2.1 이론 185

9.2.2 소스 코드 186

9.2.3 실행 결과 186

9.3 가리개 상의 위치에 대한 복사조도의 그래프 189

9.3.1 이론 189

9.3.2 소스 코드 189

9.3.3 실행 결과 193

9.4 연습 문제 193

10 LCR 직렬회로 194

10.1 시간과 전하 및 전류와의 관계 194

10.1.1 이론 194

10.1.2 소스 코드 195

10.1.3 실행 결과 197

10.2 시간에 대한 전하 및 전류의 그래프 208

10.2.1 이론 208

10.2.2 소스 코드 208

10.2.3 실행 결과 213

10.3 연습 문제 213

11 중심력(CENTRAL FORCE) 215

11.1 시간과 속도와의 관계 215

11.1.1 이론 215

11.1.2 소스 코드 217

11.1.3. 프로그램 실행 결과 218

11.2 시간에 대한 속도의 그래프 221

11.2.1 이론 221

11.2.2 소스 코드 222

11.2.3 실행 결과 226

11.3 시간과 위치와의 관계 226

11.3.1 이론 226

11.3.2 소스 코드 227

11.3.3 실행 결과 228

11.4 모의실험 230

11.4.1 이론 230

11.4.2 소스 코드 231

11.4.3 실행 결과 234

12 헬리의 혜성과 행성의 운동 235

12.1 헬리의 혜성 모의실험 235

12.1.1 이론 235

12.1.2 소스 코드 243

12.1.3 실행 결과 248

12.2 행성 모의실험 250

12.2.1 이론 250

12.2.2 소스 코드 251

12.2.3 실행 결과 260

12.3 연습 문제 262

13 빛의 반사에 대한 BUI TUONG PHONG 의 모델 263

13.1 개론 263

13.2 퍼진 반사(DIFFUSE REFLECTION) 267

13.2.1 이론 267

13.2.2 소스 코드 268

13.2.3 실행 결과 272

13.3 AMBIENT LIGHT 272

13.3.1 이론 272

13.3.2 소스 코드 273

13.3.3 실행 결과 277

13.4 거울반사(SPECULAR REFLECTION) 277

13.4.1 이론 277

13.4.2 소스 코드 279

13.4.3 실행 결과 283

14 흑체복사 284

14.1 개론 284

14.2. 흑체복사 285

14.2.1 이론 285

14.2.2 소스 코드 286

14.2.2 실행 결과 297

14.3 태양의 색 298

14.3.1 이론 298

14.3.2 소스 코드 302

14.3.3 실행 결과 311

부록 A 에밀레종(성덕대왕신종)의 비밀 312

A.1 개론 312

A.2 명령문 및 모의실험 결과 316

A.2.1 시간에 따른 종소리 소멸 효과 무시 316

A.2.2 시간에 따른 종소리 소멸 효과 고려 316

이 책을 집필하는 데 도움을 준 자료들 317

★ 논문 317

★ 책 317

★ 웹사이트 318

내가 지금까지 쓴 책들 319

1 MFC(Microsoft Foundation Classes)

1.1 개론

MFC(Microsoft Foundation Classes)는 윈도우즈용 프로그램 개발을 보다 쉽게 하도록 도와준다. MFC 에 대해 알기 위해서는 그 전에 먼저 API(Application Programming Interface)에 대해 알아야 한다.

API 는 Application Program Interface 의 頭文字語(acronym)로서, 응용 프로그램이 컴퓨터의 운영 체제에 의해 수행되는 lower-level services 를 요청하고 수행하기 위해 사용하는 명령어들의 집합이다. Windows 3.1 은 Win16 API 를 사용하며 Windows NT, Windows 95, Windows 98 플랫폼은 Win32 API 를 사용한다.

MFC 는 개체 지향 프로그래밍 기술의 적용과 코드의 재사용을 위해서 윈도우즈 프로그래밍을 위한 API 인 "Win32 API"를 기능별로 구분해서 클래스로 작성해 놓은 것이다. MFC 는 윈도우즈 운영 체제에서의 프로그래밍을 위한 "응용 프로그램 프레임워크"이다. MFC 는 창(window), 메뉴, 대화 상자에 필요한 코드의 많은 부분을 제공한다. 독자는 프레임워크 안에 원하는 코드를 추가하면 된다. MFC 를 사용하면 개발시간(development time)을 단축할 수 있고, 코드를 다른 기종에 이식하는데 있어서의 어려움을 줄일 수 있으며, Windows 소켓 API 를 통한 네트워크 프로그래밍을 단순화시킬 수 있다.

API 와 MFC 에 대해 자세하게 설명하는 것은 이 책의 범위를 벗어나는 일이므로, 이것들에 대한 구체적인 설명은 생략한다. 자세한 것이 궁금한 독자(reader)들은 "Visual C++ 6.0"이나 API, 또는 MFC 에 관한 전문 서적을 참고하여라.

1.2 MFC

1.2.1 준비 과정

우리는 함수의 그래프 또는 그림을 그리거나 물리현상을 모의실험(simulation)하기 위해 MFC 를 사용할 것이다. 그런데 우리의 이러한 목적을 달성하기 위해서 반드시 거쳐야 할 과정이 있다. 계속 이어지는 설명을 잘 읽고 그대로 따라하기를 바란다.

아래의 화면

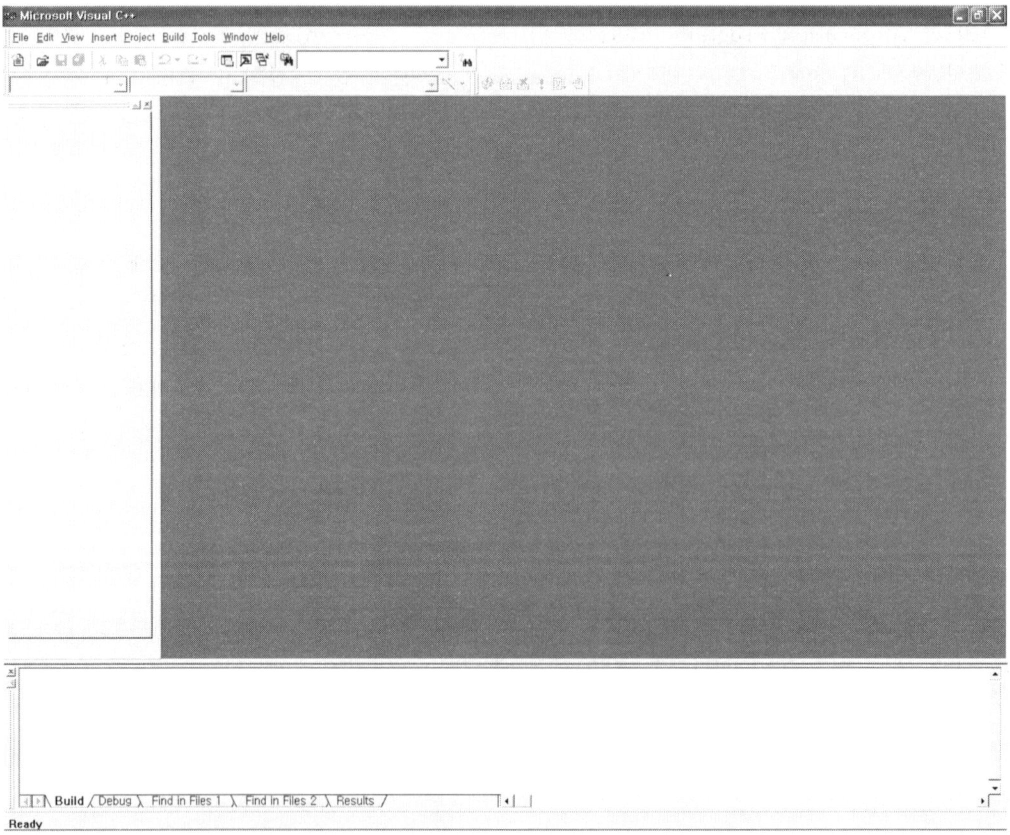

은 "Visual C++ 6.0"을 실행한 화면을 나타낸다.

좌측 상단을 보면 "File", "Edit", "View", "Insert", "Project", "Build", "Tools", "Window",

"Help"가 나열되어 있는 메뉴 모음(Menu Bar)이 있다.

"File" 메뉴를 클릭하면 하위 메뉴(submenu)가 나타난다. 이 중에서 "New" 명령을 선택하면 아래의 "New" 대화 상자

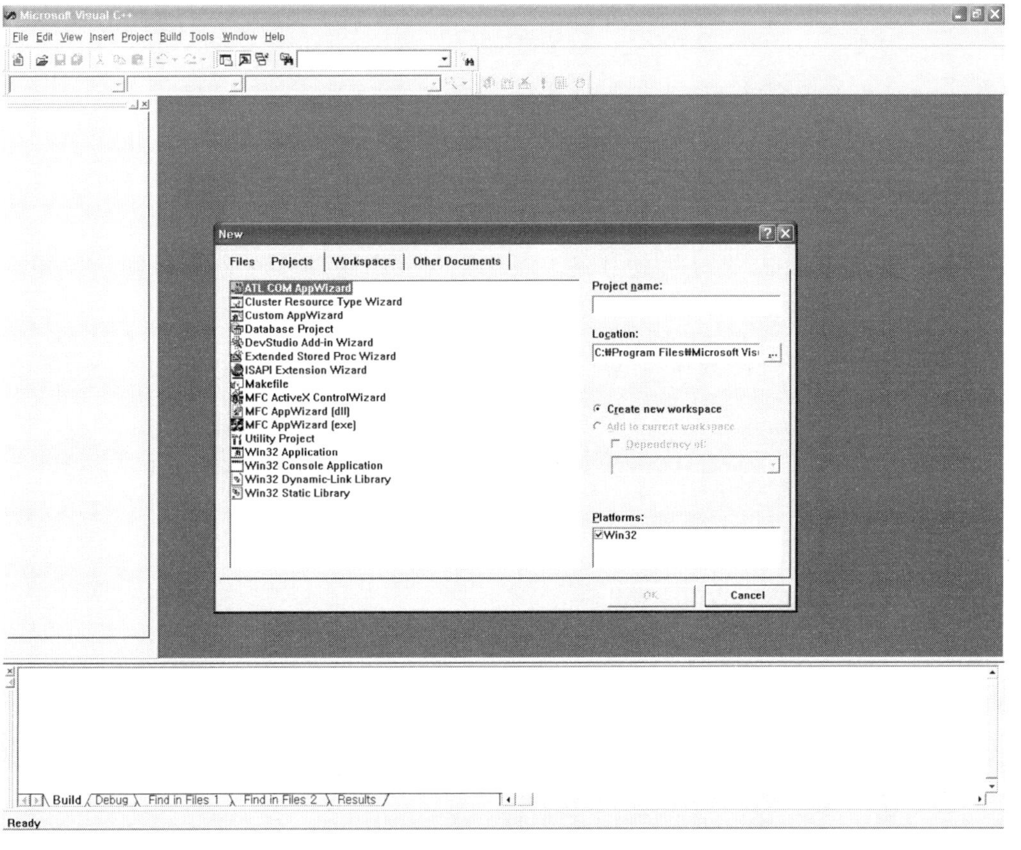

가 나타난다.

이 대화 상자에는 "Files", "Projects", "Workspaces", "Other Documents"의 네 개의 탭이 있다. 별다른 조작을 하지 않았다면 "Projects" 탭이 선택되어 있을 것이다.

왼쪽 부분에는 우리가 만들 수 있는 여러 종류의 프로젝트의 목록이 있는데, default 으로 "ATL COM AppWizard" 프로젝트가 선택되어 있다.

ATL 은 Microsoft 의 Active Template Library 를 말하는 것이다. 이게 뭔지 전혀 몰라도 된다. 우리는 단지 우리의 목적에 맞는 프로젝트가 어떤 것인지 알고, 그것을 선택해 주면 될 뿐이다.

밑에서 여섯번째에 "MFC AppWizard(exe)"가 있다. 이것은 단독으로 실행이 가능하고 기본적인 MFC 응용 프로그램을 만들고자 할 때 사용하는 프로젝트로서, 우리가 선택해야 할 프로젝트이다.

"Project name"은 자신이 원하는 프로젝트 이름을 써넣는 곳이다. 만약 함수의 그래프를 그릴 거라면 "Project name"에 "함수의 그래프"를 입력하면 좋을 것이다.

"Location"은 앞으로의 몇 단계의 과정을 거친 후에 생성될 프로젝트가 저장(save)될 위치를 말하는 것으로, 자신이 원하는 경로(path)를 지정해 주면 된다. 다만 하나의 프로젝트는 하나의 폴더에 저장하는 것이 좋으므로, 새로운 폴더를 만들어 저장할 것을 권장한다. "Location"에 의해 생성되는 폴더는 프로젝트가 저장되는 한 단계 위의 상위 폴더이고, "Project name"에서 지정한 프로젝트의 이름과 동일한 이름의 하위 폴더가 이 폴더 아래에 만들어지고 그 폴더에 프로젝트의 파일들이 모두 저장된다.

그 아래쪽을 보면 "Create new workspace"와 "Win32"가 선택되어 있다. 이것들은 건드리지 않는다.

목록에 있는 여러 프로젝트들 중에서 "MFC AppWizard(exe)"를 클릭한다. 그러면 아래의 화면

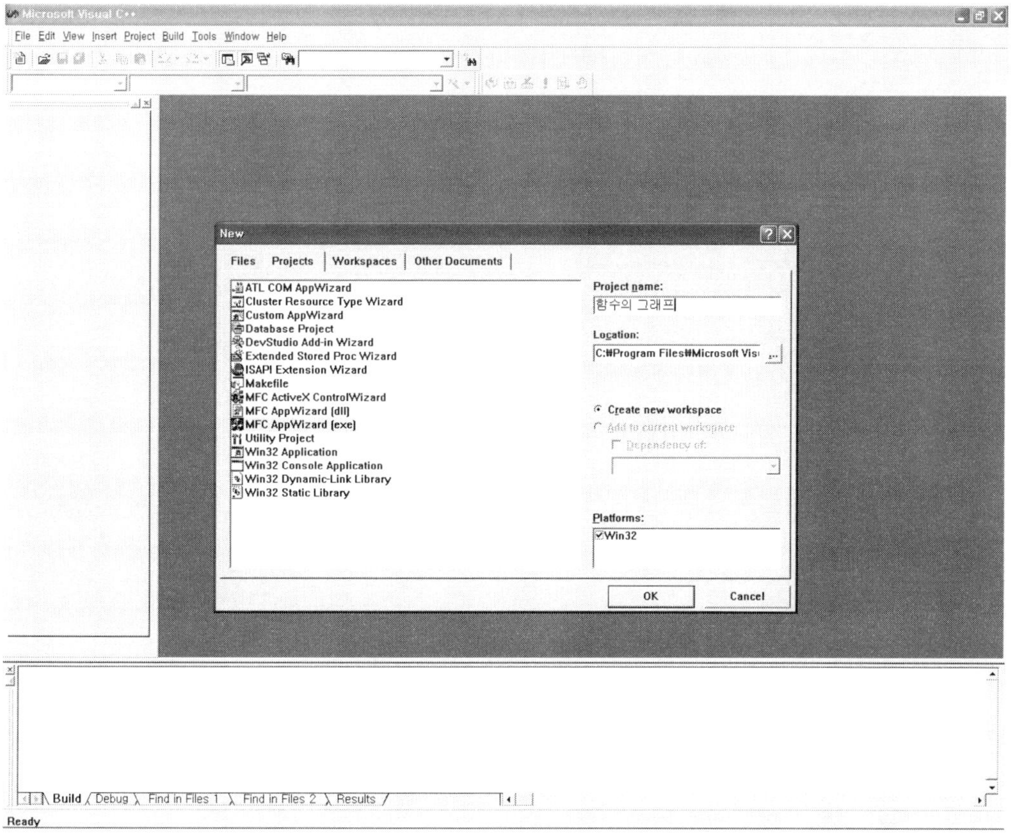

과 같다.

이제 "OK" 단추를 누르면 응용 프로그램 작성을 위한 기본적인 소스 코드를 자동으로 생성해 주는 MFC AppWizard 가 실행된다. 우리는 MFC AppWizard 를 통하여 나중에 생성될 프로젝트의 architecture, features, functions 을 선택할 수 있다.

"OK" 단추를 누른다. 그러면 아래의 "MFC AppWizard - Step 1" 대화 상자

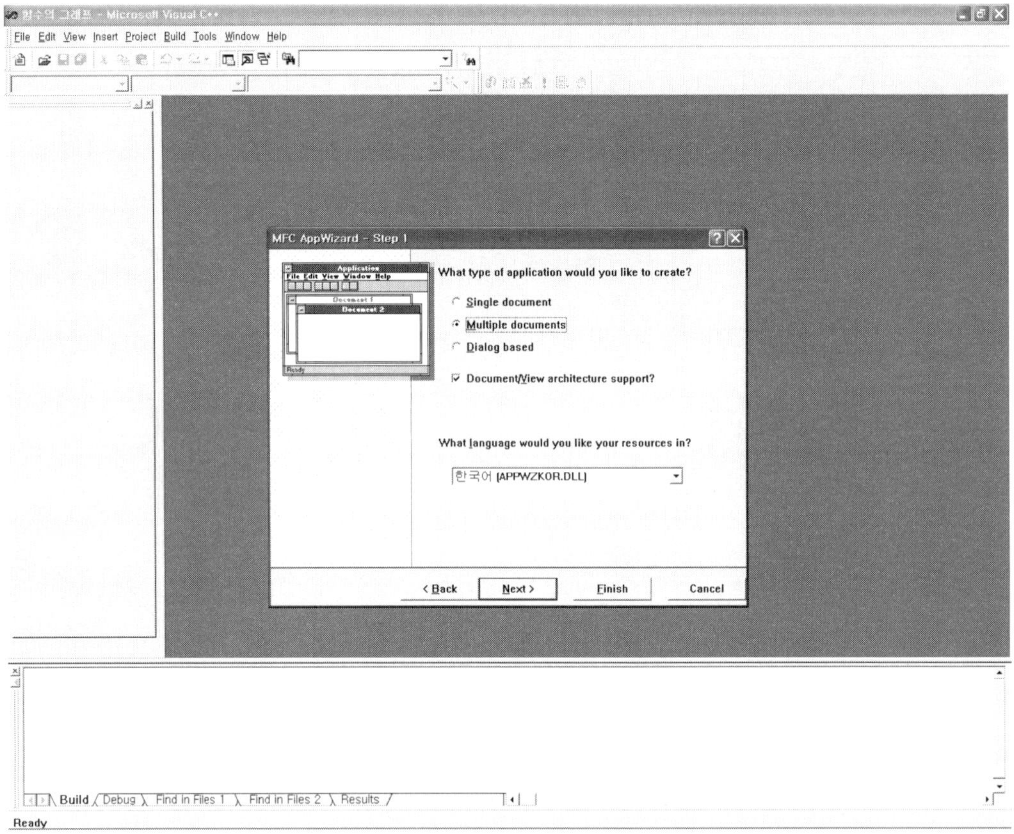

가 나타난다. 이 대화 상자는 우리가 만들고자 하는 응용 프로그램의 기본적인 구조와 리소스(resource)에서 사용할 언어를 결정하는 역할을 한다.

"What type of application would you like to create?"이라는 질문의 답에 세 가지의 architectures 가 나열되어 있고, "Multiple documents"가 default 으로 선택되어 있다.

"Single document"를 클릭하여 설정을 바꾸어 보아라. 또한 "Dialog based"으로도 설정을 바꾸어 보아라. "Single document"와 "Multiple documents", 그리고 "Dialog based"의 차이가 무엇인지 대충 알 수 있을 것이다.

3 번째의 "Dialog based"는 응용 프로그램이 메뉴와 document/view architecture 를 갖지 않는 하나의 대화 상자만을 가지도록 한다. Windows 에 들어 있는 오른쪽 그림의 계산기가 바로 "Dialog based" 유형의 응용 프로그램이다. 계산기를 열려면 "시작"을 클릭하고 "프로그램", "보조프로그램"을 차례로 가

리킨 다음 '계산기'를 클릭한다.

우리의 목적에 적합한 유형은 SDI(Single Document Interface) 구조이다.

세 가지의 architectures 중에서 아래의 화면

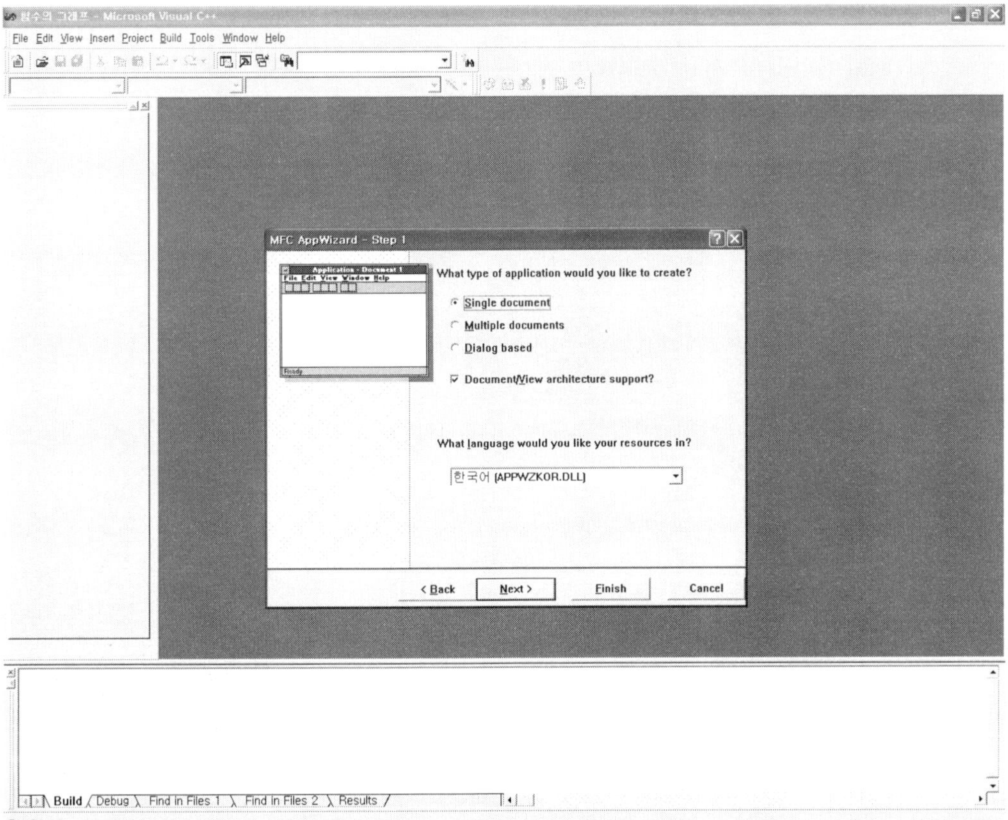

처럼 "Single document"을 선택한다.

"Single document" 유형의 응용 프로그램으로는 Windows 의 보조프로그램에 들어 있는 "Windows 탐색기"가 있다. 이 유형의 응용 프로그램은 하나의 작업 창을 가진다.

한편 하나의 응용 프로그램에서 여러 개의 "Source Windows"을 제공하는 "Visual C++ 6.0"은 "Multiple documents" 유형의 프로그램이다. 만약 "Visual C++ 6.0"이 SDI 구조라면 매우 불편할 것이다. 다른 파일을 편집하려면 현재 편집 중인 파일을 닫고 다른 파일을 열어야 하기 때문이다. 이런 작업을 계속 반복해야 한다면 매우 불편할 수밖에 없다.

아래쪽에는 "What language would you like your resources in?"이라는 질문에 "한국어"가 default 으로 되어 있다. "한글판 Visual C++ 6.0"을 설치해서 그런 것이다. 이것 때문에 나중에 프로그램의 메뉴가 "파일(F)", "편집(E)", "보기(V)", "도움말(H)"과 같이 한글로 나타난다. 또한 메뉴 말고도 단추 같은 다른 리소스에서도 "확인", "취소" 등과 같이 한글을 사용하게 된다.

다음 단계로 넘어가기 위해서 "Next >" 단추를 누른다. 그러면 아래의 "MFC AppWizard - Step 2 of 6" 대화 상자

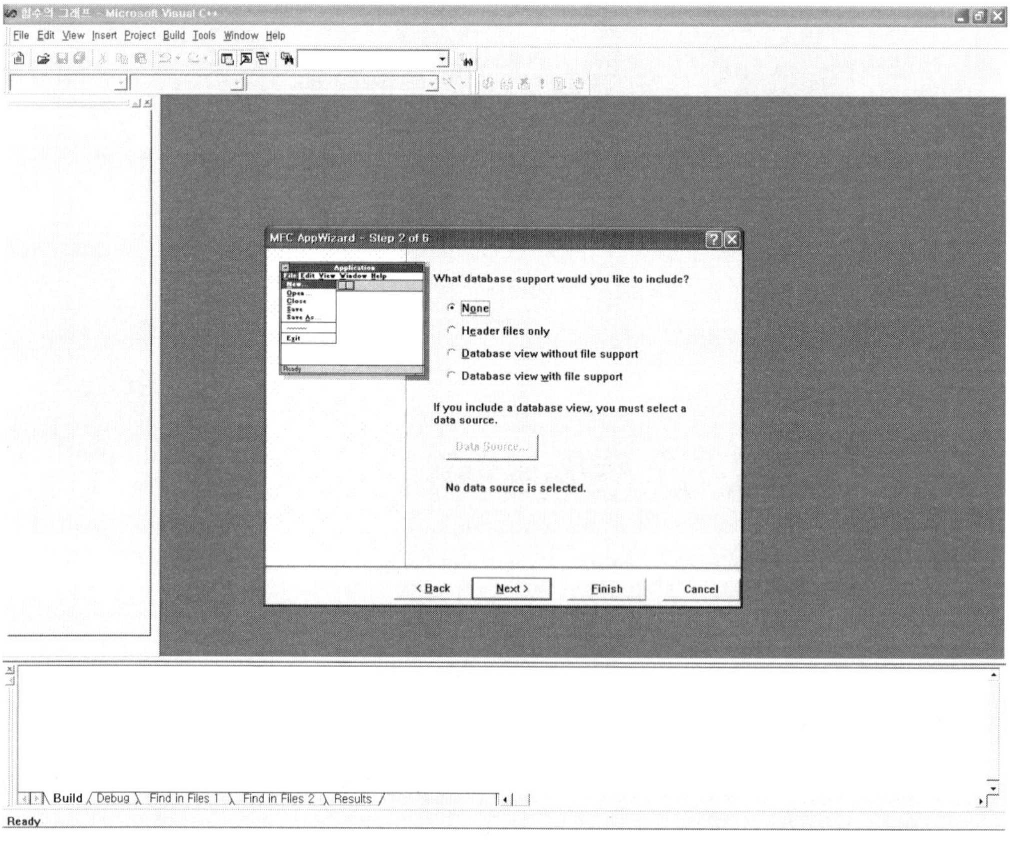

가 나타난다. 이 단계는 database 를 지원하는 기능을 포함시킬 것인지의 여부를 결정하는 단계다.

우리의 목적과 database 는 전혀 관계가 없다. dafault 으로 선택되어 있는 "None"을 그대로 놓아 둔다.

"Next >" 단추를 눌러 다음 단계로 넘어간다. 그러면 아래의 "MFC AppWizard - Step 3 of 6" 대화 상자

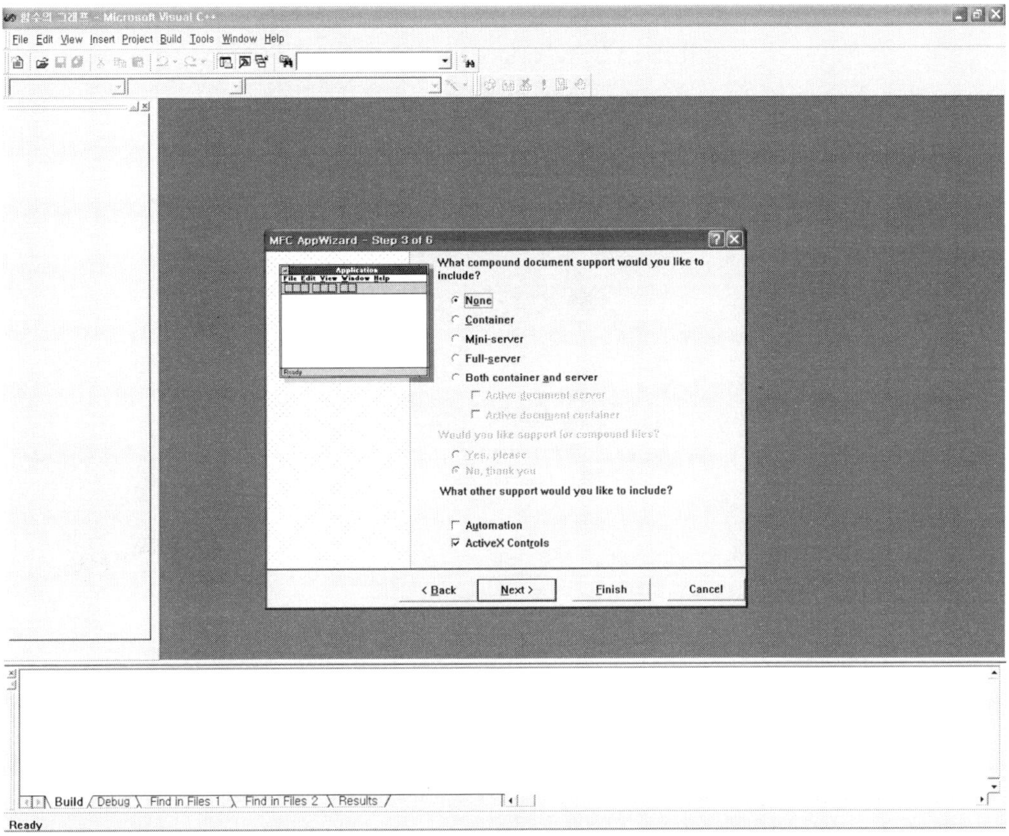

가 나타난다. 이 단계는 복합문서(compound document)를 지원하는 기능을 포함할 것인지 여부와 ActiveX 에 관한 코드를 생성할 것인지 여부를 결정하는 단계이다.

복합문서는 그림 파일, 소리 파일 등이 삽입되어 있는 워드프로세서 파일처럼 여러 종류의 데이터를 담고 있는 문서를 말한다. "What compound document support would you like to include?"이라는 질문의 답에 default 으로 "None"이 선택되어 있다. 그대로 놓아둔다.

한편 아래 부분에는 "Automation"과 "ActiveX Controls"이 있다. 이것들은 ActiveX 에 속하는 기술이다. default 으로 선택되어 있는 "ActiveX Controls"은 ActiveX 의 여러 가지 기술들 중 핵심 기술이다. 요즈음에는 ActiveX 를 Active technologies 이라고 한다. Active technologies 는 소프트웨어 components 가, 그들이 어떤 언어에서 생성되었는지에 개의

치 않고, 네트워크화된 환경에서 다른 components 와 서로 상호작용하는 것이 가능하게 하기 위해 Component Object Model(COM)을 사용한다. Active technologies 는 데스크톱이나 인터넷에서 실행되는 응용 프로그램들을 생성하는 데에 사용될 수 있다. 우리의 목적과 ActiveX 와는 무관하다. 체크 표시를 해제하여라.

다음 단계로 넘어가기 위해 "Next >" 단추를 누른다. 그러면 아래 그림처럼 "MFC AppWizard - Step 4 of 6" 대화 상자

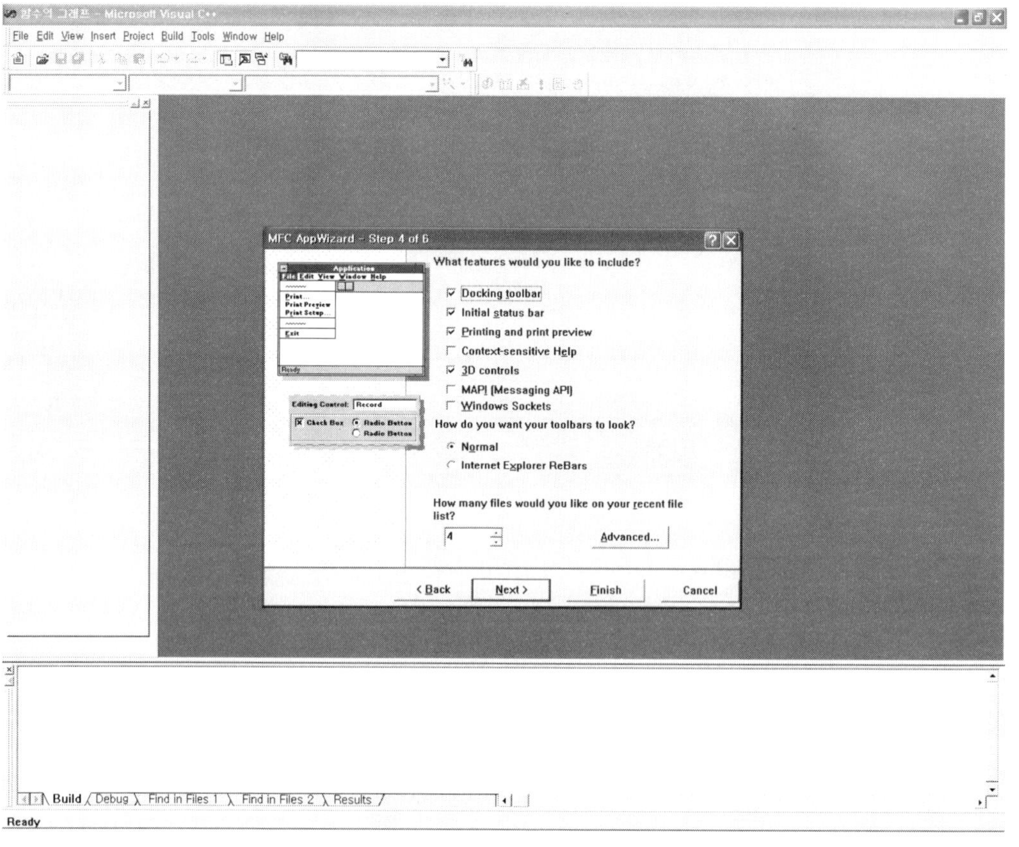

가 나타난다. 이 단계는 응용 프로그램의 사용자 인터페이스를 다양하게 조종하는 역할을 한다. 쉽게 말하면, 응용 프로그램을 어떤 모습으로 보이게 할 것인지 결정하는 것이다.

"Docking toolbar"는 응용 프로그램이 명령어를 실행시킬 수 있는 버튼들이 들어 있는 docking toolbar 를 가지도록 한다.

"Initial Status Bar"은 main 창의 아래 부분에 상태 표시줄이 나타나게 한다.

"Printing and print Preview"는 말 그대로 인쇄와 인쇄 미리보기 기능 설정에 관한 것이다.

"Context-sensitive Help"를 선택하면 도움말 작성을 위해 도움말 프로젝트 파일(.hpj)과 배치 파일 MakeHelp.bat 을 만든다.

"3D controls"는 응용 프로그램의 사용자 인터페이스에 삼차원 모양을 넣는 코드 작성 여부를 결정한다.

"MAPI(Messageing API)"는 mail-enabled and mail-aware 응용 프로그램들이 mail messages 를 생성, 조작, 저장하기 위해 사용하는 함수들의 집합이다. MAPI 는 응용 프로그램 개발자들이 underlying messaging system 에 독립적인 mail-enabled and mail-aware 응용 프로그램들을 생성하기 위해 사용할 수 있는 공통의 인터페이스를 제공한다.

"Windows Sockets"는 소켓 프로그래밍을 할 수 있도록 지원한다. 소켓은 통신의 종점(communication endpoint)이다. Windows Sockets 응용 프로그램은 네트워크를 통하여 데이터의 패킷을 주고받는다. 소켓에는 양방향성의 스트림과 데이터그램의 두 가지가 있다. 사용자가 통신의 양 끝에서 MFC 를 사용할 때, MFC sockets 을 사용하면 매우 좋다.

그 밑으로 "How do you want your toolbars to look?"이라는 질문에 default 으로 선택되어 있는 "Normal"은 보통의 입체 버튼을 가진 도구바를 제공하고 "Internet Explorer Rebars"는 익스플로러의 도구바와 같은 모양의 도구바를 제공한다.

하단에는 "How many files would you like on your recent file list?"이라는 질문이 있다. Windows 의 레지스트리를 많이 편집해 본 사람들이라면 레지스트리 항목 중에 MRU(most recently used) 항목을 알 것이다. MRU 항목에는 가장 최근에 사용한 파일 목록이 저장되어 있는데 이 값에 따라 목록에 저장할 수 있는 파일 개수가 달라진다. 파일의 개수가 이 값을 넘게 되면 가장 오래된 파일 순서대로 삭제되고 새로운 파일로 갱신된다.

"Advanced Options" 버튼이 있는데, 여기에서 한 가지 설정해 줄 사항이 있다.

"Advanced Options" 버튼을 누르면 아래

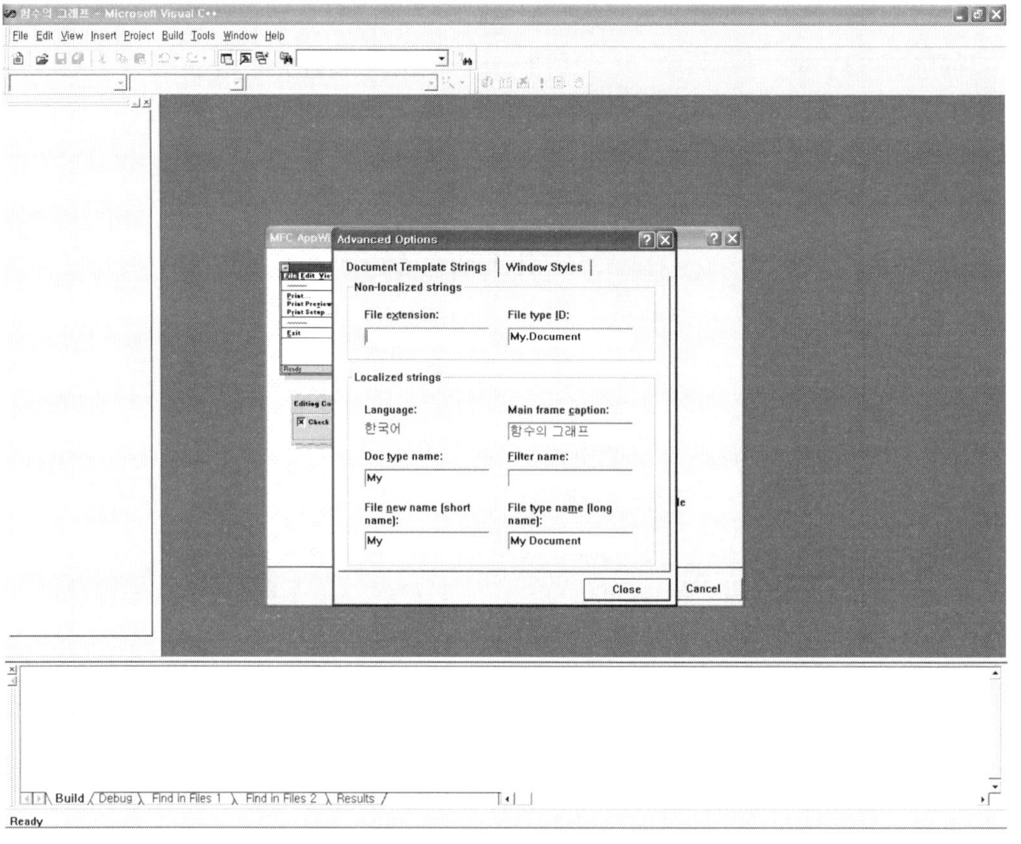

와 같이 된다.

"Document Template Strings" 탭과 "Window Styles" 탭이 있다.

사용자는 "Window Styles" 탭에서 "main frame 창"의 스타일을 바꿀 수 있다.

frame 두께를 thick 으로 할 것인지 thin 으로 할 것인지 지정할 수 있다. 혹시 thick 와 thin 이 무슨 뜻인지 모른다면, 영어 사전을 찾아보아라.

창이 "최소화 버튼(Minimize button)"이나 "최대화 버튼(Maximize button)"을 가질 것인지의 여부를 지정할 수 있다.

창이 초기에 어떤 크기로 나타날 것인지의 여부를 지정할 수 있다. 창이 초기에 최대 크기로 나타날 것인지, 최소 크기로 나타날 것인지, 아니면 default 으로 설정되어 있는 크기로 나타날 것인지를 지정할 수 있다.

SDI 응용 프로그램의 경우, 프레임워크에서 창의 스타일은 default 으로 캡션(caption)

과 border를 가지고 있으며 제목 표시줄에 "Control-menu box"를 가지고 있다.

"Window Styles" 탭을 선택한다. 그러면 아래의 화면

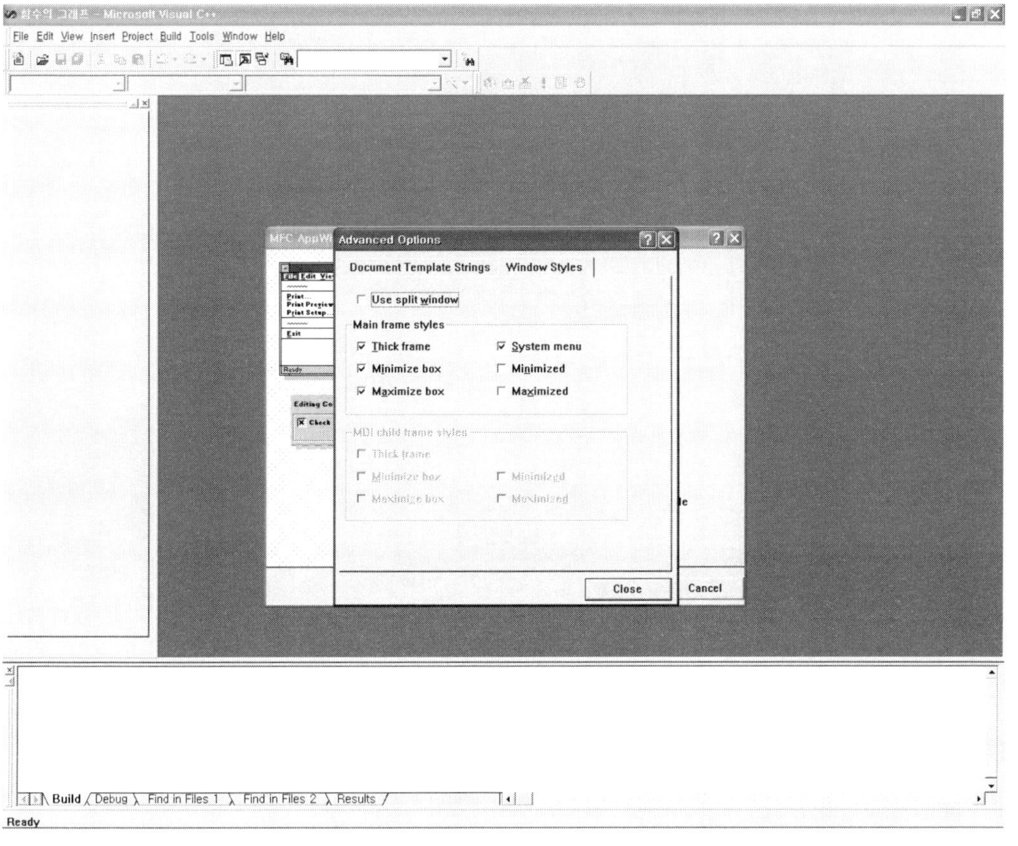

과 같이 된다.

화면 중간 쯤에 "Main frame styles"가 있다. 몇 가지 옵션이 있는데 "Minimized"와 "Maximized"은 프로그램을 실행시키면 생성되는 "main frame 창"을 기본적으로 어떤 크기로 시작할 것인지 설정한다. "Maximized"을 설정하여 주면 프로그램이 실행된 후에 최대 크기의 "main frame 창"이 만들어지고, "Minimized"을 설정하여 주면 프로그램이 실행된 후에 최소 크기의 "main frame 창"이 만들어진다.

"Maximized"를 설정해 준 후 "Close" 단추를 누른다. 그러면 다시 "MFC AppWizard - Step 4 of 6" 대화 상자로 되돌아온다.

다음 단계로 진행하기 위해 "Next >" 단추를 누른다. 그러면 아래의 "MFC AppWizard

- Step 5 of 6" 대화상자

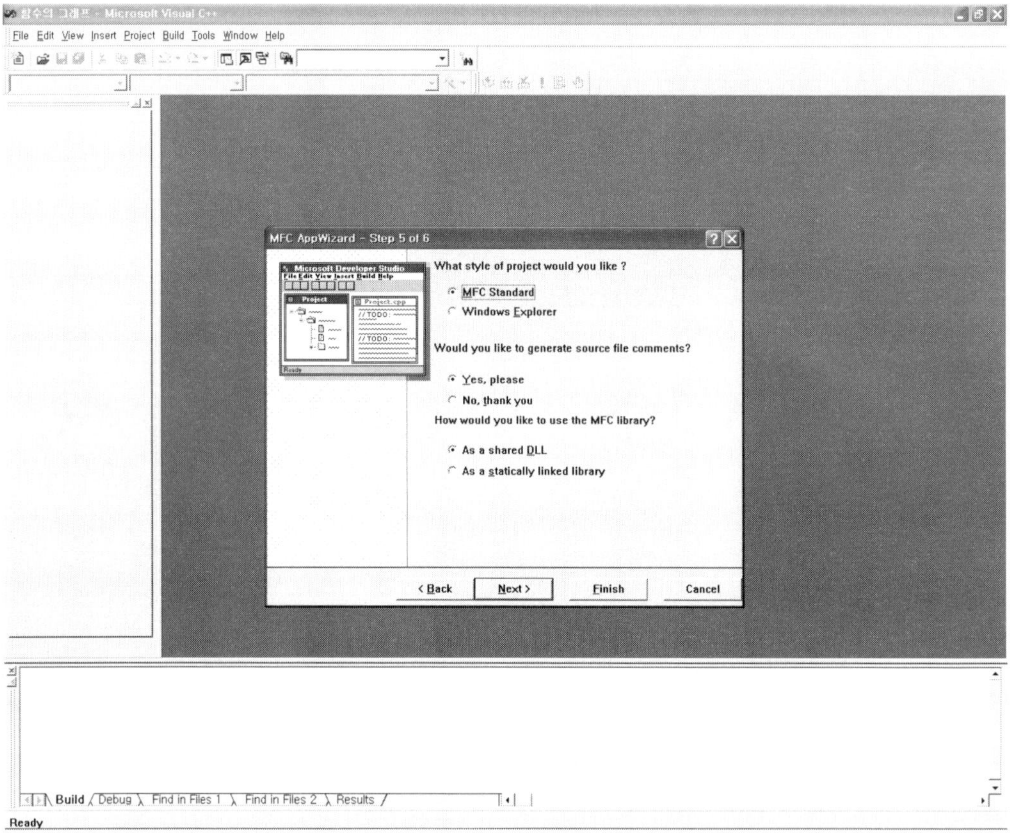

가 나타난다. 이 단계는 사실상 프로젝트 생성을 위한 옵션 선택의 마지막 단계라고 할 수 있다.

"What style of project would you like?"이라는 질문에 "MFC Standard"가 default 으로 선택되어 있다. 이것은 응용 프로그램에 하나의 view 를 보여 준다. "Windows Explorer"는 프로젝트의 스타일이 Windows 의 익스플로러와 매우 비슷해서 붙여진 이름이다. 이것은 "MFC Standard"와는 달리 정적 분할 window 를 수직으로 나누어 view 가 별도로 나타나게 한다.

두번째로 "Would you like to generate source file comments"이라는 질문에 "Yes, please"가 default 으로 선택되어 있다. 이 옵션은 소스 코드에 주석문을 표시하는 기능을 한다. 주석을 달면 AppWizard 에 의해 만들어지는 함수 내부에 어떤 코드를 써야 할 지 알 수 있으므로 코딩할 때 상당히 도움이 된다.

세번째 선택사항인 "How would you like to use the MFC library?"은 응용 프로그램이 MFC 라이브러리에 연결되는 방식을 선택하는 것이다. MFC 라이브러리를 프로그램에 연결하는 방법에는 정적인 연결과 동적인 연결의 두 가지가 있다. 정적으로 연결할 경우 프로그램의 단독 실행이 가능하지만 프로그램의 크기가 커진다. 동적으로 연결할 경우 프로그램의 크기가 줄어들므로 보통은 동적으로 연결한다.

이 단계에서도 변경할 것은 없다.

다음 단계로 넘어가기 위해 "Next >" 단추를 누른다. 그러면 아래의 "MFC AppWizard - Step 6 of 6" 대화 상자

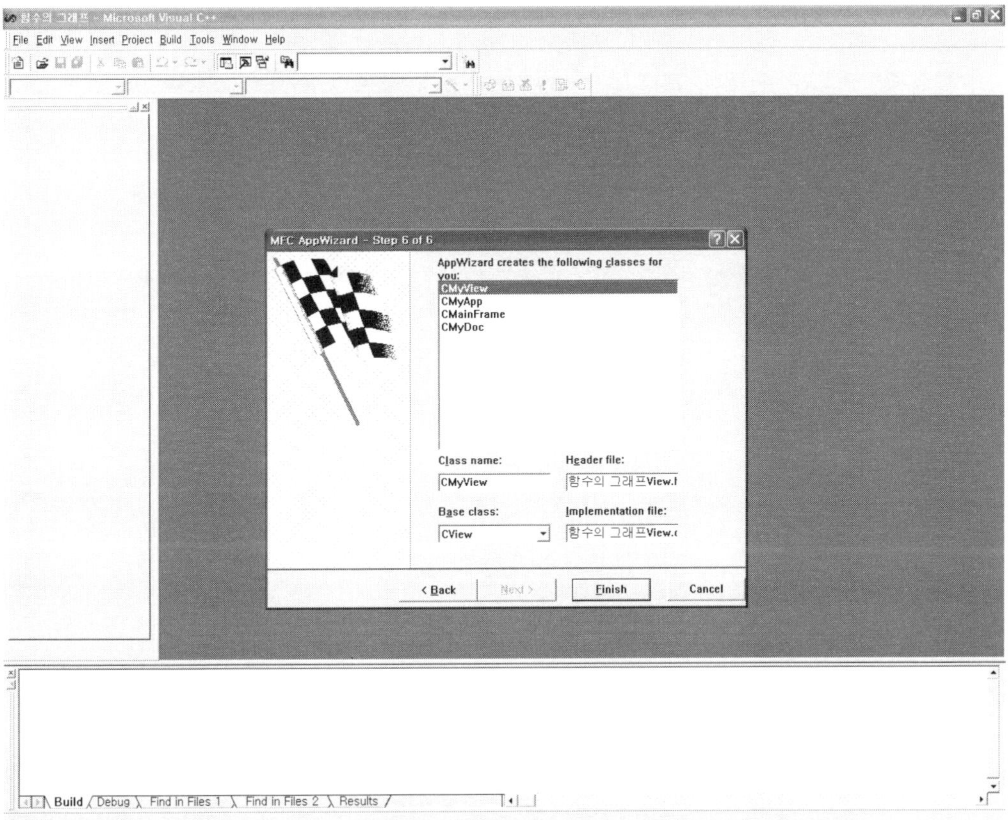

가 나타난다. 이 단계는 AppWizard가 생성할 클래스들에 대해, 각 클래스의 이름, base class, 헤더 파일, 구현 파일을 보여 준다.

위의 화면에 나타나 있는 것처럼 CMyView 클래스에 대해, base 클래스는 CView 클

래스이고, 헤더 파일은 "함수의 그래프 View.h"이며, 구현 파일은 "함수의 그래프 View.cpp"이다. 또한 CMyView 클래스 아래에 있는 CMyApp 클래스에 대해, base 클래스는 CWinApp 클래스이고, 헤더 파일은 "함수의 그래프.h"이며, 구현 파일은 "함수의 그래프.cpp"이다. CMyApp 클래스 아래에 있는 CMainFrame 클래스에 대해, base 클래스는 CFrameWnd 클래스이고, 헤더 파일은 "MainFrm.h"이며, 구현 파일은 "MainFrm.cpp"이다. 마지막으로 CMainFrame 클래스 아래에 있는 CMyDoc 클래스에 대해, base 클래스는 CDocument 클래스이고, 헤더 파일은 "함수의 그래프 Doc.h"이며, 구현 파일은 "함수의 그래프 Doc.cpp"이다. 사용자는 이 단계에서 응용 프로그램의 클래스들의 이름을 바꿀 수 있다.

이 단계에서도 변경할 것이 없다.

이제 모든 설정을 완료하기 위해 "Finish" 단추를 누르면 아래의 "New Project Information" 대화 상자

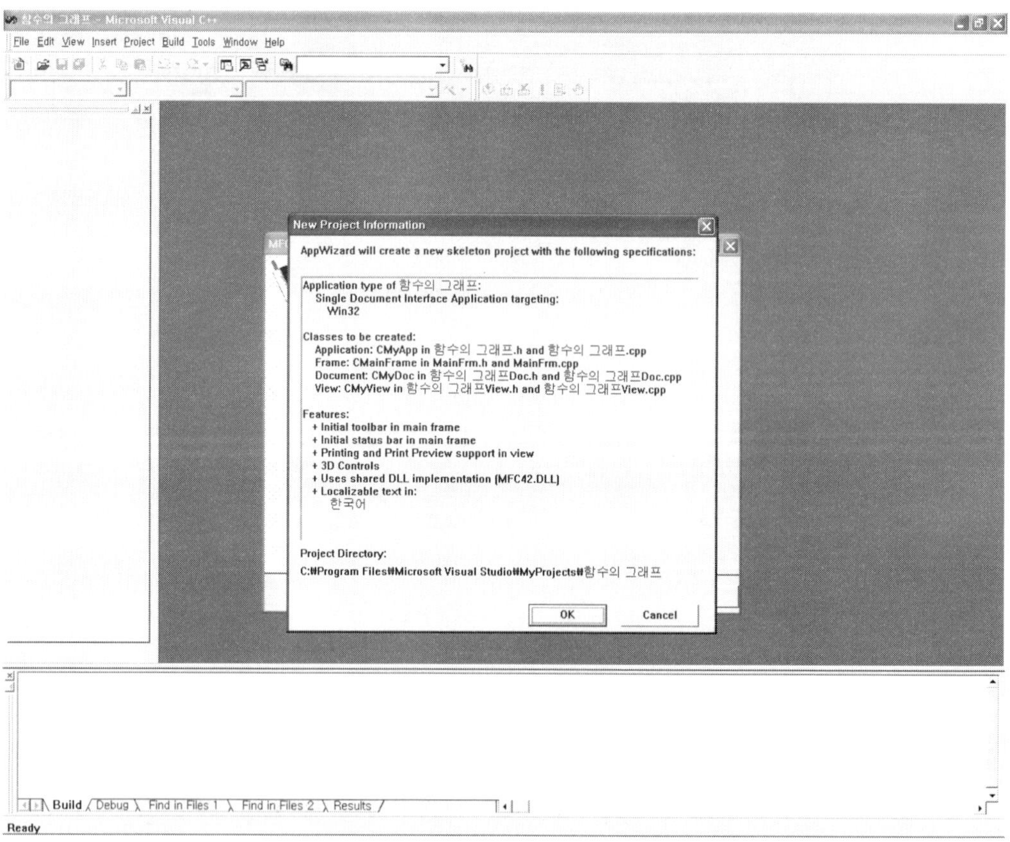

가 나타난다.

위의 대화 상자의 안에 있는 내용들을 천천히 살펴보아라. 무엇을 뜻하는지 잘은 몰라도 낯이 익은 내용들이라는 것을 알 수 있다. 이 대화 상자는 지금까지 우리가 선택하였던 여러 가지 선택 사항들을 바탕으로 하여, 생성할 skeleton project 의 specifications 를 보여준다. 여러 가지 내용들이 나타나 있다.

위의 화면과 비교해 보고 이상이 없으면 "OK" 단추를 누른다. 그러면 아래 화면

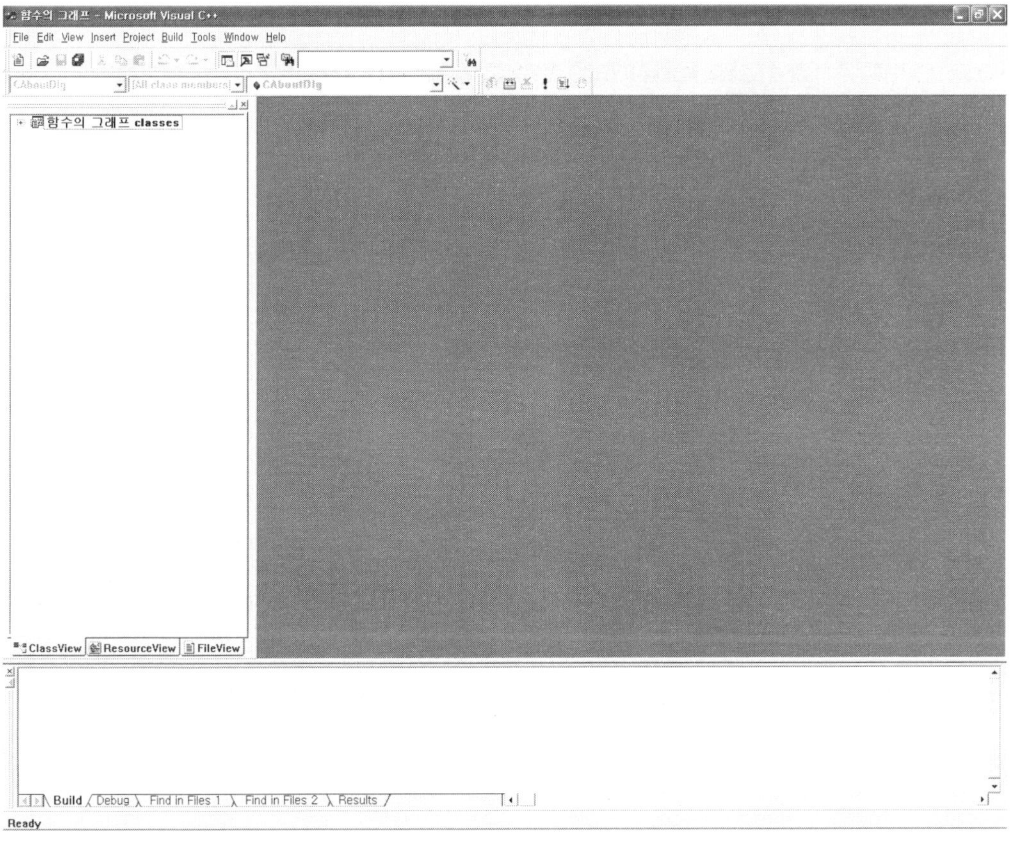

이 나타난다.

처음 "Visual C++ 6.0"을 실행시켰을 때와 비교하여 보아라. "ClassView", "ResourceView", "FileView"의 세 가지 탭을 갖는 "Project Workspace 창"이 나타났다. "ClassView" 가 default 으로 선택되어 있다.

"ClassView"는 클래스들과 클래스들의 멤버들을 보여준다. 클래스의 멤버들을 표시하

려면 클래스 아이콘을 더블클릭하거나 아이콘 아래의 "+" 기호를 클릭한다.

"ResourceView"는 프로젝트에 포함되어 있는 리소스 파일들을 표시한다. 폴더를 펼치면 리소스 유형을 알 수 있다.

"FileView"는 프로젝트와 관련되어 있는 파일들을 표시한다. 우리는 "FileView"를 통해 프로젝트와 project workspace 에 포함된 파일들의 관계를 알 수 있는데, 이 관계는 물리적인 관계가 아니라 논리적인 관계이다.

"FileView"를 클릭한다. 그러면 "Project Workspace 창"이 아래의 화면

처럼 바뀐다.

"함수의 그래프 files" 앞에 "+" 기호가 있다. 이걸 클릭하여 트리 구조를 펼치면 아래의 화면

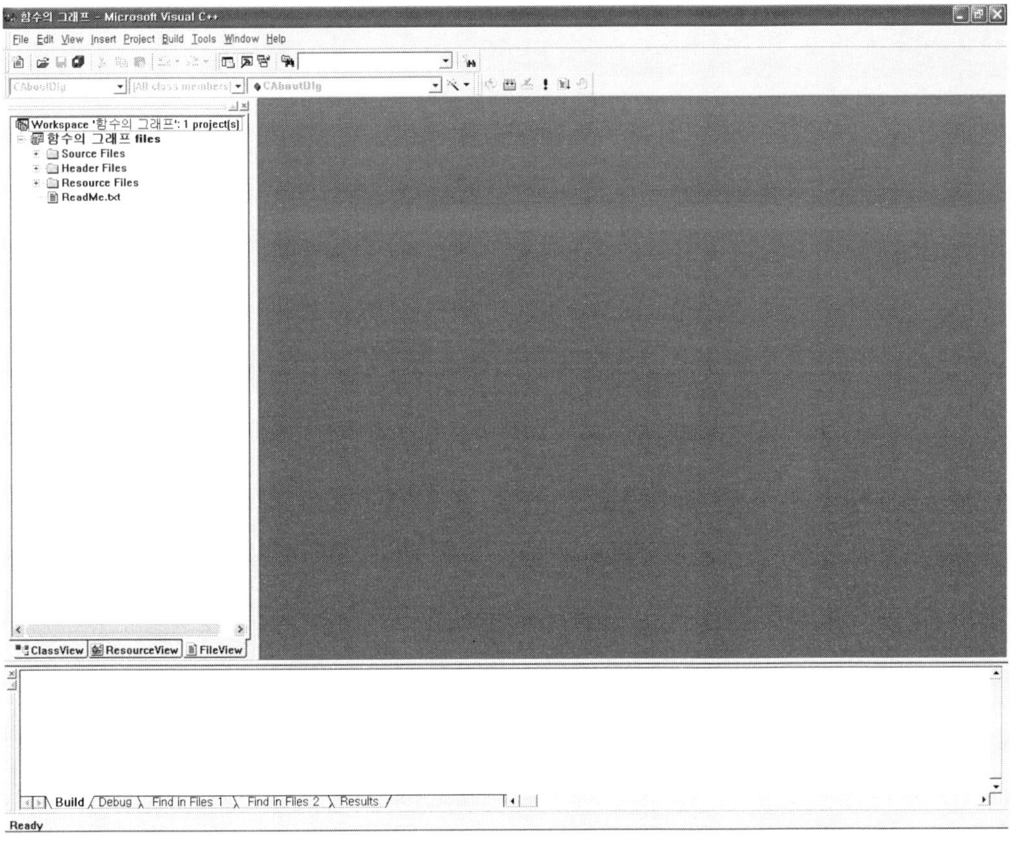

이 나타난다.

"Source Files", "Header Files", "Resource Files", "ReadMe.txt"의 네 가지 하위 항목이 있는 것을 볼 수 있다.

"ReadMe.txt"를 제외한 세 항목 앞에는 "+" 기호가 있다. "ReadMe.txt"에는 응용 프로그램을 구성하는 여러 파일들에 관하여 간단한 설명이 들어 있다. 한 번쯤 이 파일을 읽어 보는 것도 좋을 것이다.

"Source Files" 앞에 있는 "+" 기호를 클릭한다. 그러면 아래의 화면

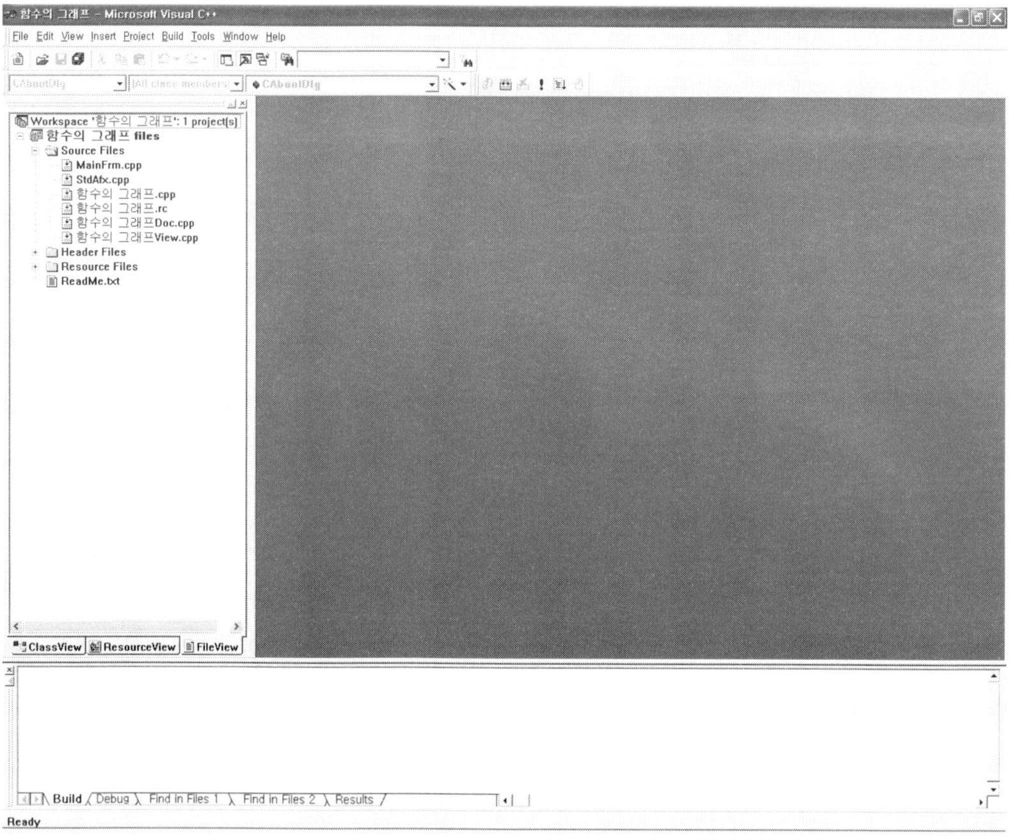

처럼 확장자가 rc 인 파일 하나와 확장자가 cpp 인 파일 몇 개가 보일 것이다.

"함수의 그래프.cpp"는 CMyApp 클래스를 포함하는 main source 파일이다.

"함수의 그래프.rc"는 프로그램이 사용하는 모든 윈도우즈 리소스들의 목록이다. 이 파일은 res 하위폴더에 저장되어 있는 아이콘, 비트맵, 커서를 포함한다. Visual C++에서 직접 이 파일을 편집할 수 있다. 참고로 res 하위폴더에 "함수의 그래프.rc2"가 있는데, 이 파일은 Visual C++에 의해 편집되지 않는 리소스들을 포함한다.

"MainFrm.cpp"는 CMainFrame frame 클래스를 포함한다.

"함수의 그래프 Doc.cpp"는 CMyDoc 클래스를 포함한다.

"함수의 그래프 View.cpp"는 CMyView 클래스를 포함한다.

위의 파일들 중에서 우리가 최종적으로 선택하여야 할 파일은? 처음에 입력했던 프로젝트 이름인 "함수의 그래프"의 바로 뒤에 View 가 붙어 있고 확장자가 cpp 인 파일,

즉 "함수의 그래프 View.cpp"이다.

"함수의 그래프 View.cpp"을 더블 클릭하여라. 그러면 아래의 화면

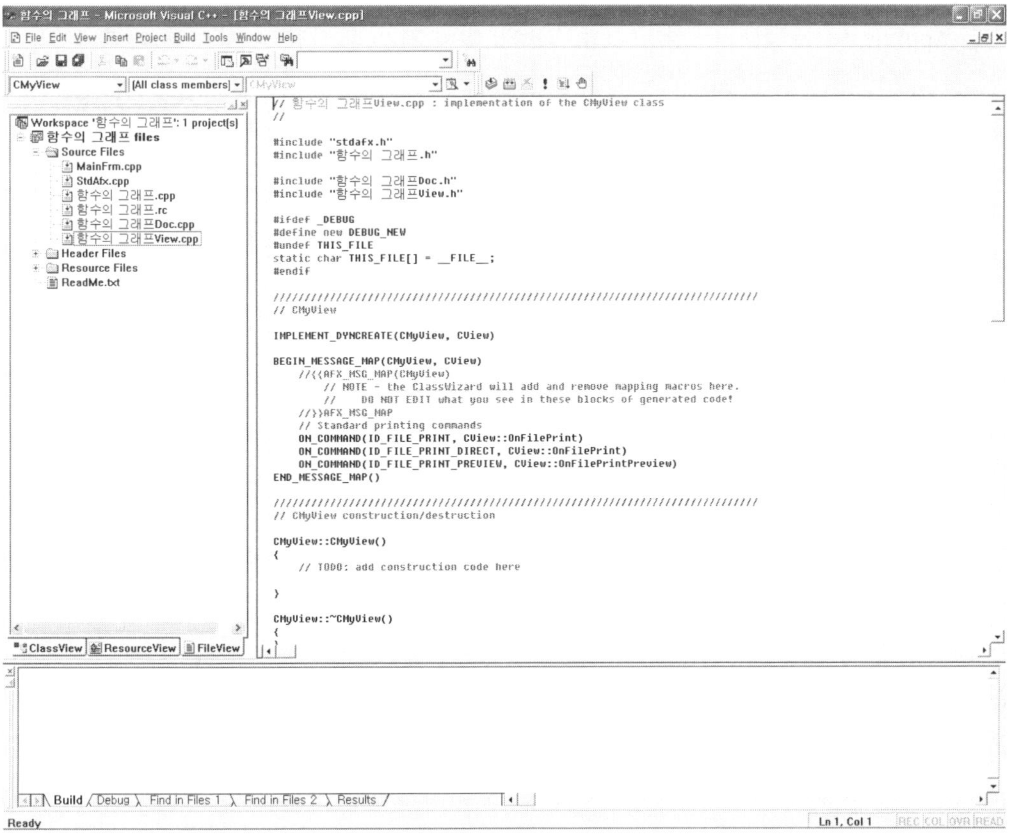

과 같이 "Source Windows"에 "함수의 그래프 View.cpp"의 소스 코드가 나타난다.

드디어 우리에게 필요한 프로젝트가 생성되었고, 우리가 작업할 "Source Windows"도 준비되었다.

main 메뉴 중 "Build" 메뉴를 클릭한 다음 "Rebuild All" 명령을 실행시켜라. 그러면 생성된 프로젝트가 컴파일과 링크 과정을 거치게 되어 실행 파일이 만들어진다. "Rebuild All" 명령은 프로젝트의 모든 파일들을 빌드한다.

참고로 개발환경(development environment) 외부에서 프로그램을 빌드하려면, 명령 프롬프트(command prompt)나 makefile 에서 빌드 옵션을 지정한다. CL.EXE 는 Microsoft C 와 C++ 컴파일러와 링커를 조정하는 32-bit 도구이다. 컴파일러는 Common Object

File Format(COFF) object(.OBJ) 파일들을 생성하고, 링커는 실행파일들이나 dynamic-link libraries(DLLs)를 생성한다.

"Build" 메뉴를 다시 클릭한 다음, "Execute 함수의 그래프.exe" 명령을 실행시킨다. 그러면 "AppWizard"에 의해 생성된 프로젝트의 실체(?)가 드러난다. 아래의 화면

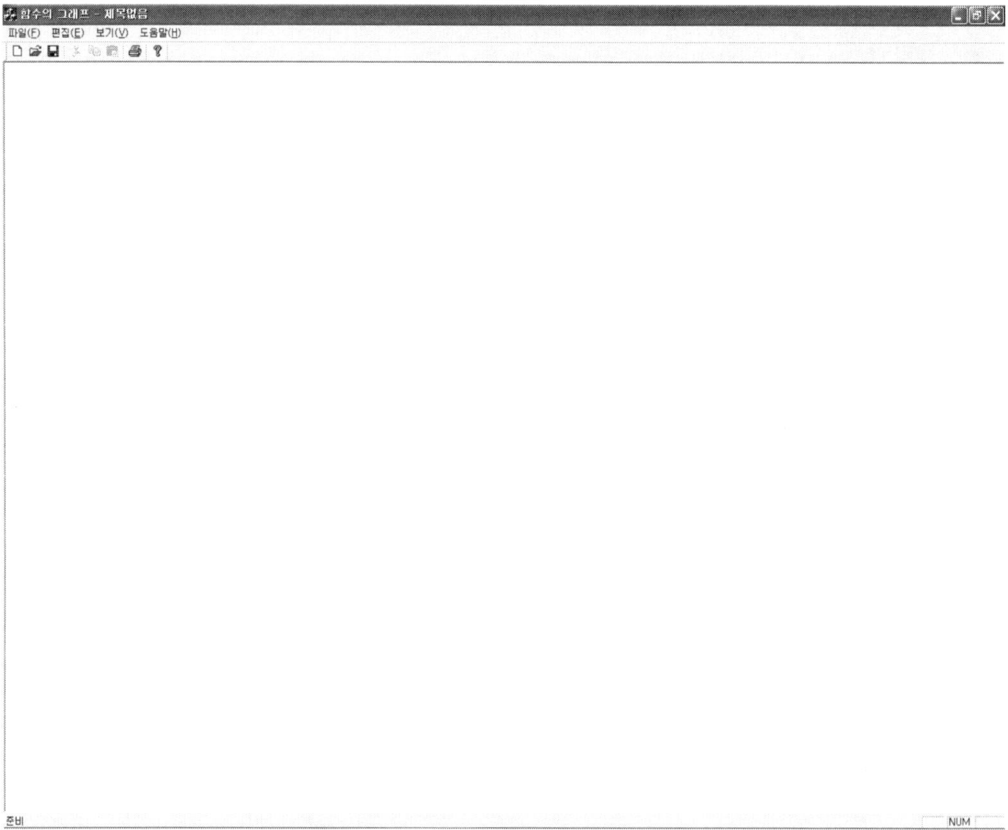

처럼 되어야 한다.

"Source Windows"에 자동으로 작성된 소스 코드는 다음과 같다.

여기에서 중요한 건 OnDraw 함수이다. 우리가 앞으로 작성하는 코드의 대부분은 이 함수의 내부에 놓인다.

1.2.2 소스 코드

```
// 함수의 그래프View.cpp : implementation of the CMyView class
//

#include "stdafx.h"
#include "함수의 그래프.h"

#include "함수의 그래프Doc.h"
#include "함수의 그래프View.h"

#ifdef _DEBUG
#define new DEBUG_NEW
#undef THIS_FILE
static char THIS_FILE[] = __FILE__;
#endif

/////////////////////////////////////////////////////////////////////////////
// CMyView

IMPLEMENT_DYNCREATE(CMyView, CView)

BEGIN_MESSAGE_MAP(CMyView, CView)
    //{{AFX_MSG_MAP(CMyView)
        // NOTE - the ClassWizard will add and remove mapping macros here.
        //    DO NOT EDIT what you see in these blocks of generated code!
    //}}AFX_MSG_MAP
    // Standard printing commands
    ON_COMMAND(ID_FILE_PRINT, CView::OnFilePrint)
    ON_COMMAND(ID_FILE_PRINT_DIRECT, CView::OnFilePrint)
    ON_COMMAND(ID_FILE_PRINT_PREVIEW, CView::OnFilePrintPreview)
END_MESSAGE_MAP()

/////////////////////////////////////////////////////////////////////////////
// CMyView construction/destruction

CMyView::CMyView()
{
    // TODO: add construction code here
```

```
}

CMyView::~CMyView()
{
}

BOOL CMyView::PreCreateWindow(CREATESTRUCT& cs)
{
    // TODO: Modify the Window class or styles here by modifying
    //  the CREATESTRUCT cs

    return CView::PreCreateWindow(cs);
}

/////////////////////////////////////////////////////////////////////////////
// CMyView drawing

void CMyView::OnDraw(CDC* pDC)
{
    CMyDoc* pDoc = GetDocument();
    ASSERT_VALID(pDoc);
    // TODO: add draw code for native data here
}

/////////////////////////////////////////////////////////////////////////////
// CMyView printing

BOOL CMyView::OnPreparePrinting(CPrintInfo* pInfo)
{
    // default preparation
    return DoPreparePrinting(pInfo);
}

void CMyView::OnBeginPrinting(CDC* /*pDC*/, CPrintInfo* /*pInfo*/)
{
    // TODO: add extra initialization before printing
}

void CMyView::OnEndPrinting(CDC* /*pDC*/, CPrintInfo* /*pInfo*/)
{
    // TODO: add cleanup after printing
}
```

```
///////////////////////////////////////////////////////////////////////////
// CMyView diagnostics

#ifdef _DEBUG
void CMyView::AssertValid() const
{
    CView::AssertValid();
}

void CMyView::Dump(CDumpContext& dc) const
{
    CView::Dump(dc);
}

CMyDoc* CMyView::GetDocument() // non-debug version is inline
{
    ASSERT(m_pDocument->IsKindOf(RUNTIME_CLASS(CMyDoc)));
    return (CMyDoc*)m_pDocument;
}
#endif //_DEBUG

///////////////////////////////////////////////////////////////////////////
// CMyView message handlers
```

2 함수의 그래프

2.1 개론

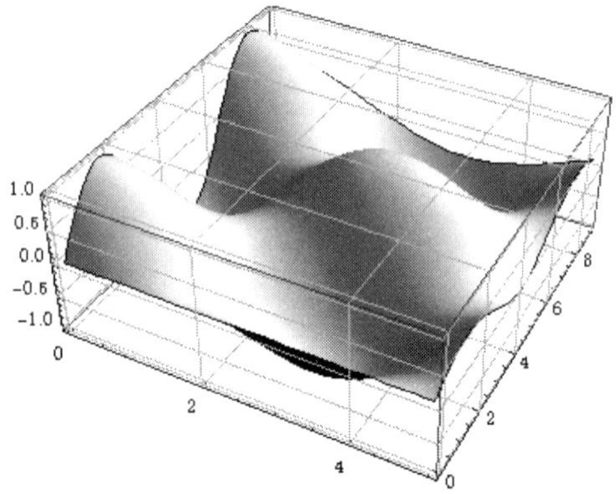

일변수함수의 그래프를 프로그램으로 구현하는 것은 그리 어렵지 않다. 문제는 옆 그림과 같은 이변수함수의 그래프를 구현하는 것이다.

독자는 Maple 이나 Mathematica 혹은 MAT-LAB 과 같은 소프트웨어에서 이변수함수의 그래프를 그려본 적이 있을 것이다. 그런 소프트웨어를 사용하면 쉽게 이변수함수의 그래프를 그릴 수 있지만, 이것을 보통의 프로그래밍 언어로 구현하기는 매우 어렵다. 좀 더 현실적으로 말한다면, 보통의 사람들에게는 거의 불가능한 일이다. 필자도 Maple 과 같은 소프트웨어가 우리에게 보여주는 수준의 이변수함수의 그래프를 그릴 수는 없다.

그렇다고 포기할 수는 없는 일! 우리는 이 chapter 에서 간단하게나마 이변수함수의 그래프를 구현해 볼 것이다.

이변수함수를 그래프로 그리는 것은 삼차원 컴퓨터 그래픽 분야에 속한다고 해도 될 것이다. 삼차원 컴퓨터 그래픽에 관한 서적을 본 적이 있는 독자는 필자의 말을 이해할 수 있을 것이다.

이 chapter 의 모든 프로그램들은 1280×1024 화소의 화면 해상도 기준으로 작성되었다.

2.2 직교좌표계(Rectangular Coordinate System)

2.2.1 이론

구간 $[-10,10]$에서 $f(x) = \cos x - x$의 그래프를 그려보자.

"일변수함수"라는 이름의 프로젝트를 하나 만들어라.

OnDraw 함수 내부에 우리가 그래프를 그리기 위해 필요한 코드를 첨가한다. 다만 수학 함수를 사용하기 위해 필요한 아래의 문장(statement)

```
#include <math.h>
```

은 전체 코드의 위 부분에 위치시킨다. 보통의 프로그램에서 위의 문장은 main 함수 외부에 위치해야 하므로, main 함수와 비슷한 역할을 하는 OnDraw 함수 외부에 위치시켜야 하는 것이다. 필자는 아래의 문장들

```
// 일변수함수View.cpp : implementation of the CMyView class
//

#include "stdafx.h"
#include "일변수함수.h"

#include "일변수함수Doc.h"
#include "일변수함수View.h"
```

바로 아래가 가장 좋은 위치라고 생각한다.

기본적으로 모니터 화면의 좌표계에서 원점(origin)은 왼쪽 위 모서리이고 수직 좌표에 대해서 아래로 내려올수록 좌표의 값이 증가한다는 사실을 알고 있을 것이다. 그런데 우리는 이런 좌표계에 익숙하지 않다. 이런 때에 사용되는 함수가 SetMapMode 함수이다.

SetMapMode 함수는 매핑 모드(mapping mode)를 설정하는 함수로써 원형은

```
virtual int SetMapMode( int nMapMode );
```

이다.

nMapMode parameter에 올 수 있는 몇 가지를 살펴보면

parameter	논리 단위의 변환	좌표축의 증가 방향
MM_HIENGLISH	0.001inch	x 축: →, y 축: ↑
MM_HIMETRIC	0.01mm	x 축: →, y 축: ↑
MM_LOENGLISH	0.01inch	x 축: →, y 축: ↑
MM_LOMETRIC	0.1mm	x 축: →, y 축: ↑
MM_TEXT	하나의 장치 화소	x 축: →, y 축: ↓

과 같다.

매핑 모드를 설정하였으면 화면 상의 적절한 위치에 원점을 정한다. 이 기능을 하는 함수는 SetViewportOrg 함수이다.

SetViewportOrg 함수는 디바이스 컨텍스트(device context)의 뷰포트 원점을 설정한다. 원형으로는

```
virtual CPoint SetViewportOrg( int x, int y );
virtual CPoint SetViewportOrg( POINT point );
```

가 가능한데, 우리는 첫 번째를 사용할 것이다. x parameter 는 뷰포트 원점의 x 좌표를 지정하고, y parameter 는 뷰포트 원점의 y 좌표를 지정한다. x parameter 와 y parameter 의 값들은 장치 좌표계의 범위 이내여야 한다.

필자는 클라이언트 영역의 중간 쯤에 원점을 설정하였다.

생성된 창에 좌표축을 그리기 위해 LineTo 함수를 썼다.

LineTo 함수의 원형으로는

```
BOOL LineTo( int x, int y );
BOOL LineTo( POINT point );
```

이 가능한데 우리는 첫 번째 원형을 사용할 것이다. LineTo 함수는 현재 위치에서 지정된 점까지 선을 그리는 함수인데 x parameter 는 x 좌표를 지정하고, y parameter 는 y 좌표를 지정한다.

그런데 LineTo 함수를 쓰기 전에 MoveTo 함수를 사용하여 선의 시작점으로 위치를 옮겨야 한다.

MoveTo 함수도 LineTo 함수처럼 두 가지의 원형

```
CPoint MoveTo( int x, int y );
CPoint MoveTo( POINT point );
```

이 가능하다. 역시 위의 두 가지의 원형 중에서 첫 번째의 원형만 사용할 것이다.

MoveTo 함수와 LineTo 함수를 사용하여 좌표축을 그린 후에는, sprintf 함수와 TextOut 함수를 사용하여 x축에 −5부터 5 까지 0.5 씩 증가하는 좌표값을 표시하였다.

그리고 SetTextAlign 함수를 사용하여 지정된 점을 기준으로 정렬을 하였는데, 이 함수의 원형은

```
UINT SetTextAlign( UINT nFlags );
```

와 같다.

nFlags parameter 로서 세 범주(category) 중 하나 이상의 flags 를 쓸 수 있는데, 한 범주에서 둘 이상의 flags 를 선택할 수는 없다.

첫 번째 범주

parameter	설 명
TA_CENTER	경계 사각형의 수평 중심에 점을 할당한다.
TA_LEFT	default 값으로, 경계 사각형의 left side 에 점을 할당한다.
TA_RIGHT	경계 사각형의 right side 에 점을 할당한다.

는 x 방향에서 텍스트 정렬을 한다.

두 번째 범주

parameter	설 명
TA_BASELINE	선택된 글꼴의 base line 에 점을 할당한다.
TA_BOTTOM	경계 사각형의 바닥에 점을 할당한다.
TA_TOP	default 으로, 경계 사각형의 천장에 점을 할당한다.

는 y 방향에서 텍스트 정렬을 한다.

세 번째 범주

parameter	설 명
TA_NOUPDATECP	default 으로, 텍스트 출력 함수에 호출 후 현재 위치를 갱신하지 않는다.
TA_UPDATECP	텍스트 출력 함수에 호출 후 현재 x 위치를 업데이트한다. 새로운 위치는 텍스트 경계 사각형의 right side 에 있다. 이 flag 가 설정될 때, TextOut 멤버 함수 호출에서 지정된 좌표들은 무시된다.

는 텍스트가 쓰여질 때 현재 위치가 업데이트 되는지 여부를 결정한다.

위에서 경계 사각형은 텍스트에 인접한 문자 cells 에 의해 형성되는데, flags 은 지정된 점과 이 사각형 사이의 관계를 지정한다.

마지막으로 SetPixel 함수로 $f(x)$의 그래프를 plot 한다.

SetPixel 함수도 두 가지의 원형

```
COLORREF SetPixel( int x, int y, COLORREF crColor );
COLORREF SetPixel( POINT point, COLORREF crColor );
```

을 갖는다. 이 함수는 지정된 좌표에 crColor parameter 에 의해 지정된 색깔의 점을 찍는다. 쉽게 짐작할 수 있듯이, x parameter 와 y parameter 는 찍을 점의 x 좌표와 y 좌표를 지정한다. 이때 점은 클리핑 영역(clipping region)의 안에 들어가도록 지정해야 한다. 만일 점이 클리핑 영역의 바깥에 있으면 함수는 -1을 반환한다.

클리핑이란 특정 영역으로 그리기를 제한하는 것이다. 만약 화면 전체에 표현하는 것이 가능하다면, 큰 문제가 없을 것이다. 하지만 표현할 수 있는 영역이 화면의 일부분이라면 클리핑을 신경써야 한다. 일례로서 옆의 그림은 문자열 "Hello"가 하트 모양의 영역에 클리핑된 것이다.

점 (x_1,y_1)과 (x_2,y_2)을 연결하는 선분을 대각선으로 하는 직사각형이 클리핑 영역이라고 하자. 이 경우에 표현하고자 하는 점 (x,y)이 $\min\{x_1,x_2\}<x<\max\{x_1,x_2\}$과 $\min\{y_1,y_2\}<y<\max\{y_1,y_2\}$ 중에서 하나라도 만족하지 않는다면 화면에 그릴 필요가 없다.

색깔은 RGB 방식을 이용하는데, RGB 매크로는

```
#define RGB(r, g ,b)  ((DWORD) (((BYTE) (r) | ((WORD) (g) << 8)) | (((DWORD)
(BYTE) (b)) << 16)))
```

과 같이 정의되어 있다. argument 에 써 주는 r, g, b 각각의 숫자는 색깔의 빨강(red) 성분, 초록(green) 성분, 파랑(blue) 성분의 상대적 농도(intensity)를 지정해 주는 0 부터 255 까지의 정수이다. 모든 농도가 0 이면 결과는 검정(black)이고, 모든 농도가 255 이면 결과는 하양(white)이다.

한편 그래프가 화면 가득히 차도록 하기 위해, x 축에서는 30mm 가 수학적 좌표 1 에 해당하고 y 축에서는 15mm 가 수학적 좌표 1 에 해당하도록 프로그램을 코딩하였다. 30mm 와 15mm 가 어떻게 해서 나왔는지 알 수 있겠는가?

좀 어렵다고 느끼는 사람이 많을 것이다. 침착하게 차근차근 따라오길 바란다. 사실 따지고 보면 별 거 없다.

2.2.2 소스 코드

```
// 일변수함수View.cpp : implementation of the CMyView class
//

#include "stdafx.h"
#include "일변수함수.h"

#include "일변수함수Doc.h"
#include "일변수함수View.h"

#include <math.h>

#ifdef _DEBUG
#define new DEBUG_NEW
#undef THIS_FILE
static char THIS_FILE[] = __FILE__;
#endif

/////////////////////////////////////////////////////////////////////////////
// CMyView

IMPLEMENT_DYNCREATE(CMyView, CView)
```

```
BEGIN_MESSAGE_MAP(CMyView, CView)
	//{{AFX_MSG_MAP(CMyView)
		// NOTE - the ClassWizard will add and remove mapping macros here.
		//    DO NOT EDIT what you see in these blocks of generated code!
	//}}AFX_MSG_MAP
	// Standard printing commands
	ON_COMMAND(ID_FILE_PRINT, CView::OnFilePrint)
	ON_COMMAND(ID_FILE_PRINT_DIRECT, CView::OnFilePrint)
	ON_COMMAND(ID_FILE_PRINT_PREVIEW, CView::OnFilePrintPreview)
END_MESSAGE_MAP()

/////////////////////////////////////////////////////////////////////////////
// CMyView construction/destruction

CMyView::CMyView()
{
	// TODO: add construction code here

}

CMyView::~CMyView()
{
}

BOOL CMyView::PreCreateWindow(CREATESTRUCT& cs)
{
	// TODO: Modify the Window class or styles here by modifying
	//  the CREATESTRUCT cs

	return CView::PreCreateWindow(cs);
}

/////////////////////////////////////////////////////////////////////////////
// CMyView drawing

void CMyView::OnDraw(CDC* pDC)
{
	CMyDoc* pDoc = GetDocument();
	ASSERT_VALID(pDoc);

	char buffer[200];
```

```
    double x, xx, y, yy;

    CRect rect;
    GetClientRect(&rect);
    pDC->SetMapMode(MM_LOMETRIC);
    pDC->SetViewportOrg(rect.Width()/2, 500);

    pDC->MoveTo(-1500, 0);
    pDC->LineTo(1500, 0);
    pDC->MoveTo(0, -800);
    pDC->LineTo(0, 1200);

    pDC->SetTextAlign(TA_CENTER+TA_TOP);

    double coordinate=-5.0;

    for (int i=-10; i<11; i++)
    {
        sprintf(buffer, "%.1lf", coordinate);
        pDC->TextOut(150*i, -2, buffer);
        coordinate += 0.5;
    }

    for (x=-1500.0; x<1500.0; x+=1)
    {
        xx = x / 300.0;
        y = cos(xx) - xx;
        yy = 150.0 * y;
        pDC->SetPixel((int)x, (int)yy, RGB(255,0,255));
    }
}

/////////////////////////////////////////////////////////////////////////////
// CMyView printing

BOOL CMyView::OnPreparePrinting(CPrintInfo* pInfo)
{
    // default preparation
    return DoPreparePrinting(pInfo);
}

void CMyView::OnBeginPrinting(CDC* /*pDC*/, CPrintInfo* /*pInfo*/)
```

```
{
    // TODO: add extra initialization before printing
}

void CMyView::OnEndPrinting(CDC* /*pDC*/, CPrintInfo* /*pInfo*/)
{
    // TODO: add cleanup after printing
}

/////////////////////////////////////////////////////////////////////////////
// CMyView diagnostics

#ifdef _DEBUG
void CMyView::AssertValid() const
{
    CView::AssertValid();
}

void CMyView::Dump(CDumpContext& dc) const
{
    CView::Dump(dc);
}

CMyDoc* CMyView::GetDocument() // non-debug version is inline
{
    ASSERT(m_pDocument->IsKindOf(RUNTIME_CLASS(CMyDoc)));
    return (CMyDoc*)m_pDocument;
}
#endif //_DEBUG

/////////////////////////////////////////////////////////////////////////////
// CMyView message handlers
```

2.2.3 실행 결과

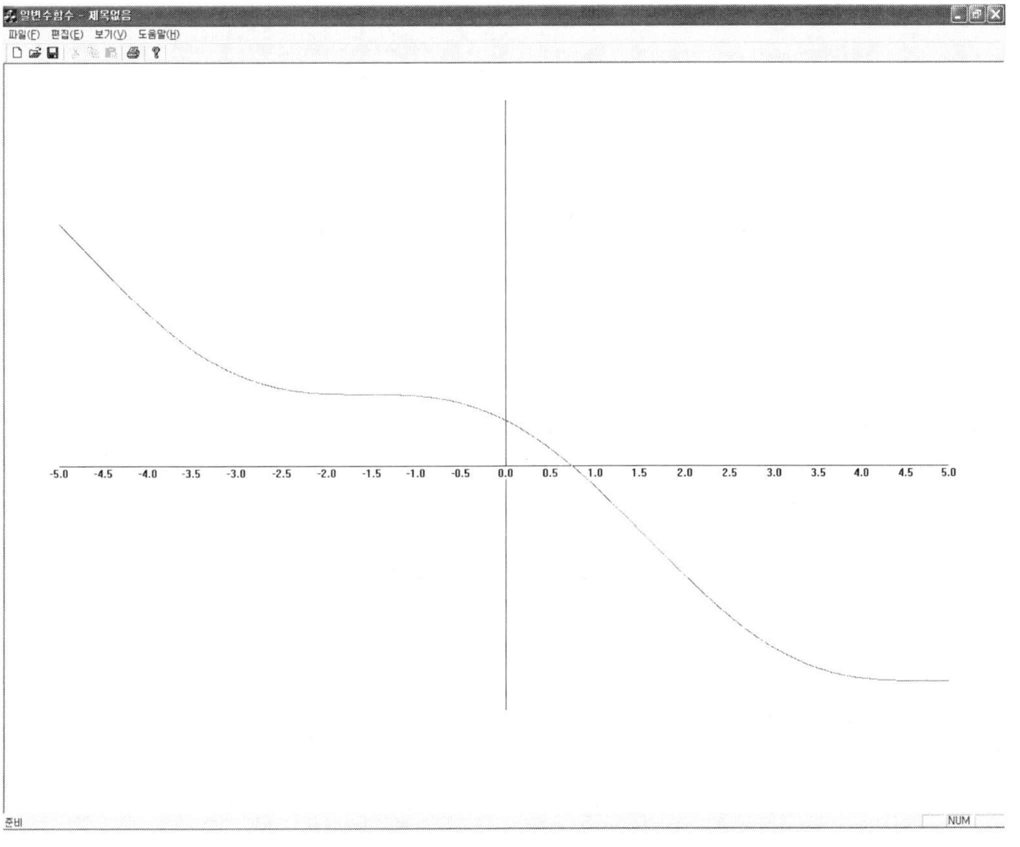

2.3 극좌표계(Polar Coordinate System)

2.3.1 이론

직교좌표 (x, y)와 극좌표 (r, θ) 사이에는

$$(x, y) = (r\cos\theta, r\sin\theta), \quad (r, \theta) = \left(\sqrt{x^2 + y^2}, \arctan\frac{y}{x}\right)$$

과 같은 관계가 성립한다.

이번에는 달팽이꼴곡선(limacon)을 그려보자.

달팽이꼴곡선은 극좌표계에서

$$r = a + b\cos\theta \quad (b \neq 0)$$

으로 표시되는 곡선이다. 조건에 따라

(1) $[0,2\pi[$에서 $r \neq 0$이고 $\left\|\frac{a}{b}\right\| \geq 2$인 경우
(2) $[0,2\pi[$에서 $r \neq 0$이고 $1 < \left\|\frac{a}{b}\right\| < 2$인 경우
(3) $[0,2\pi[$에서 $r = 0$이 되는 θ가 1 개인 경우
(4) $[0,2\pi[$에서 $r = 0$이 되는 θ가 2 개인 경우

와 같이 여러 가지 모양의 곡선이 나오는데, $[0,2\pi[$에서 $r = 0$이 되는 θ가 2 개인 경우를 그래프로 그려보자.

2.3.2 소스 코드

```
// 달팽이꼴곡선View.cpp : implementation of the CMyView class
//

#include "stdafx.h"
#include "달팽이꼴곡선.h"

#include "달팽이꼴곡선Doc.h"
#include "달팽이꼴곡선View.h"

#include <math.h>

double x( double r, double theta );
double y( double r, double theta );

#ifdef _DEBUG
```

```
#define new DEBUG_NEW
#undef THIS_FILE
static char THIS_FILE[] = __FILE__;
#endif

/////////////////////////////////////////////////////////////////////////////
// CMyView

IMPLEMENT_DYNCREATE(CMyView, CView)

BEGIN_MESSAGE_MAP(CMyView, CView)
	//{{AFX_MSG_MAP(CMyView)
		// NOTE - the ClassWizard will add and remove mapping macros here.
		//    DO NOT EDIT what you see in these blocks of generated code!
	//}}AFX_MSG_MAP
	// Standard printing commands
	ON_COMMAND(ID_FILE_PRINT, CView::OnFilePrint)
	ON_COMMAND(ID_FILE_PRINT_DIRECT, CView::OnFilePrint)
	ON_COMMAND(ID_FILE_PRINT_PREVIEW, CView::OnFilePrintPreview)
END_MESSAGE_MAP()

/////////////////////////////////////////////////////////////////////////////
// CMyView construction/destruction

CMyView::CMyView()
{
	// TODO: add construction code here

}

CMyView::~CMyView()
{
}

BOOL CMyView::PreCreateWindow(CREATESTRUCT& cs)
{
	// TODO: Modify the Window class or styles here by modifying
	//  the CREATESTRUCT cs

	return CView::PreCreateWindow(cs);
}
```

```
///////////////////////////////////////////////////////////////////////////
// CMyView drawing

void CMyView::OnDraw(CDC* pDC)
{
    CMyDoc* pDoc = GetDocument();
    ASSERT_VALID(pDoc);

    CRect rect;
    GetClientRect(&rect);
    pDC->SetMapMode(MM_LOMETRIC);
    pDC->SetViewportOrg(rect.Width()/2, rect.Height()/2);

    const double pi=3.1415926535;
    double theta, r, magnification=900.0, a=0.5, b=1.0;

    pDC->MoveTo(-1500, 0);
    pDC->LineTo(1500, 0);
    pDC->MoveTo(0, -1000);
    pDC->LineTo(0, 1000);

    for(theta=0.0; theta<2.0*pi; theta+=pi/5500000.0)
    {
        r = magnification*(a+b*cos(theta));
        pDC->SetPixel(int(x(r, theta)), int(y(r, theta)), RGB(0,0,0));
    }
}

///////////////////////////////////////////////////////////////////////////
// CMyView printing

BOOL CMyView::OnPreparePrinting(CPrintInfo* pInfo)
{
    // default preparation
    return DoPreparePrinting(pInfo);
}

void CMyView::OnBeginPrinting(CDC* /*pDC*/, CPrintInfo* /*pInfo*/)
{
    // TODO: add extra initialization before printing
}
```

```
void CMyView::OnEndPrinting(CDC* /*pDC*/, CPrintInfo* /*pInfo*/)
{
    // TODO: add cleanup after printing
}

/////////////////////////////////////////////////////////////////////////////
// CMyView diagnostics

#ifdef _DEBUG
void CMyView::AssertValid() const
{
    CView::AssertValid();
}

void CMyView::Dump(CDumpContext& dc) const
{
    CView::Dump(dc);
}

CMyDoc* CMyView::GetDocument() // non-debug version is inline
{
    ASSERT(m_pDocument->IsKindOf(RUNTIME_CLASS(CMyDoc)));
    return (CMyDoc*)m_pDocument;
}
#endif //_DEBUG

/////////////////////////////////////////////////////////////////////////////
// CMyView message handlers

double x( double r, double theta )
{
    return r*cos(theta);
}

double y( double r, double theta )
{
    return r*sin(theta);
}
```

2.3.3 실행 결과

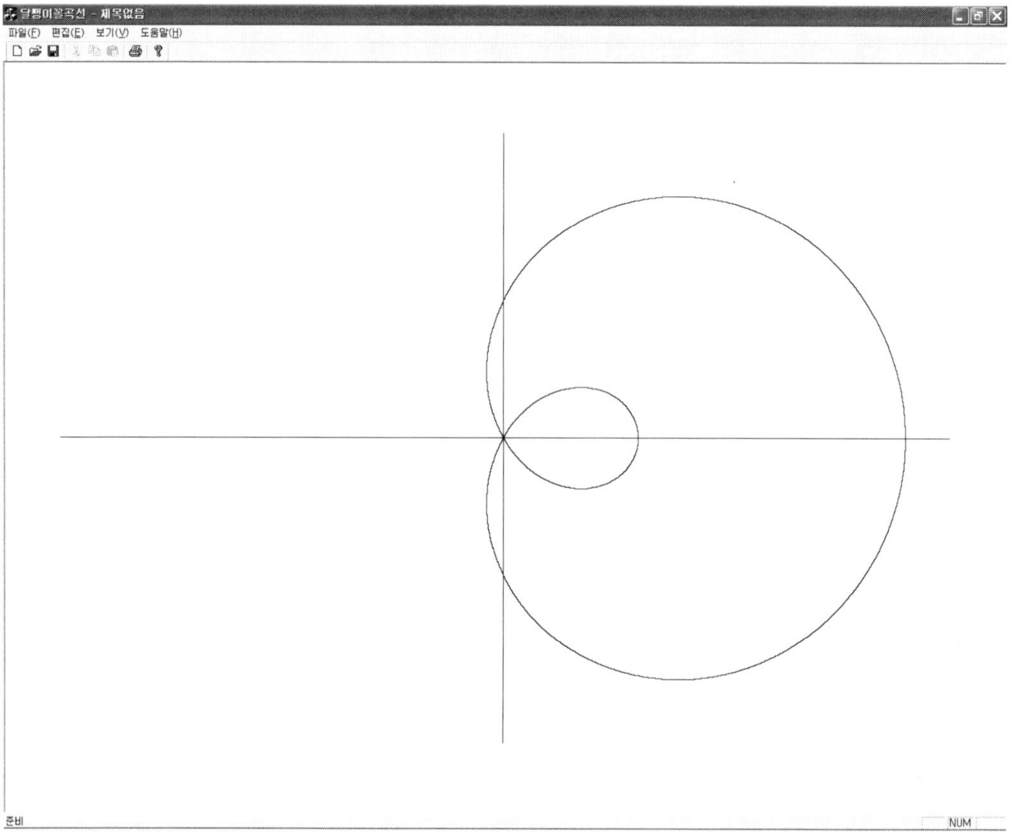

2.4 이변수함수의 그래프와 삼차원 컴퓨터 그래픽

2.4.1 이론

이변수함수

$$z = 16x + \frac{577}{e^{0.1(x^2+2y^2)}}$$

의 그래프를 평행투영법(parallel projection)으로 구현하여 보자.

삼차원 공간에 있는 물체를 이차원 평면에 나타내는 투영(projection)의 방법에는 평행투영법과 원근투영법(perspective projection)이 있다.

원근투영법은 한 점으로 수렴하는 경로들을 따라 물체를 구성하는 점들을 투영하는 방법이다. 평행투영법에 비하여 보다 실감나는 그림을 얻을 수 있다. 건축현장의 조감도는 원근투영법을 이용한 것이다.

평행투영법은 평행선을 따라 물체를 투영하는 방법이다. 물체의 상대적인 크기를 정확하게 알 수 있다.

여기에서는 자세히 다루지 않고, 프로그램의 소스 코드와 결과만 제시한다.

2.4.2 소스 코드

```
// 이변수함수View.cpp : implementation of the CMyView class
//

#include "stdafx.h"
#include "이변수함수.h"

#include "이변수함수Doc.h"
#include "이변수함수View.h"

#include <math.h>

void Move(CDC* pDC, double x, double y, double z, double alpha, double phi)
{
    double projectX, projectY, length, tanalpha;

    if ( (tanalpha=tan(alpha))!=0.0 )
        length = z / tanalpha;
    else
        length = 0.0;

    projectX = x + length*cos(phi);
    projectY = y - length*sin(phi);

    pDC->MoveTo(int(projectX), int(projectY));
```

```
}

void Graph(CDC* pDC, double x, double y, double z, double alpha, double phi)
{
    double projectX, projectY, length, tanalpha;

    if ( (tanalpha=tan(alpha))!=0.0 )
        length = z / tanalpha;
    else
        length = 0.0;

    projectX = x + length*cos(phi);
    projectY = y - length*sin(phi);

    pDC->SetPixel(int(projectX), int(projectY), RGB(255,0,255));
}

#ifdef _DEBUG
#define new DEBUG_NEW
#undef THIS_FILE
static char THIS_FILE[] = __FILE__;
#endif

/////////////////////////////////////////////////////////////////////////////
// CMyView

IMPLEMENT_DYNCREATE(CMyView, CView)

BEGIN_MESSAGE_MAP(CMyView, CView)
    //{{AFX_MSG_MAP(CMyView)
        // NOTE - the ClassWizard will add and remove mapping macros here.
        //    DO NOT EDIT what you see in these blocks of generated code!
    //}}AFX_MSG_MAP
    // Standard printing commands
    ON_COMMAND(ID_FILE_PRINT, CView::OnFilePrint)
    ON_COMMAND(ID_FILE_PRINT_DIRECT, CView::OnFilePrint)
    ON_COMMAND(ID_FILE_PRINT_PREVIEW, CView::OnFilePrintPreview)
END_MESSAGE_MAP()

/////////////////////////////////////////////////////////////////////////////
// CMyView construction/destruction
```

```
CMyView::CMyView()
{
    // TODO: add construction code here

}

CMyView::~CMyView()
{
}

BOOL CMyView::PreCreateWindow(CREATESTRUCT& cs)
{
    // TODO: Modify the Window class or styles here by modifying
    //  the CREATESTRUCT cs

    return CView::PreCreateWindow(cs);
}

/////////////////////////////////////////////////////////////////////////////
// CMyView drawing

void CMyView::OnDraw(CDC* pDC)
{
    CMyDoc* pDoc = GetDocument();
    ASSERT_VALID(pDoc);

    CRect rect;
    GetClientRect(&rect);
    pDC->SetMapMode(MM_LOMETRIC);
    pDC->SetViewportOrg(rect.Width()/2, rect.Height()/2);

    const double pi=3.1415926535;
    double x, xx, y, yy, z;

    for (x=-1000.0; x<1001.0; x+=100.0)
    {
        xx = x / 100.0;
        Move(pDC, xx, -8.0, 0.0, 0.7*pi, 0.2*pi);

        for (y=-800.0; y<800.0; y+=1.0)
        {
            yy = y / 100.0;
```

```
            z = 16.0*xx + 577.0*exp(-0.1*(xx*xx+2.0*yy*yy));
            Graph(pDC, x, y, z , 0.7*pi, 0.2*pi);
        }
    }

    for (y=-800.0; y<801.0; y+=100.0)
    {
        yy = y / 100.0;
        Move(pDC, -10.0, y, 0.0, 0.7*pi, 0.2*pi);

        for (x=-1000.0; x<1000.0; x+=1.0)
        {
            xx = x / 100.0;
            z = 16.0*xx + 577.0*exp(-0.1*(xx*xx+2.0*yy*yy));
            Graph(pDC, x, y, z , 0.7*pi, 0.2*pi);
        }
    }
}

/////////////////////////////////////////////////////////////////////////////
// CMyView printing

BOOL CMyView::OnPreparePrinting(CPrintInfo* pInfo)
{
    // default preparation
    return DoPreparePrinting(pInfo);
}

void CMyView::OnBeginPrinting(CDC* /*pDC*/, CPrintInfo* /*pInfo*/)
{
    // TODO: add extra initialization before printing
}

void CMyView::OnEndPrinting(CDC* /*pDC*/, CPrintInfo* /*pInfo*/)
{
    // TODO: add cleanup after printing
}

/////////////////////////////////////////////////////////////////////////////
// CMyView diagnostics

#ifdef _DEBUG
```

```
void CMyView::AssertValid() const
{
    CView::AssertValid();
}

void CMyView::Dump(CDumpContext& dc) const
{
    CView::Dump(dc);
}

CMyDoc* CMyView::GetDocument() // non-debug version is inline
{
    ASSERT(m_pDocument->IsKindOf(RUNTIME_CLASS(CMyDoc)));
    return (CMyDoc*)m_pDocument;
}
#endif //_DEBUG

/////////////////////////////////////////////////////////////////////////////
// CMyView message handlers
```

2.4.3 실행 결과

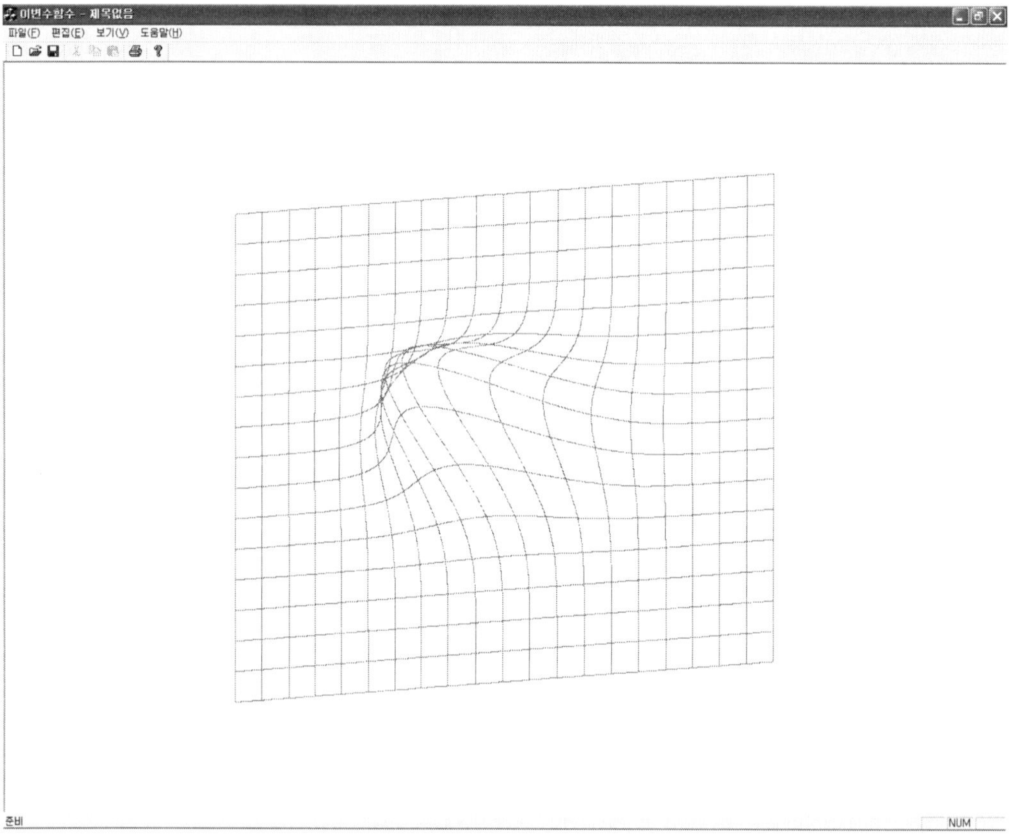

2.5 연습 문제

문항 1 달팽이꼴곡선이란 무엇인가? 여러 가지 모양의 달팽이꼴곡선을 그려보아라.

문항 2 극방정식 $r = 4\sin 8\theta$의 그래프를 그려보아라.

문항 3 극좌표에서 디오클레스의 질주선(cissoid of Diocles)의 방정식은

$$r = 2\sin\theta \cdot \tan\theta \quad \left(-\frac{\pi}{2} < \theta < \frac{\pi}{2}\right)$$

이다. 그래프로 그려보아라.

문항 4 평행투영법과 원근투영법에 대해 조사하여라.

3 방정식의 근

3.1 개론

보통 물리 문제를 풀 경우에도 그렇지만 물리현상을 모의실험(simulation)하기 위해서는 운동 방정식을 풀어야 한다. 해석적으로(analytically) 해를 구한 다음에 이것을 프로그램으로 구현할 수도 있으나, 해석적으로 해를 구할 수 없는 경우도 있고, 비록 해석적으로 해를 구할 수 있는 경우라 할지라도 수치해법을 사용하는 것이 물리현상을 컴퓨터로 모의실험한다는 취지에 더 맞을 것이다. 따라서 우선은 방정식을 푸는 수치해법을 이 chapter 과 다음 chapter 에 걸쳐 공부하고 나서, 본격적으로 "Visual C++ 6.0" 의 MFC 를 도구로 하여 기초적인 물리현상 모의실험에 들어가도록 하자.

3.2 이분법(Bisection Method)

3.2.1 이론

앞의 chapter 에서 그래프로 그려보았던 $\cos x - x$가 x축과 만나는 교점의 x좌표, 다시 말해서 $\cos x - x = 0$의 근을 구해 보자.

이 경우처럼 $0.5 \le x \le 1$에서 $f(x)$가 연속이고 $f(0.5)f(1) < 0$일 때, 근은 0.5 와 1 의 사이에 있다. 따라서 제 1 근사근 x_1을 0.5 와 1 의 중간값인 $x_1 = 0.75$으로 놓는다.

제 2 근사근 x_2을 구하기 위하여 $f(0.5)f(x_1)$을 계산하여 그 부호(sign)를 조사한다. 만약 $f(0.5)f(x_1) < 0$이면, x_2은 0.5 와 x_1의 사이에 있는 것이다. 이 경우엔 $x_2 = \frac{0.5+x_1}{2}$으로 한다. 만약 $f(0.5)f(x_1) > 0$이면, x_2은 x_1와 1.0 의 사이에 있는 것이다. 이 경우엔 $x_2 = \frac{x_1+1.0}{2}$ 으로 한다. 우리의 문제에서는 $f(0.5)f(x_1) = -0.00691396 < 0$ 이므로, $x_2 = 0.625$가 된다.

제 3 근사근 x_3을 구하기 위해서 $f(0.5)f(x_2)$의 부호를 조사한다. 만약 $f(0.5)f(x_2) < 0$이면, x_3은 0.5 와 x_2의 사이에 있는 것이다. 이 경우에는 $x_3 = \frac{0.5+x_2}{2}$으로 한다. 만약 $f(0.5)f(x_2) > 0$이면, x_3은 x_2와 x_1의 사이에 있는 것이다. 이 경우에는 $x_3 = \frac{x_2+x_1}{2}$으로 한다. $f(0.5)f(x_2) = 0.0702164$이므로, $x_3 = 0.6875$가 된다.

제 4 근사근 x_4을 구하기 위해서 $f(x_2)f(x_3)$의 값을 구하고 부호를 조사한다. 우리의 문제에서 $f(x_2)f(x_3) = 0.0158692 > 0$이므로, $x_4 = \frac{x_3+x_1}{2}$이 되어 $x_4 = 0.71875$이다.

위와 같은 과정을 반복(iteration)해 나가면 근이 존재하는 구간이 절반으로 축소되고 필요한 오차 범위 내의 해를 구할 수 있게 된다.

만약 어떤 함수의 그래프가

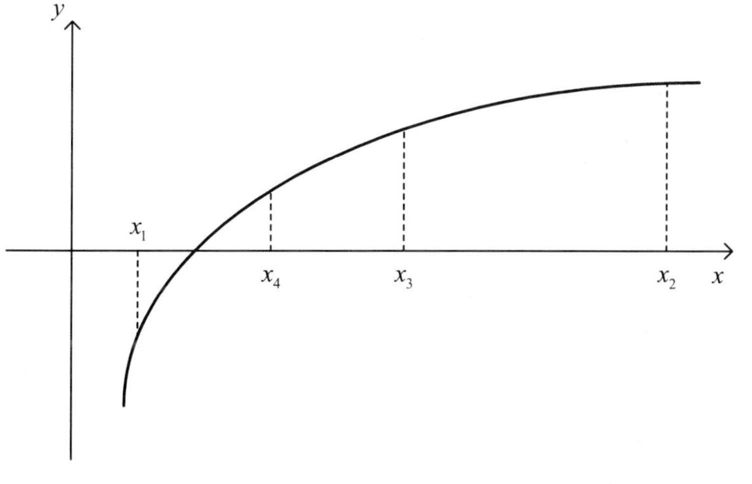

과 같다면 이 때의 근사근은 $x_3 = \frac{x_1+x_2}{2}$, $x_4 = \frac{x_1+x_3}{2}$, $x_5 = \frac{x_1+x_4}{2}$, …과 같이 정해진다.

이분법은 괄호법(bracketing method)에 속한다. 이분법처럼 근에 대한 2 개의 초기추정값을 필요로 하는 방법을 괄호법이라고 한다.

3.2.2 소스 코드

```
#include <stdio.h>
#include <math.h>

double func( double x );     // 문제의 함수

void main()
{
    double left;          // 근이 존재하는 구간의 왼쪽 경계값
    double middle;        // left 와 right 사이의 중간값
    double right;         // 근이 존재하는 구간의 오른쪽 경계값
    double error;
    int i=0;

    printf( "₩n <1> 근이 존재하는 구간의 왼쪽 경계값: " );
    scanf( "%lf", &left );
    printf( "₩n <2> 근이 존재하는 구간의 오른쪽 경계값: " );
    scanf( "%lf", &right );
    printf( "₩n <3> 허용된 오차 범위: " );
    scanf( "%lf", &error );
    printf( "₩n <4> 입력한 값들에 대한 결과₩n" );

    do
    {
        middle = (left+right) / 2.0;
        printf( " 제%d 근사근: %11.9lf   함숫값: %12.9lf   error: %11.9lf₩n",
          ++i, (left+right)/2.0, func((left+right)/2.0), (right-left)/2.0 );

        if ( func(left)*func(middle)==0.0 )
            break;
        else if ( func(left)*func(middle)<0.0 )
            right = middle;
        else if ( func(middle)*func(right)<0.0 )
            left = middle;
        else
            break;
    }
    while ( (right-left)>error );
```

```
    printf("\n\n");
}

double func( double x )
{
    return cos(x)-x;
}
```

3.2.3 실행 결과

```
<1> 근이 존재하는 구간의 왼쪽 경계값: 0.5

<2> 근이 존재하는 구간의 오른쪽 경계값: 1.0

<3> 허용된 오차 범위: 0.00000000007

<4> 입력한 값들에 대한 결과
제 1 근사근: 0.750000000   함숫값: -0.018311131   error: 0.250000000
제 2 근사근: 0.625000000   함숫값:  0.185963120   error: 0.125000000
제 3 근사근: 0.687500000   함숫값:  0.085334946   error: 0.062500000
제 4 근사근: 0.718750000   함숫값:  0.033879372   error: 0.031250000
제 5 근사근: 0.734375000   함숫값:  0.007874725   error: 0.015625000
제 6 근사근: 0.742187500   함숫값: -0.005195712   error: 0.007812500
제 7 근사근: 0.738281250   함숫값:  0.001345150   error: 0.003906250
제 8 근사근: 0.740234375   함숫값: -0.001923873   error: 0.001953125
제 9 근사근: 0.739257813   함숫값: -0.000289009   error: 0.000976563
제 10 근사근: 0.738769531   함숫값:  0.000528158   error: 0.000488281
제 11 근사근: 0.739013672   함숫값:  0.000119597   error: 0.000244141
제 12 근사근: 0.739135742   함숫값: -0.000084701   error: 0.000122070
제 13 근사근: 0.739074707   함숫값:  0.000017449   error: 0.000061035
제 14 근사근: 0.739105225   함숫값: -0.000033625   error: 0.000030518
제 15 근사근: 0.739089966   함숫값: -0.000008088   error: 0.000015259
제 16 근사근: 0.739082336   함숫값:  0.000004681   error: 0.000007629
제 17 근사근: 0.739086151   함숫값: -0.000001704   error: 0.000003815
제 18 근사근: 0.739084244   함숫값:  0.000001489   error: 0.000001907
제 19 근사근: 0.739085197   함숫값: -0.000000108   error: 0.000000954
제 20 근사근: 0.739084721   함숫값:  0.000000691   error: 0.000000477
제 21 근사근: 0.739084959   함숫값:  0.000000292   error: 0.000000238
제 22 근사근: 0.739085078   함숫값:  0.000000092   error: 0.000000119
제 23 근사근: 0.739085138   함숫값: -0.000000008   error: 0.000000060
```

```
제 24 근사근: 0.739085108   함숫값:  0.000000042   error: 0.000000030
제 25 근사근: 0.739085123   함숫값:  0.000000017   error: 0.000000015
제 26 근사근: 0.739085130   함숫값:  0.000000005   error: 0.000000007
제 27 근사근: 0.739085134   함숫값: -0.000000002   error: 0.000000004
제 28 근사근: 0.739085132   함숫값:  0.000000002   error: 0.000000002
제 29 근사근: 0.739085133   함숫값:  0.000000000   error: 0.000000001
제 30 근사근: 0.739085134   함숫값: -0.000000001   error: 0.000000000
제 31 근사근: 0.739085133   함숫값: -0.000000000   error: 0.000000000
제 32 근사근: 0.739085133   함숫값: -0.000000000   error: 0.000000000
제 33 근사근: 0.739085133   함숫값: -0.000000000   error: 0.000000000
```

3.3 뉴턴-라프슨 방법(Newton-Raphson Method)

3.3.1 이론

이분법(bisection method)은 왼쪽 경계값과 오른쪽 경계값에 의해 이루어지는 구간 내에서 근(root)을 찾는 방법이다. 그와 같은 방법은 계산을 반복(iteration)해 나갈수록 추정값이 참값(true value)에 접근하게 되는데, 이런 것을 수렴한다고 말한다.

뉴턴-라프슨 방법은 하나의 시작값에서부터 시작하는 방법인데, 이런 방법을 개구간법(open methods)이라고 한다. 개구간법은 계산을 진행함에 따라 근에 수렴하지 않고 발산하거나 근에서 오히려 더 멀어지기도 한다. 하지만 수렴할 경우에는 일반적으로 이분법보다 근에 더 빠르게 수렴한다는 장점이 있다.

뉴턴-라프슨 공식을 유도하는 것은 간단하다.

아래의 그림

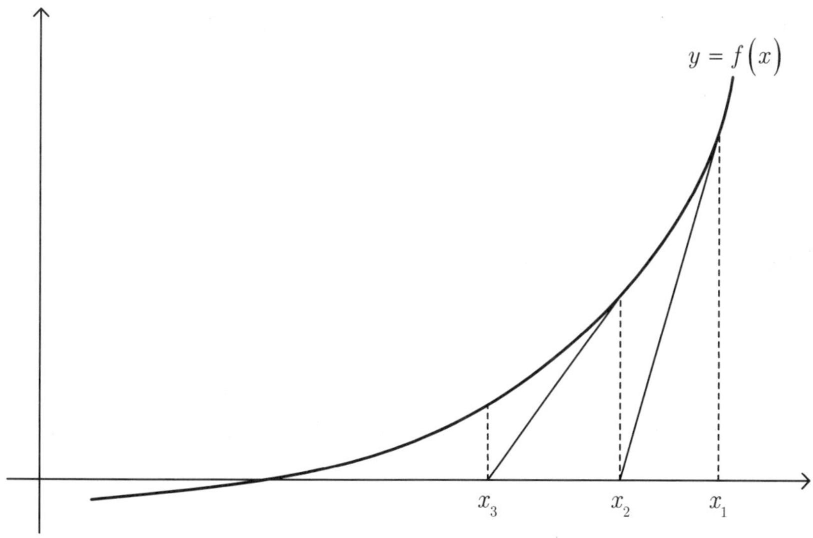

에서 x_i에서의 일계도함수의 기울기는

$$f'(x_i) = \frac{f(x_i) - 0}{x_i - x_{i+1}} = \frac{f(x_i)}{x_i - x_{i+1}}$$

이다.

위의 식을 x_{i+1}에 대하여 풀면 뉴턴-라프슨 공식

$$x_{i+1} = x_i - \frac{f(x_i)}{f'(x_i)}$$

이 얻어진다.

그런데 $f(x)$가 0 에 가까운 기울기값을 가지면, 위의 뉴턴-라프슨 공식에서 $f(x_i)$를 0 으로 나누어야 하므로 문제가 발생한다. 기하학적으로로는 추정해의 접선(tangent line)이 x축과 평행이어서 x축과 교차하지 않는 경우이다. 이런 경우 말고도 근에 수렴하지 않는 상황은 더 있다. 뉴턴-라프슨 방법에는 일반적인 수렴 판정의 기준이 존재하지 않으며, 수렴은 함수의 성질과 초기값의 정확도, 즉 초기값이 근에 충분히 가까운지의 여부에 의존한다. 여기서 충분히 가깝다는 것을 엄밀하게 정의할 수는 없다. 하지만 어떤 구간 내에서 처음 시작값의 선택에 관계없이 근에 수렴하는 조건에 관하여 다음의 정리

정리: $f(x)$가 구간 $[a,b]$에서 두 번 미분가능하고 아래의 조건들

(1)	$f(a) \times f(b) < 0$
(2)	$x \in [a,b]$일 때 $f'(x) \neq 0$
(3)	$\left\|\frac{f(a)}{f'(a)}\right\| < b - a,\ \left\|\frac{f(b)}{f'(b)}\right\| < b - a$
(4)	$x \in [a,b]$이라고 하자. 이때 $f''(x) \geq 0$ 또는 $f''(x) \leq 0$이 성립한다.

을 만족하면, $[a,b]$에서 어떤 초기값을 선택하더라도 그 구간 내에서 $f(x) = 0$의 유일한 근에 수렴한다.

가 있다.

뉴턴-라프슨 방법이 어느 때에 수렴하는지에 관하여 다음과 같은 조건

정리: f의 어떤 근의 근방에 속하는 모든 x에 대하여

$$\left|\frac{f(x)f''(x)}{f'(x)f'(x)}\right| < 1$$

이 성립하면, 그 구간 내의 임의의 시점에 대해 뉴턴-라프슨 방법은 그 근에 수렴한다.

도 있다. 이 조건은 충분조건(sufficient condition)이고 필요조건(necessary condition)은 아니다. 이 방법은 위의 부등식이 성립하는 어떤 근의 근방의 구간이 존재하지 않는 경우에 수렴할 수도 있다.

한편 J. Raymond Mouraille 와 Joseph Fourier 는 곡선 $y = f(x)$가 어떤 시점과 구하는 근 사이의 구간에서 x축을 향해 볼록하면 항상 뉴턴-라프슨 방법이 수렴한다는 것을 독자적으로 발견하였다.

그럼 뉴턴-라프슨 방법을 사용해서

$$f(x) = 3\log x - \sin^2 x = 0$$

의 근을 구하여 보자. 참고로 $f(x)$의 그래프를 그려보면

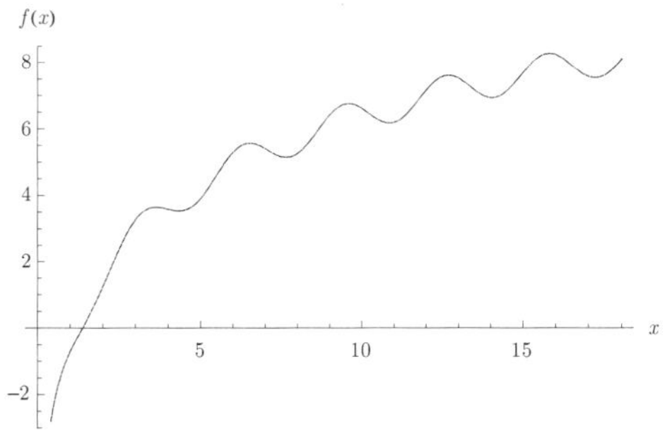

과 같다.

프로그램을 실행시킨 후에 시작값으로 근의 오른쪽에 있는 2.9 와 근의 왼쪽에 있는 0.2 를 입력하여 보았다. 프로그램의 실행 결과를 보면 양쪽 모두 방정식의 실제의 해인 1.378770838 에 수렴함을 알 수 있다.

마지막으로 이 방법이 수렴하지 않는 경우를 하나 살펴보자.

보기를 들어,

$$f(x) = \begin{cases} \sqrt{x-7}, & x \geq 7 \\ -\sqrt{7-x}, & x \leq 7 \end{cases}$$

의 그래프는

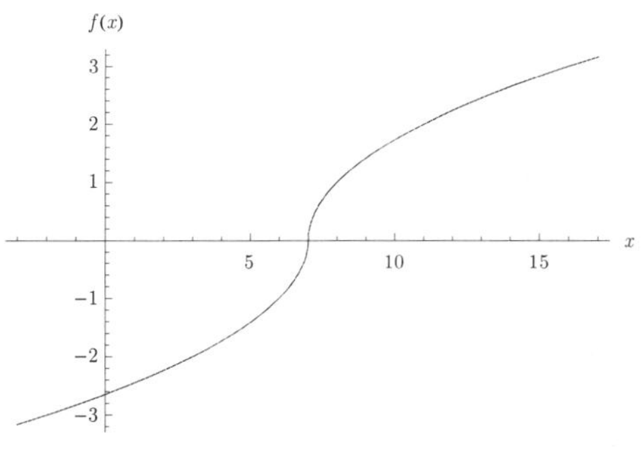

이다.

임의의 시점 $x_1 = 7 - h$로부터 시작하면 $x_2 = 7 + h$를 얻는다.

$x_3 = 7 - h$이다.

$x_4 = 7 + h$이다.

과정을 계속하면 이 두 수 사이에서 왔다갔다 할 뿐이다. 어째서 왔다갔다 하는지는 직관적으로도 알 수 있을 것이다.

3.3.2 소스 코드

```
#include <stdio.h>
#include <math.h>

double function( double x );      // 문제의 함수
double derivative( double x );    // f(x)의 1차도함수

void main()
{
    double xPrevious;    // 이전 x 좌표
    double xNext;        // 다음 x 좌표
    double error;        // 오차의 범위

    printf( "₩n <1> Enter initial guess: " );
    scanf( "%lf", &xPrevious );
    printf( "₩n <2> Type acceptible error interval in f(x): " );
    scanf( "%lf", &error );
    printf( "₩n <3> 입력한 값들에 대한 결과₩n" );

    int i=0;

    do
    {
        xNext = xPrevious - function(xPrevious)/derivative(xPrevious);
        xPrevious = xNext;
        printf( " 제%d 근사근: %20.18lf      함숫값: %21.18lf₩n", ++i,
          xNext, function(xNext) );
    }
    while ( fabs(function(xNext))>error );

    printf( "₩n₩n" );
}

double function( double x )
{
    return 3.0*log(x)-pow(sin(x), 2.0);
```

```
}

double derivative( double x )
{
    return 3.0/x - 2.0*cos(x)*sin(x);
}
```

3.3.3 실행 결과

3.3.3.1 **초기값이** 2.9 **인 경우**

```
<1> Enter initial guess: 2.9

<2> Type acceptible error interval in f(x): 0.0000000001

<3> 입력한 값들에 대한 결과
제 1 근사근: 0.807462152504221820      함숫값: -1.163634113858189800
제 2 근사근: 1.235848724908008300      함숫값: -0.256669487200318350
제 3 근사근: 1.377923701024559500      함숫값: -0.001525739549656513
제 4 근사근: 1.378770892140335200      함숫값:  0.000000098350271371
제 5 근사근: 1.378770837536838400      함숫값:  0.000000000000000111
```

3.3.3.2 **초기값이** 0.2 **인 경우**

```
<1> Enter initial guess: 0.2

<2> Type acceptible error interval in f(x): 0.000000404

<3> 입력한 값들에 대한 결과
제 1 근사근: 0.533168340203508890      함숫값: -2.145086975195907600
제 2 근사근: 0.984641568779310190      함숫값: -0.740444859506640300
제 3 근사근: 1.333062471197817600      함숫값: -0.082102645386585293
제 4 근사근: 1.378860716951559900      함숫값:  0.000161889369994395
제 5 근사근: 1.378770838156720300      함숫값:  0.000000001116513881
```

3.4 가상위치법(Method of False Position)

3.4.1 이론

이분법(bisection method)은 근을 찾는 데 있어서 확실하고 유효한 해법이지만 근에 접근하는 방식이 매우 비효율적이다. x_{left}와 x_{right}의 사이를 항상 절반으로 나누는 이분법은 x_{left}와 x_{right}의 함숫값을 고려의 대상에 넣지 않는다는 단점을 가지고 있다. 무슨 말이냐 하면, 만일 x_{right}에서의 함숫값이 x_{left}에서의 함숫값에 비해 0 에 더 가깝다면 대부분의 경우에 있어서 방정식의 근은 x_{left}보다는 x_{right}의 근처에 위치하게 될 것이다. 여기에서 배울 가상위치법은 그러한 이분법의 단점을 개선한 해법이다.

가상위치법은 구간 양 끝의 두 점을 직선으로 연결시킨 후에, 이 직선과 x축의 교점(intersection point)을 다음의 추정값으로 한다.

가상위치법의 공식을 유도해 보자.

아래의 그림

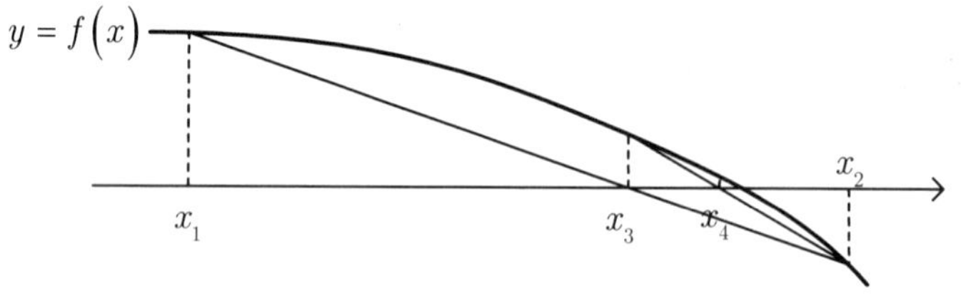

에서 함수 $f(x)$가 구간 $]x_1, x_2[$에서 선형이라고 가정한다.

$f(x_1)$과 $f(x_2)$이 서로 다른 부호를 가지면 두 점을 지나는 직선의 방정식은

$$\frac{f(x_1)}{x_3 - x_1} = \frac{f(x_2)}{x_3 - x_2}$$

이다.

위 식으로부터

$$f(x_2) \times (x_3 - x_1) = f(x_1) \times (x_3 - x_2),$$

$$x_3\big(f(x_1) - f(x_2)\big) = x_2 f(x_1) - x_1 f(x_2)$$

이 성립한다. 즉

$$x_3 = \frac{x_2 f(x_1) - x_1 f(x_2)}{f(x_1) - f(x_2)}$$

이다.

위 그림의 경우처럼 $f(x_2)$과 $f(x_3)$의 부호가 서로 다르면 근은 구간 $]x_3, x_2[$에 있고, $f(x_1)$과 $f(x_3)$의 부호가 서로 다르면 근은 구간 $]x_1, x_3[$에 있다. 또한 $f(x_3) = 0$이면 x_3가 구하는 근이다.

이분법이 그러하듯이 가상위치법도 괄호법(bracketing method)이다.

3.4.2 소스 코드

```
#include <stdio.h>
#include <math.h>

double Func( double x );      // 문제의 함수
double FalsePosition( double xLeft, double xRight );

void main()
{
    double xLeft;         // 근이 존재하는 구간의 왼쪽 경계값
    double xMiddle;       // xLeft 와 xRight 사이의 중간값
    double xRight;        // 근이 존재하는 구간의 오른쪽 경계값
    double error;

    printf( "₩n <1> 근이 존재하는 구간의 왼쪽 경계값: " );
    scanf( "%lf", &xLeft );
    printf( "₩n <2> 근이 존재하는 구간의 오른쪽 경계값: " );
    scanf( "%lf", &xRight );
    printf( "₩n <3> 허용된 오차 범위: " );
    scanf( "%lf", &error );
    printf( "₩n <4> 입력한 값들에 대한 결과₩n" );

    int i=0;

    do
    {
```

```
        xMiddle = FalsePosition( xLeft, xRight );

        if ( Func(xLeft)*Func(xMiddle)==0.0 )
            break;
        else if ( Func(xLeft)*Func(xMiddle)<0.0 )
            xRight = xMiddle;
        else if ( Func(xMiddle)*Func(xRight)<0.0 )
            xLeft = xMiddle;
        else
            break;

        printf( "  제%d 반복근: %12.10lf   함숫값: %13.10lf₩n", ++i,
          xMiddle, Func(xMiddle) );
    }
    while ( Func(xMiddle)>error );

    printf( "₩n₩n" );
}

double Func( double x )
{
    return cos(x)-x;
}

double FalsePosition( double xLeft, double xRight )
{
    return (Func(xRight)*xLeft-Func(xLeft)*xRight)/(Func(xRight)-Func(xLeft));
}
```

3.4.3 실행 결과

```
<1> 근이 존재하는 구간의 왼쪽 경계값: 0.5

<2> 근이 존재하는 구간의 오른쪽 경계값: 1.0

<3> 허용된 오차 범위: 0.0000000072

<4> 입력한 값들에 대한 결과
 제 1 반복근: 0.7254815871    함숫값:  0.0226983907
 제 2 반복근: 0.7383986201    함숫값:  0.0011487823
```

제 3 반복근: 0.7390507311　　함숫값: 0.0000575753
제 4 반복근: 0.7390834099　　함숫값: 0.0000028842
제 5 반복근: 0.7390850469　　함숫값: 0.0000001445
제 6 반복근: 0.7390851289　　함숫값: 0.0000000072
제 7 반복근: 0.7390851330　　함숫값: 0.0000000004

3.5 연립비선형방정식을 풀기 위한 뉴턴-라프슨 방법

3.5.1 이론

뉴턴-라프슨 방법을 사용하여 연립비선형방정식

$$\begin{cases} x^2 - xy = -6 \\ 5y - x^2 y = 5 \end{cases}$$

을 풀어보도록 하자.

위의 연립방정식을

$$\begin{cases} u(x,y) = x^2 - xy + 6 = 0 \\ v(x,y) = 5y - x^2 y - 5 = 0 \end{cases}$$

과 같이 고쳐 쓸 수 있다. 여기에서 연립방정식의 해는 함수 $u(x,y)$와 $v(x,y)$를 0 이 되게 하는 x와 y의 쌍이다.

우리는 앞에서 단일방정식을 풀기 위해 사용했던 뉴턴-라프슨 방법을 확장하여 위 연립방정식을 풀 수 있다. 다만 근을 구하는 데 있어 단일방정식의 경우와는 달리 다중변수 테일러 급수를 사용해야 한다. 이 책의 범위를 벗어나기 때문에 유도는 생략하는데, 이 문제의 경우처럼 변수가 2 개일 때 1 차 테일러 급수는 연립방정식을 구성하는 각각의 비선형방정식에 대해

$$\begin{cases} u_{i+1} = u_i + (x_{i+1} - x_i)\left(\dfrac{\partial u}{\partial x}\right)_i + (y_{i+1} - y_i)\left(\dfrac{\partial u}{\partial y}\right)_i \\ v_{i+1} = v_i + (x_{i+1} - x_i)\left(\dfrac{\partial v}{\partial x}\right)_i + (y_{i+1} - y_i)\left(\dfrac{\partial v}{\partial y}\right)_i \end{cases}$$

이다. 연립방정식의 해로 추정되는 값은 단일방정식의 경우처럼 u_{i+1}과 v_{i+1}이 0 이 되는 점에서의 x와 y의 값이다.

위 두 식은

$$\begin{cases} x_{i+1}\left(\frac{\partial u}{\partial x}\right)_i + y_{i+1}\left(\frac{\partial u}{\partial y}\right)_i = -u_i + x_i\left(\frac{\partial u}{\partial x}\right)_i + y_i\left(\frac{\partial u}{\partial y}\right)_i \\ x_{i+1}\left(\frac{\partial v}{\partial x}\right)_i + y_{i+1}\left(\frac{\partial v}{\partial y}\right)_i = -u_i + x_i\left(\frac{\partial v}{\partial x}\right)_i + y_i\left(\frac{\partial v}{\partial y}\right)_i \end{cases}$$

처럼 재정리할 수 있는데, 이 두 식에서 아래첨자가 i인 값들은 알거나 계산할 수 있고 x_{i+1}와 y_{i+1}는 미지수이다. 그러므로 이 두 식은 두 변수 x_{i+1}와 y_{i+1}에 대한 연립선형방정식이다.

약간의 대수 계산을 통해

$$x_{i+1} = x_i - \frac{u_i\left(\frac{\partial v}{\partial y}\right)_i - v_i\left(\frac{\partial u}{\partial y}\right)_i}{\left(\frac{\partial u}{\partial x}\right)_i\left(\frac{\partial v}{\partial y}\right)_i - \left(\frac{\partial u}{\partial y}\right)_i\left(\frac{\partial v}{\partial x}\right)_i}, \qquad [1]$$

$$y_{i+1} = y_i - \frac{v_i\left(\frac{\partial u}{\partial x}\right)_i - u_i\left(\frac{\partial v}{\partial x}\right)_i}{\left(\frac{\partial u}{\partial x}\right)_i\left(\frac{\partial v}{\partial y}\right)_i - \left(\frac{\partial u}{\partial y}\right)_i\left(\frac{\partial v}{\partial x}\right)_i} \qquad [2]$$

을 얻을 수 있다.

위의 두 식들 각각의 우변을 보아라. 둘째 항에서 분모가 동일하다. 이것을 연립방정식의 야코비의 행렬식(Jacobian determinant)이라고 한다. 위의 두 식이 2 개의 방정식으로 이루어진 연립방정식에 대한 뉴턴-라프슨 공식이다.

연립방정식의 실제의 근 $\{x = 2, y = 5\}$에서 비교적 가까운 $\{x_1 = 2.5, y_1 = 6\}$를 초기가정값으로 하여 주어진 문제를 풀어보도록 하자.

우선 모든 편도함수

$$\frac{\partial u}{\partial x} = 2x - y, \quad \frac{\partial u}{\partial y} = -x, \quad \frac{\partial v}{\partial x} = -2yx, \quad \frac{\partial v}{\partial y} = 5 - x^2$$

를 구한다.

위의 편도함수들에 x와 y의 초기가정치를 대입하면

$$\left(\frac{\partial u}{\partial x}\right)_1 = -1, \quad \left(\frac{\partial u}{\partial y}\right)_1 = -2.5, \quad \left(\frac{\partial v}{\partial x}\right)_1 = -30, \quad \left(\frac{\partial v}{\partial y}\right)_1 = -1.25$$

이다.

$u(x, y)$와 $v(x, y)$에 각각 초기가정치를 대입하면

$$u_1 = -2.75, \quad v_1 = -12.5$$

이다.

첫 번째 반복 과정에서 야코비의 행렬식은

$$\left(\frac{\partial u}{\partial x}\right)_1 \left(\frac{\partial v}{\partial y}\right)_1 - \left(\frac{\partial u}{\partial y}\right)_1 \left(\frac{\partial v}{\partial x}\right)_1 = 1.25 - 75 = -73.75$$

이다.

위에서 구한 여러 가지 값들을 뉴턴-라프슨 공식에 대입하면

$$x_2 = x_1 - \frac{u_1\left(\frac{\partial v}{\partial y}\right)_1 - v_1\left(\frac{\partial u}{\partial y}\right)_1}{\left(\frac{\partial u}{\partial x}\right)_1 \left(\frac{\partial v}{\partial y}\right)_1 - \left(\frac{\partial u}{\partial y}\right)_1 \left(\frac{\partial v}{\partial x}\right)_1} = 2.5 - \frac{-27.8125}{-73.75}$$ [3]

$$= 2.1228813559322033,$$

$$y_2 = y_1 - \frac{v_1\left(\frac{\partial u}{\partial x}\right)_1 - u_1\left(\frac{\partial v}{\partial x}\right)_1}{\left(\frac{\partial u}{\partial x}\right)_1 \left(\frac{\partial v}{\partial y}\right)_1 - \left(\frac{\partial u}{\partial y}\right)_1 \left(\frac{\partial v}{\partial x}\right)_1} = 6 - \frac{-70}{-73.75}$$ [4]

$$= 5.0508474576271185$$

과 같이 x_2과 y_2을 구할 수 있다.

다음으로 x_3과 y_3을 구해 보자.

네 개의 편도함수에 위의 두 식을 대입하면

$$\left(\frac{\partial u}{\partial x}\right)_2 = -0.8050847457627119, \quad \left(\frac{\partial u}{\partial y}\right)_2 = -2.1228813559322033,$$

$$\left(\frac{\partial v}{\partial x}\right)_2 = -21.444699798908356, \quad \left(\frac{\partial v}{\partial y}\right)_2 = 0.49337474863544983$$

이다.

$u(x,y)$와 $v(x,y)$에 [3]과 [4]을 대입하면

$$u_2 = -0.215724648089628, \quad v_2 = -2.50803940519722$$

이다.

두 번째 반복 과정에서 야코비의 행렬식은

$$\left(\frac{\partial u}{\partial x}\right)_2 \left(\frac{\partial v}{\partial y}\right)_2 - \left(\frac{\partial u}{\partial y}\right)_2 \left(\frac{\partial v}{\partial x}\right)_2 = -45.92176187073653$$

이다.

다시 이러한 값들을 [1]과 [2]에 대입하면

$$x_3 = x_2 - \frac{u_2\left(\frac{\partial v}{\partial y}\right)_2 - v_2\left(\frac{\partial u}{\partial y}\right)_2}{\left(\frac{\partial u}{\partial x}\right)_2 \left(\frac{\partial v}{\partial y}\right)_2 - \left(\frac{\partial u}{\partial y}\right)_2 \left(\frac{\partial v}{\partial x}\right)_2} = 2.004621451128271,$$

$$y_3 = y_2 - \frac{v_2\left(\frac{\partial u}{\partial x}\right)_2 - u_2\left(\frac{\partial v}{\partial x}\right)_2}{\left(\frac{\partial u}{\partial x}\right)_2 \left(\frac{\partial v}{\partial y}\right)_2 - \left(\frac{\partial u}{\partial y}\right)_2 \left(\frac{\partial v}{\partial x}\right)_2} = 4.994077727015531$$

과 같이 x_3과 y_3이 얻어진다.

위와 같은 방식으로 반복 계산하면 허용된 정확도 이내의 근을 얻을 수 있다.

프로그램 실행 결과를 보면 x와 y의 참값에 수렴함을 알 수 있다.

3.5.2 소스 코드

```
#include <stdio.h>
#include <stdlib.h>
#include <math.h>

double U(double, double), V(double, double);        // 함수 u와 v
double UX(double, double), UY(double, double);      // u의 편도함수들
double VX(double, double), VY(double, double);      // v의 편도함수들
```

```
double Jacobian(double, double);                    // 야코비의 행렬식

void main()
{
    double xBefore, yBefore;      // 이전 x와 y 좌표
    double xNext, yNext;          // 다음 x와 y 좌표
    double errorU, errorV;        // 오차의 범위

    printf( "₩n <1> x와 y의 초기 가정값: " );
    scanf( "%lf, %lf", &xBefore, &yBefore );
    printf( "₩n <2> u(x, y)와 v(x, y)에 관해 허용가능한 오차₩n    " );
    scanf( "%lf, %lf", &errorU, &errorV );
    printf( "₩n <3> 입력한 값들에 대한 결과 ₩n" );

    int i=0;

    do
    {
        xNext = xBefore - (U(xBefore, yBefore)*VY(xBefore, yBefore)
          -V(xBefore,yBefore)*UY(xBefore,yBefore))/Jacobian(xBefore,yBefore);
        yNext = yBefore - (V(xBefore, yBefore)*UX(xBefore, yBefore)
          -U(xBefore,yBefore)*VX(xBefore,yBefore))/Jacobian(xBefore,yBefore);
        xBefore = xNext, yBefore = yNext;
        printf( "  제%d반복 ₩n", ++i );
        printf( "      근: x=%20.18lf, y=%20.18lf", xNext, yNext );
        printf( "₩n     함숫값: U=%21.18lf, V=%21.18lf₩n",
          U(xNext, yNext), V(xNext, yNext) );
    }
    while ( (fabs(U(xNext,yNext))>errorU)||(fabs(V(xNext,yNext))>errorV) );

    printf( "₩n₩n" );
}

double U( double x, double y )        // 함수 u(x,y)
{
    double value;
    value = pow(x, 2.0) - x*y+6.0;
    return value;
}

double V( double x, double y )        // 함수 v(x,y)
{
```

```
    double value;
    value = 5.0*y - pow(x, 2.0)*y - 5.0;
    return value;
}

double UX( double x, double y )        // x 에 대한 u(x,y)의 편도함수
{
    double value;
    value = 2.0*x - y;
    return value;
}

double UY( double x, double y )        // y 에 대한 u(x,y)의 편도함수
{
    double value;
    value = -x;
    return value;
}

double VX( double x, double y )        // x 에 대한 v(x,y)의 편도함수
{
    double value;
    value = -2.0*y*x;
    return value;
}

double VY( double x, double y )        // y 에 대한 v(x,y)의 편도함수
{
    double value;
    value = 5.0 - pow(x, 2.0);
    return value;
}

double Jacobian( double x, double y )    // 야코비의 행렬식
{
    double value;
    value = UX(x, y)*VY(x, y) - UY(x, y)*VX(x, y);
    return value;
}
```

3.5.3 실행 결과

```
<1> x 와 y 의 초기 가정값: 2.5, 6.0

<2> u(x, y)와 v(x, y)에 관해 허용가능한 오차
  0.00000000000004, 0.000000000000000002

<3> 입력한 값들에 대한 결과
 제 1 반복
    근: x=2.122881355932203300, y=5.050847457627118500
    함숫값: u=-0.215724648089627990, v=-2.508039405197219900
 제 2 반복
    근: x=2.004621451128270900, y=4.994077727015531200
    함숫값: u= 0.007271822146363682, v=-0.098348480135094007
 제 3 반복
    근: x=1.999998693003292900, y=4.999976334619288000
    함숫값: u= 0.000048637728909284, v= 0.000002474421165743
 제 4 반복
    근: x=2.000000000007164500, y=5.000000000011029400
    함숫값: u=-0.000000000029222846, v=-0.000000000132263978
 제 5 반복
    근: x=1.999999999999999800, y=5.000000000000000000
    함숫값: u= 0.000000000000000888, v= 0.000000000000003553
 제 6 반복
    근: x=2.000000000000000000, y=5.000000000000000000
    함숫값: u= 0.000000000000000000, v= 0.000000000000000000
```

3.6 연습 문제

문항 1 방정식

$$2x^5 - 5x^4 - 3x + 5 = 0$$

의 해들 중에서 0 에 가장 가까운 해를 구하여라.

문항 2 뉴턴-라프슨 방법으로 임의의 양의 실수의 네제곱근을 구하여라.

4 상미분방정식(Ordinary Differential Equation)

4.1 개론

이 chapter 에서는 상미분방정식(ordinary differential equation)의 수치해법을 공부한다. 편미분방정식(partial differential equation)도 물리학(physics)에서 자주 등장하지만, 편미분방정식이 나오는 분야는 이 책에서 다루지 않으므로 편미분방정식의 수치해법은 다루지 않겠다.

미분방정식(differential equation)은 하나 또는 그 이상의 독립변수(independent variable)에 대한 하나 또는 그 이상의 종속변수(dependent variable)의 도함수(derivative) 또는 미분(differentials)을 포함하는 방정식이다.

만약 방정식이 하나 또는 그 이상의 종속변수 중 단 하나의 독립변수에 대한 도함수만을 포함하고 있을 때 그러한 방정식을 상미분방정식(ordinary differential equation)이라고 한다.

상미분에 관한 일반적인 기호들을 살펴보자.

y가 x의 함수라고 하자. x에 대한 y의 도함수는

$$y', \quad y'(x), \quad \frac{dy}{dx}, \quad Dy$$

으로 나타내며, x에 관한 이계도함수는

$$y'', \quad y''(x), \quad \frac{d^2y}{dx^2}, \quad D^2y$$

으로 표기하고, 4 계 또는 고계의 도함수에 대해서는

$$y^{(4)} = \frac{d^4y}{dx^4}, \quad \cdots, \quad y^{(n)} = \frac{d^ny}{dx^n}$$

등을 사용한다. 다음 네 방정식들

$$\frac{dy}{dx} = \frac{x^2}{y^2 \cos y}, \quad \frac{dy}{dx} + \frac{du}{dx} = u + x^2 y, \quad (y-1)dx + x \cos y \, dy = 0, \quad x^2 y'' + xy' + (x^2 - n^2)y = 0$$

은 상미분방정식의 보기(example)이다.

미분방정식의 계수(order)는 방정식에서 나타나는 가장 최고계의 도함수의 계수이다. 보기를 들어 아래의 미분방정식

$$x^2 y'' + xy' + (x^2 - n^2)y = 0$$

은 최고계 도함수가 y''이므로 계수는 2 이다. 또한 미분방정식

$$\left(\frac{dy}{dx}\right)^5 = x + y$$

은 최고계 도함수가 일계도함수이므로 계수는 1 이다. 도함수에 5 승을 한 것은 방정식의 계수와 무관하다. $\left(\frac{dy}{dx}\right)^5$과 $\frac{d^5y}{dx^5}$은 전혀 다른 것임에 유의해야 한다.

4.2 접선법

4.2.1 이론

접선법은 코시의 방법 또는 오일러-코시의 방법이라고 불린다.

미분방정식

$$\frac{dy}{dt} = f(t, y) \qquad [5]$$

과 초기조건(initial condition)

$$y(t_0) = y_0 \qquad [6]$$

으로 구성되어 있는 일계 초기값 문제(first order initial value problem)를 생각하여 보자.

우선 다음의 정리를 알아두어라.

정리: 함수 f와 $\frac{\partial f}{\partial y}$가 점 (t_0, y_0)을 포함하는 어떤 사각 영역 $\alpha < t < \beta$, $\gamma < y < \delta$에서 연속이라고 하자. 그러면 $\alpha < t < \beta$에 포함된 어떤 구간 $]t_0 - h, t_0 + h[$에서 초기값 문제

$$\begin{cases} y' = f(t, y) \\ y(t_0) = y_0 \end{cases}$$

의 유일한 해(unique solution)가 있다. ◆

함수 f와 $\frac{\partial f}{\partial y}$는 점 (t_0, y_0)을 포함하는 평면의 어떤 사각 영역에서 연속이라고 가정한다. 그러면 위의 정리에 의하여, t_0를 포함하는 어떤 구간에 주어진 문제의 유일한 해 $y = \phi(t)$가 존재한다. 만약 미분방정식 [5]이 비선형이면, 해의 존재 구간은 결정하기가 어렵고 함수 f와 간단한 관계를 갖지 않는다. 그러나 우리의 모든 논의에서 우리는 관심(interest)의 구간에서 초기값 문제 [5]과 [6]의 유일한 해가 있다고 가정한다.

아래의 그림

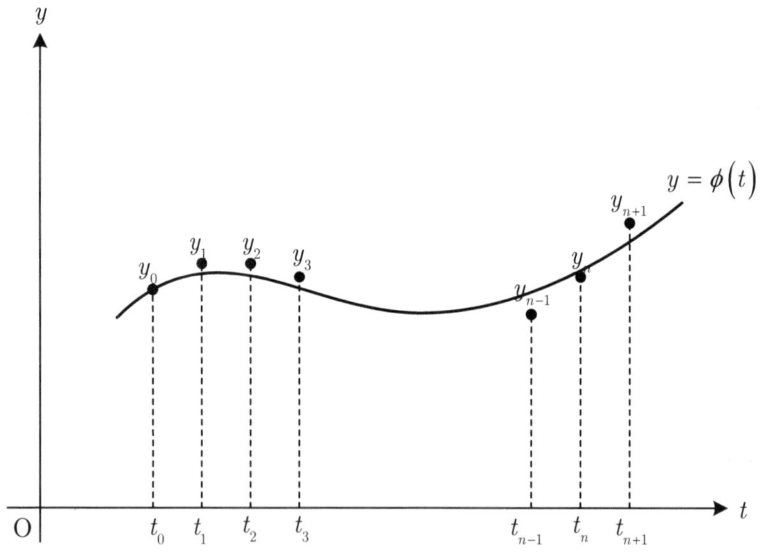

을 보아라. 주어진 초기값 문제의 해를 $\phi(t)$로 표시하면 $t = t_n$에서 해의 값은 $\phi(t_n)$이다.

초기조건으로부터

$$\phi(t_0) = y_0$$

이다.

그러나 일반적으로 $n \geq 1$일 때

$$\phi(t_n) \neq y_n$$

이다.

유사하게

$$\phi'(t_0) = f(t_0, y_0)$$

이다.

그러나 일반적으로 $n \geq 1$일 때

$$\left(\phi'(t_n) = f\big(t_n, \phi(t_n)\big)\right) \neq \left(f_n = f(t_n, y_n)\right)$$

이다.

더 나아가서 t축 위에 일정한 step size h를 가정하면

$$t_n = t_0 + nh$$

이 성립한다.

t_0와 y_0는 알려진 값이므로, 우리는 $t = t_0$에서 해(solution)에 접하는 직선의 기울기인 $\phi'(t_0) = f(t_0, y_0)$ 역시 알 수 있다. 따라서 우리는 t_0에서 해(solution)에 접하는 직선을 그릴 수 있고, t_0에서 t_1까지 접선을 따라 이동함으로써 $\phi(t_1)$의 근사값 y_1을 얻는다; 아래 그림

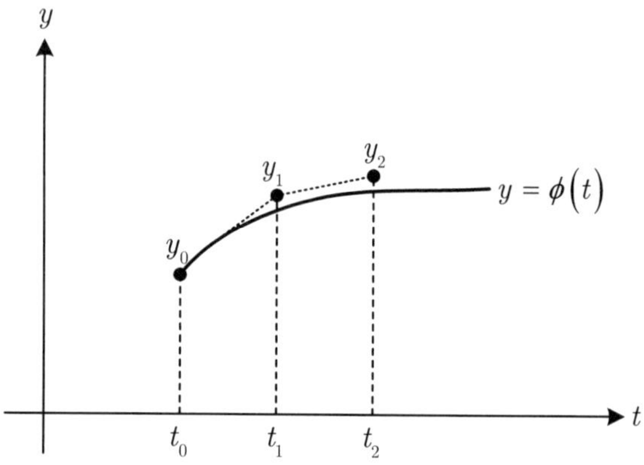

을 보아라. 그러므로

$$y_1 = y_0 + \phi'(t_0)(t_1 - t_0) = y_0 + f(t_0, y_0)(t_1 - t_0)$$

이 성립한다.

y_1이 결정되면, $f_1 = f(t_1, y_1)$을 계산할 수 있고 이 값을 t_1부터 t_2까지 이동함으로써 근사적인 기울기로 이용할 수 있다. 그러므로

$$y_2 = y_1 + f_1(t_2 - t_1) = y_1 + f(t_1, y_1)(t_1 - t_0)$$

이 성립한다.

위와 같은 방식으로 계속한다.

오일러 근사에 대한 일반적인 공식은

$$y_{n+1} = y_n + f(t_n, y_n)(t_{n+1} - t_n) = y_n + hf(t_n, y_n)$$

이다.

이제 프로그램으로 구현하여 보자.

문제는

$$y' = 1 - t + 4y, \quad [7]$$

$$y(0) = 1 \quad [8]$$

과 같다.

방정식 [7]은 일계 선형방정식(linear equation)이고, 초기조건 [8]을 만족시키는 해가

$$y = \phi(t) = \frac{t}{4} - \frac{3}{16} + \frac{19}{16}e^{4t}$$

과 같음을 쉽게 확인할 수 있다.

정확한 해를 알므로, 우리는 여러 수치해법들의 정확도를 알 수 있고 또한 서로 비교할 수도 있다.

4.2.2 소스 코드

```
#include <stdio.h>
#include <stdlib.h>
#include <math.h>

double equation( double t, double y );
double integralFunction( double t );

void main()
{
    int i, j;
    double initialT, finalT, outputInterval, stepSize;
    double np, nc, t, y, tp[1000], yp[1000], exact;

    printf( "₩n <1> 적분 범위: " );
    scanf( "%lf, %lf", &initialT, &finalT );
    printf( "₩n <2> 결과로 출력할 구간의 간격 크기: " );
    scanf( "%lf", &outputInterval );

    np = (finalT-initialT) / outputInterval;

    if ( np>1000.0 )
    {
        printf("₩n <3> 적분 범위나 출력 구간의 간격 크기를 줄이시오₩n₩n₩n");
        exit(1);
    }

    printf( "₩n <3> 계산할 구간의 간격 크기: " );
    scanf( "%lf", &stepSize );
```

```
    nc = outputInterval / stepSize;

    t = initialT;
    y = 1.0;          // 초기 y 값
    tp[0] = t;
    yp[0] = y;

    for (i=0; i<(int)np; i++ )
    {
        for (j=0; j<(int)nc; j++ )
        {
            y = y + stepSize*equation(t, y);
            t = t + stepSize;
        }

        tp[i+1] = t;
        yp[i+1] = y;
    }

    printf( "₩n <4> 입력한 값들에 대한 결과 ₩n" );
    printf( "    t          참값          근사값   백분율 상대 오차₩n  " );

    for (i=0; i<44; i++)
        printf( "=" );

    printf( "₩n" );

    for (i=0; i<=(int)np; i++)
    {
        exact = integralFunction( initialT+outputInterval*(double)i );
        printf(" %6.3lf %12lf %12lf %12lf₩n", tp[i], exact, yp[i],
          100.0*(exact-yp[i])/exact);
    }

    printf( "₩n₩n" );
}

double equation( double t, double y )
{
    return 1.0-t+4.0*y;
}
```

```
double integralFunction( double t )
{
    return (t/4.0)-(3.0/16.0)+(19.0/16.0)*exp(4.0*t);
}
```

4.2.3 실행 결과

<1> 적분 범위: 0.0, 1.47

<2> 결과로 출력할 구간의 간격 크기: 0.07

<3> 계산할 구간의 간격 크기: 0.0007

<4> 입력한 값들에 대한 결과

t	참값	근사값	백분율 상대 오차
0.000	1.000000	1.000000	0.000000
0.070	1.401217	1.400602	0.043865
0.140	1.926424	1.924797	0.084416
0.210	2.615686	2.612459	0.123367
0.280	3.522014	3.516323	0.161603
0.350	4.715550	4.706138	0.199588
0.420	6.289098	6.274157	0.237563
0.490	8.365451	8.342392	0.275639
0.560	11.107081	11.072220	0.313863
0.630	14.728959	14.677077	0.352240
0.700	19.515518	19.439260	0.390755
0.770	25.843103	25.732135	0.429389
0.840	34.209664	34.049524	0.468115
0.910	45.274056	45.044557	0.506911
0.980	59.908028	59.581077	0.545756
1.050	79.265018	78.801609	0.584632
1.120	104.871174	104.217275	0.623526
1.190	138.745787	137.826699	0.662426
1.260	183.560643	182.273288	0.701324
1.330	242.850860	241.053244	0.740214
1.400	321.293859	318.790686	0.779091

4.3 Runge−Kutta 의 방법

4.3.1 이론

접선법은 오차가 너무 커서 실제 문제에 적용하기에는 적합하지 않다. Runge-Kutta 의 방법은 정확도가 매우 높은 수치해법이다.

Runge-Kutta 의 방법은 모두

$$y_{i+1} = y_i + h \times \phi(t_i, y_i, h)$$

과 같은 일반적인 형태로 나타낼 수 있다.

위 식에서 $\phi(t_i, y_i, h)$는 구간 상에서의 기울기를 나타내는 증분함수인데,

$$\phi = a_1 k_1 + a_2 k_2 + a_3 k_3 + \cdots + a_{n-2} k_{n-2} + a_{n-1} k_{n-1} + a_n k_n$$

과 같은 일반적인 형태를 갖는다. 여기에서 $a_1 \sim a_n$는 상수이다.

실제로 자주 사용되는 4 차 Runge-Kutta 의 방법에서

$$k_1 = f(t_i, y_i), \quad k_2 = f\left(t_i + \frac{h}{2}, y_i + \frac{k_1 h}{2}\right), \quad k_3 = f\left(t_i + \frac{h}{2}, y_i + \frac{k_2 h}{2}\right), \quad k_4 = f(t_i + h, y_i + k_3 h)$$

이다.

결론적으로 4 차 Runge-Kutta 의 공식은

$$y_{i+1} = y_i + \frac{h(k_1 + 2k_2 + 2k_3 + k_4)}{6}$$

이다.

프로그램의 실행 결과를 살펴보아라. Runge-Kutta 의 방법이 자주 사용되는 이유를 알 수 있을 것이다.

참고로 Carle David Tolmé Runge(1856~1927)는 독일의 수학자·물리학자이고, Martin Wilhelm Kutta(1867~1944)는 독일의 수학자·공기역학자(aerodynamicist)이다. 상미분방정식의 수치해(numerical solution)에 대한 Runge 의 논문(paper)에서 비롯된 Runge-Kutta 의 방법은 Kutta 에 의하여 연립방정식으로 확장되었다.

4.3.2 소스 코드

```
#include <stdio.h>
#include <math.h>

double equation( double, double );

void main()
{
    double t0=0.0, tmax=1.65, y0=1.0, h=0.03, yi=y0;
    double ti, exact, k1, k2, k3, k4;

    exact = t0/4.0 - (3.0/16.0) + (19.0/16.0)*exp(4.0*t0);
    printf( "\n  t: %.3lf    참값: %10lf    근사값: %10lf", t0, exact, y0 );

    for ( ti=t0; ti<tmax; ti=ti+h )
    {
        k1 = equation( ti, yi );
        k2 = equation( ti+h/2.0, yi+k1*h/2.0 );
        k3 = equation( ti+h/2.0, yi+k2*h/2.0 );
        k4 = equation( ti+h, yi+k3*h );
        exact = (ti+h)/4.0 - (3.0/16.0) + (19.0/16.0)*exp(4.0*(ti+h));
        yi = yi + h*(k1+2.0*k2+2.0*k3+k4)/6.0;
        printf( "\n  t: %.3lf    참값: %10lf    근사값: %10lf",
          ti+h, exact, yi );
    }

    printf( "\n\n\n" );
}

double equation( double t, double y )
{
    return 1.0-t+4.0*y;
}
```

4.3.3 실행 결과

```
t: 0.000    참값:   1.000000    근삿값:   1.000000
t: 0.030    참값:   1.158903    근삿값:   1.158902
```

```
t: 0.060   참값:   1.337108   근삿값:   1.337108
t: 0.090   참값:   1.537079   근삿값:   1.537078
t: 0.120   참값:   1.761588   근삿값:   1.761587
t: 0.150   참값:   2.013766   근삿값:   2.013764
t: 0.180   참값:   2.297139   근삿값:   2.297137
t: 0.210   참값:   2.615686   근삿값:   2.615682
t: 0.240   참값:   2.973890   근삿값:   2.973885
t: 0.270   참값:   3.376807   근삿값:   3.376801
t: 0.300   참값:   3.830139   근삿값:   3.830131
t: 0.330   참값:   4.340313   근삿값:   4.340304
t: 0.360   참값:   4.914576   근삿값:   4.914565
t: 0.390   참값:   5.561100   근삿값:   5.561086
t: 0.420   참값:   6.289098   근삿값:   6.289081
t: 0.450   참값:   7.108956   근삿값:   7.108936
t: 0.480   참값:   8.032388   근삿값:   8.032364
t: 0.510   참값:   9.072598   근삿값:   9.072569
t: 0.540   참값:  10.244476   근삿값:  10.244441
t: 0.570   참값:  11.564808   근삿값:  11.564767
t: 0.600   참값:  13.052522   근삿값:  13.052473
t: 0.630   참값:  14.728959   근삿값:  14.728900
t: 0.660   참값:  16.618179   근삿값:  16.618111
t: 0.690   참값:  18.747314   근삿값:  18.747233
t: 0.720   참값:  21.146949   근삿값:  21.146854
t: 0.750   참값:  23.851575   근삿값:  23.851463
t: 0.780   참값:  26.900076   근삿값:  26.899945
t: 0.810   참값:  30.336295   근삿값:  30.336141
t: 0.840   참값:  34.209664   근삿값:  34.209485
t: 0.870   참값:  38.575920   근삿값:  38.575710
t: 0.900   참값:  43.497903   근삿값:  43.497659
t: 0.930   참값:  49.046468   근삿값:  49.046183
t: 0.960   참값:  55.301501   근삿값:  55.301169
t: 0.990   참값:  62.353075   근삿값:  62.352689
t: 1.020   참값:  70.302745   근삿값:  70.302297
t: 1.050   참값:  79.265018   근삿값:  79.264498
t: 1.080   참값:  89.368996   근삿값:  89.368393
t: 1.110   참값: 100.760243   근삿값: 100.759544
t: 1.140   참값: 113.602882   근삿값: 113.602073
t: 1.170   참값: 128.081961   근삿값: 128.081025
t: 1.200   참값: 144.406121   근삿값: 144.405038
t: 1.230   참값: 162.810603   근삿값: 162.809351
t: 1.260   참값: 183.560643   근삿값: 183.559197
t: 1.290   참값: 206.955291   근삿값: 206.953622
```

```
t: 1.320    참값: 233.331727    근삿값: 233.329802
t: 1.350    참값: 263.070119    근삿값: 263.067899
t: 1.380    참값: 296.599107    근삿값: 296.596548
t: 1.410    참값: 334.401978    근삿값: 334.399030
t: 1.440    참값: 377.023641    근삿값: 377.020246
t: 1.470    참값: 425.078475    근삿값: 425.074568
t: 1.500    참값: 479.259192    근삿값: 479.254697
t: 1.530    참값: 540.346825    근삿값: 540.341655
t: 1.560    참값: 609.221982    근삿값: 609.216039
t: 1.590    참값: 686.877548    근삿값: 686.870719
t: 1.620    참값: 774.432999    근삿값: 774.425153
t: 1.650    참값: 873.150537    근삿값: 873.141528
```

4.4 연립일계미분방정식을 풀기 위한 'Runge−Kutta 방법'

4.4.1 이론

연립일계미분방정식

$$\begin{cases} \dfrac{dx}{dt} = f(t,x,y), & x(t_0) = x_0 \\ \dfrac{dy}{dt} = g(t,x,y), & y(t_0) = y_0 \end{cases}$$

을 푸는 데에 4 차 Runge-Kutta 방법을 적용하면

$$x_{i+1} = x_i + \frac{h(k_1 + 2k_2 + 2k_3 + k_4)}{6}, \quad y_{i+1} = y_i + \frac{h(l_1 + 2l_2 + 2l_3 + l_4)}{6}$$

을 얻는다. 여기에서 $h = t_{i+1} - t_i$이고 $k_1 \sim k_4$와 $l_1 \sim l_4$는

$$k_1 = f(t_i, x_i, y_i), \quad l_1 = g(t_i, x_i, y_i),$$

$$k_2 = f\left(t_i + \frac{h}{2}, x_i + \frac{k_1 h}{2}, y_i + \frac{l_1 h}{2}\right), \quad l_2 = g\left(t_i + \frac{h}{2}, x_i + \frac{k_1 h}{2}, y_i + \frac{l_1 h}{2}\right),$$

$$k_3 = f\left(t_i + \frac{h}{2}, x_i + \frac{k_2 h}{2}, y_i + \frac{l_2 h}{2}\right), \quad l_3 = g\left(t_i + \frac{h}{2}, x_i + \frac{k_2 h}{2}, y_i + \frac{l_2 h}{2}\right),$$

$$k_4 = f(t_i + h, x_i + k_3 h, y_i + l_3 h), \quad l_4 = g(t_i + h, x_i + k_3 h, y_i + l_3 h)$$

이다.

4.5 이계미분방정식을 풀기 위한 'Runge−Kutta 방법'

4.5.1 이론

Runge-Kutta 방법을 사용하여 미분방정식

$$\frac{d^2y}{dt^2} = f(t, y, y')$$

와 초기조건

$$y(t_0) = y_0, \quad y'(t_0) = y_0{}'$$

으로 구성되어 있는 이계 초기값 문제(second order initial value problem)를 풀어 보자.

$y' = z$인 치환에 의하여 주어진 문제는

$$\begin{cases} y' = z, & z' = f(t, y, z) \\ y(t_0) = y_0, & z(t_0) = z_0 \end{cases}$$

으로 변형된다.

4 차 Runge-Kutta 방법을 적용하면

$$y_{i+1} = y_i + \frac{h(k_1 + 2k_2 + 2k_3 + k_4)}{6}, \quad z_{i+1} = z_i + \frac{h(l_1 + 2l_2 + 2l_3 + l_4)}{6}$$

을 얻을 수 있다. 여기에서 $h = t_{i+1} - t_i$이고 $k_1 \sim k_4$와 $l_1 \sim l_4$는

$$k_1 = z_i, \quad l_1 = f(t_i, y_i, z_i),$$

$$k_2 = z_i + \frac{l_1}{2}, \quad l_2 = f\left(t_i + \frac{h}{2}, y_i + \frac{k_1 h}{2}, z_i + \frac{l_1 h}{2}\right),$$

$$k_3 = z_i + \frac{l_2}{2}, \quad l_3 = f\left(t_i + \frac{h}{2}, y_i + \frac{k_2 h}{2}, z_i + \frac{l_2 h}{2}\right),$$

$$k_4 = z_i + l_3, \quad l_4 = f(t_i + h, y_i + k_3 h, z_i + l_3 h)$$

이다.

4.6 연습 문제

문항 1 본문의 결과를 보면 접선법은 오차가 크다는 것을 알 수 있다. 접선법의 오차가 큰 이유는 무엇인가?

문항 2 3 차 Runge-Kutta 공식은

$$y_{i+1} = y_i + \frac{h(k_1 + 4k_2 + k_3)}{6}$$

이다. $k_1 \sim k_3$가 어떻게 표현되는지 조사하고 이 공식을 프로그램으로 구현하여라.

5 자유낙하(Free Fall)

5.1 시간과 속도와의 관계

5.1.1 이론

작고 단단하며 무거운 물체를 자유낙하(free fall)시키면 이 물체는 속도의 제곱에 비례하는 공기의 저항을 받으며 아래로 떨어진다. 이런 경우 물체의 속도가 시간에 따라 어떻게 되는지 알아보자.

운동방정식(equation of motion)을 세우기 위해 우선 방향의 기준을 정해야 한다. 중력(gravity)의 방향을 양의 방향으로 하면 물체의 운동을 기술하는 미분방정식은

$$m\frac{dv}{dt} = mg - kv^2$$

이다.

시간 $t = 0$일 때 속도 $v = 0$이므로

$$\int_0^t dt = \int_0^v \frac{mdv}{mg - kv^2} = \sqrt{\frac{m}{kg}}\tanh^{-1} v\sqrt{\frac{k}{mg}}\Bigg|_0^v,$$

이 성립한다. 즉

$$t = \sqrt{\frac{m}{kg}}\tanh^{-1} v\sqrt{\frac{k}{mg}}$$

이다.

위 식을 v에 대해서 풀면

$$v = \sqrt{\frac{mg}{k}} \tanh t \sqrt{\frac{kg}{m}} \qquad [9]$$

을 얻는다.

프로그램의 실행 결과를 보면 알 수 있듯이, 어느 정도 시간이 흐르면 속도의 증가가 거의 없다는 사실을 알 수 있다. 속도는 어느 값에 수렴하는데 이 속도를 구하여 보자.

만일 $t \gg \sqrt{\frac{m}{kg}}$이면

$$v = \sqrt{\frac{mg}{k}} = \sqrt{\frac{0.00903 \times 9.8}{0.000103}} = 29.3115$$

이 된다. 이 한계 속도가 물체의 종단속도(terminal velocity)이다. 물체의 종단속도는 물체가 받는 저항력이 물체의 무게(weight)와 같아져서 물체의 가속도(acceleration)가 영일 때의 속도로 정의된다.

프로그램의 실행 결과 얻어지는 속도의 참값은 [9]에 의하여 구한 값이고, 속도의 근삿값은 4 차 Runge-Kutta 의 방법에 의하여 구한 값이다.

5.1.2 소스 코드

```
#include <stdio.h>
#include <math.h>

double function( double, double );

void main( void )
{
    double time, initT=0.0, maxT=20.0, h=0.08;
    double velo=0.0, trueVelo;
    double k1, k2, k3, k4;

    printf( "₩n    시간          참값              근삿값             참오차₩n  " );
```

```
    for(int i=0; i<54; i++)
        printf( "%c", '=' );

    printf( "\n%8.3lf  %14.9lf  %14.9lf  %14.9lf", initT, velo, velo, 0.0 );

    for (time=initT; time<maxT-h; time=time+h)
    {
        k1 = h * function( time, velo );
        k2 = h * function( time+h/2.0, velo+k1/2.0 );
        k3 = h * function( time+h/2.0, velo+k2/2.0 );
        k4 = h * function( time+h, velo+k3 );
        velo = velo + (1.0/6.0)*(k1+2.0*k2+2.0*k3+k4);
        trueVelo = sqrt(90.3*9.8/1.03) * tanh(sqrt(1.03*9.8/90.3)*(time+h));
        printf( "\n%8.3lf  %14.9lf  %14.9lf  %14.9lf", time+h,
          trueVelo, velo, trueVelo-velo );
    }

    printf( "\n\n\n" );
}

double function( double t, double v )
{
    double k=0.000103, mass=0.00903;
    return 9.8 - (k/mass)*pow(v, 2.0);
}
```

5.1.3 실행 결과

```
  시간         참값           근삿값          참오차
======================================================
  0.000     0.000000000     0.000000000     0.000000000
  0.080     0.783813093     0.783813089     0.000000003
  0.160     1.566506024     1.566506018     0.000000007
  0.240     2.346965028     2.346965018     0.000000010
  0.320     3.124089048     3.124089034     0.000000014
  0.400     3.896795903     3.896795885     0.000000017
  0.480     4.664028224     4.664028203     0.000000021
  0.560     5.424759098     5.424759073     0.000000025
  0.640     6.177997359     6.177997329     0.000000029
```

0.720	6.922792457	6.922792423	0.000000034
0.800	7.658238886	7.658238848	0.000000038
0.880	8.383480099	8.383480056	0.000000043
0.960	9.097711909	9.097711861	0.000000048
1.040	9.800185337	9.800185283	0.000000054
1.120	10.490208904	10.490208845	0.000000059
1.200	11.167150372	11.167150307	0.000000065
1.280	11.830437921	11.830437850	0.000000071
1.360	12.479560803	12.479560725	0.000000078
1.440	13.114069466	13.114069381	0.000000084
1.520	13.733575204	13.733575113	0.000000091
1.600	14.337749348	14.337749250	0.000000098
1.680	14.926322034	14.926321929	0.000000105
1.760	15.499080607	15.499080495	0.000000112
1.840	16.055867683	16.055867564	0.000000119
1.920	16.596578923	16.596578797	0.000000126
2.000	17.121160567	17.121160434	0.000000133
2.080	17.629606758	17.629606618	0.000000140
2.160	18.121956720	18.121956572	0.000000147
2.240	18.598291805	18.598291651	0.000000154
2.320	19.058732472	19.058732312	0.000000161
2.400	19.503435220	19.503435053	0.000000167
2.480	19.932589507	19.932589334	0.000000173
2.560	20.346414695	20.346414516	0.000000179
2.640	20.745157037	20.745156853	0.000000185
2.720	21.129086740	21.129086550	0.000000190
2.800	21.498495108	21.498494913	0.000000195
2.880	21.853691798	21.853691598	0.000000200
2.960	22.195002197	22.195001993	0.000000204
3.040	22.522764924	22.522764716	0.000000208
3.120	22.837329473	22.837329261	0.000000212
3.200	23.139054002	23.139053787	0.000000215
3.280	23.428303267	23.428303049	0.000000217
3.360	23.705446706	23.705446487	0.000000220
3.440	23.970856674	23.970856452	0.000000222
3.520	24.224906815	24.224906592	0.000000223
3.600	24.467970594	24.467970370	0.000000224
3.680	24.700419950	24.700419725	0.000000225
3.760	24.922624097	24.922623872	0.000000225
3.840	25.134948450	25.134948224	0.000000225
3.920	25.337753665	25.337753440	0.000000225
4.000	25.531394809	25.531394584	0.000000224

4.080	25.716220626	25.716220402	0.000000223
4.160	25.892572911	25.892572689	0.000000222
4.240	26.060785977	26.060785757	0.000000220
4.320	26.221186210	26.221185992	0.000000219
4.400	26.374091703	26.374091487	0.000000217
4.480	26.519811966	26.519811752	0.000000214
4.560	26.658647702	26.658647490	0.000000212
4.640	26.790890645	26.790890437	0.000000209
4.720	26.916823456	26.916823250	0.000000206
4.800	27.036719660	27.036719457	0.000000203
4.880	27.150843640	27.150843440	0.000000200
4.960	27.259450658	27.259450462	0.000000196
5.040	27.362786924	27.362786731	0.000000193
5.120	27.461089681	27.461089492	0.000000189
5.200	27.554587329	27.554587144	0.000000185
5.280	27.643499567	27.643499385	0.000000182
5.360	27.728037553	27.728037375	0.000000178
5.440	27.808404084	27.808403910	0.000000174
5.520	27.884793787	27.884793617	0.000000170
5.600	27.957393323	27.957393157	0.000000166
5.680	28.026381602	28.026381441	0.000000162
5.760	28.091929999	28.091929841	0.000000158
5.840	28.154202578	28.154202424	0.000000154
5.920	28.213356326	28.213356176	0.000000150
6.000	28.269541374	28.269541228	0.000000146
6.080	28.322901238	28.322901096	0.000000142
6.160	28.373573041	28.373572903	0.000000138
6.240	28.421687744	28.421687610	0.000000134
6.320	28.467370376	28.467370246	0.000000130
6.400	28.510740254	28.510740128	0.000000127
6.480	28.551911205	28.551911082	0.000000123
6.560	28.590991780	28.590991660	0.000000119
6.640	28.628085466	28.628085351	0.000000116
6.720	28.663290896	28.663290784	0.000000112
6.800	28.696702042	28.696701933	0.000000108
6.880	28.728408418	28.728408313	0.000000105
6.960	28.758495267	28.758495165	0.000000102
7.040	28.787043743	28.787043645	0.000000098
7.120	28.814131094	28.814130999	0.000000095
7.200	28.839830829	28.839830737	0.000000092
7.280	28.864212889	28.864212800	0.000000089
7.360	28.887343804	28.887343718	0.000000086

7.440	28.909286847	28.909286764	0.000000083
7.520	28.930102188	28.930102108	0.000000080
7.600	28.949847031	28.949846954	0.000000077
7.680	28.968575755	28.968575680	0.000000075
7.760	28.986340044	28.986339972	0.000000072
7.840	29.003189016	29.003188946	0.000000069
7.920	29.019169341	29.019169274	0.000000067
8.000	29.034325359	29.034325295	0.000000064
8.080	29.048699194	29.048699132	0.000000062
8.160	29.062330855	29.062330795	0.000000060
8.240	29.075258340	29.075258283	0.000000058
8.320	29.087517738	29.087517682	0.000000055
8.400	29.099143313	29.099143260	0.000000053
8.480	29.110167601	29.110167550	0.000000051
8.560	29.120621492	29.120621442	0.000000049
8.640	29.130534307	29.130534260	0.000000048
8.720	29.139933883	29.139933837	0.000000046
8.800	29.148846639	29.148846595	0.000000044
8.880	29.157297651	29.157297609	0.000000042
8.960	29.165310717	29.165310676	0.000000041
9.040	29.172908421	29.172908382	0.000000039
9.120	29.180112193	29.180112156	0.000000037
9.200	29.186942369	29.186942333	0.000000036
9.280	29.193418243	29.193418208	0.000000035
9.360	29.199558121	29.199558088	0.000000033
9.440	29.205379371	29.205379339	0.000000032
9.520	29.210898469	29.210898438	0.000000031
9.600	29.216131045	29.216131016	0.000000029
9.680	29.221091928	29.221091900	0.000000028
9.760	29.225795181	29.225795154	0.000000027
9.840	29.230254146	29.230254120	0.000000026
9.920	29.234481476	29.234481451	0.000000025
10.000	29.238489174	29.238489150	0.000000024
10.080	29.242288623	29.242288600	0.000000023
10.160	29.245890619	29.245890597	0.000000022
10.240	29.249305400	29.249305379	0.000000021
10.320	29.252542678	29.252542658	0.000000020
10.400	29.255611661	29.255611642	0.000000019
10.480	29.258521082	29.258521063	0.000000019
10.560	29.261279221	29.261279203	0.000000018
10.640	29.263893933	29.263893916	0.000000017
10.720	29.266372663	29.266372646	0.000000016

10.800	29.268722473	29.268722457	0.000000016
10.880	29.270950058	29.270950043	0.000000015
10.960	29.273061768	29.273061754	0.000000014
11.040	29.275063623	29.275063609	0.000000014
11.120	29.276961329	29.276961316	0.000000013
11.200	29.278760301	29.278760288	0.000000013
11.280	29.280465668	29.280465656	0.000000012
11.360	29.282082296	29.282082285	0.000000012
11.440	29.283614799	29.283614788	0.000000011
11.520	29.285067550	29.285067539	0.000000011
11.600	29.286444695	29.286444685	0.000000010
11.680	29.287750166	29.287750157	0.000000010
11.760	29.288987691	29.288987682	0.000000009
11.840	29.290160803	29.290160794	0.000000009
11.920	29.291272853	29.291272844	0.000000008
12.000	29.292327016	29.292327008	0.000000008
12.080	29.293326305	29.293326297	0.000000008
12.160	29.294273573	29.294273565	0.000000007
12.240	29.295171527	29.295171520	0.000000007
12.320	29.296022734	29.296022727	0.000000007
12.400	29.296829625	29.296829619	0.000000006
12.480	29.297594507	29.297594501	0.000000006
12.560	29.298319566	29.298319560	0.000000006
12.640	29.299006873	29.299006868	0.000000006
12.720	29.299658395	29.299658390	0.000000005
12.800	29.300275993	29.300275988	0.000000005
12.880	29.300861434	29.300861429	0.000000005
12.960	29.301416390	29.301416385	0.000000005
13.040	29.301942449	29.301942444	0.000000005
13.120	29.302441115	29.302441111	0.000000004
13.200	29.302913814	29.302913810	0.000000004
13.280	29.303361898	29.303361894	0.000000004
13.360	29.303786648	29.303786644	0.000000004
13.440	29.304189279	29.304189275	0.000000004
13.520	29.304570943	29.304570939	0.000000003
13.600	29.304932730	29.304932727	0.000000003
13.680	29.305275677	29.305275674	0.000000003
13.760	29.305600764	29.305600761	0.000000003
13.840	29.305908921	29.305908918	0.000000003
13.920	29.306201030	29.306201027	0.000000003
14.000	29.306477925	29.306477923	0.000000003
14.080	29.306740400	29.306740398	0.000000002

14.160	29.306989205	29.306989203	0.000000002
14.240	29.307225052	29.307225050	0.000000002
14.320	29.307448616	29.307448614	0.000000002
14.400	29.307660537	29.307660535	0.000000002
14.480	29.307861420	29.307861418	0.000000002
14.560	29.308051840	29.308051838	0.000000002
14.640	29.308232343	29.308232342	0.000000002
14.720	29.308403445	29.308403444	0.000000002
14.800	29.308565636	29.308565634	0.000000002
14.880	29.308719378	29.308719377	0.000000002
14.960	29.308865114	29.308865112	0.000000001
15.040	29.309003259	29.309003257	0.000000001
15.120	29.309134208	29.309134207	0.000000001
15.200	29.309258337	29.309258336	0.000000001
15.280	29.309376001	29.309376000	0.000000001
15.360	29.309487537	29.309487536	0.000000001
15.440	29.309593263	29.309593262	0.000000001
15.520	29.309693482	29.309693481	0.000000001
15.600	29.309788482	29.309788481	0.000000001
15.680	29.309878533	29.309878532	0.000000001
15.760	29.309963894	29.309963893	0.000000001
15.840	29.310044808	29.310044808	0.000000001
15.920	29.310121509	29.310121508	0.000000001
16.000	29.310194214	29.310194213	0.000000001
16.080	29.310263132	29.310263131	0.000000001
16.160	29.310328461	29.310328460	0.000000001
16.240	29.310390386	29.310390386	0.000000001
16.320	29.310449087	29.310449086	0.000000001
16.400	29.310504729	29.310504729	0.000000001
16.480	29.310557474	29.310557473	0.000000001
16.560	29.310607471	29.310607470	0.000000001
16.640	29.310654864	29.310654863	0.000000001
16.720	29.310699788	29.310699788	0.000000001
16.800	29.310742373	29.310742372	0.000000001
16.880	29.310782739	29.310782739	0.000000000
16.960	29.310821003	29.310821002	0.000000000
17.040	29.310857274	29.310857273	0.000000000
17.120	29.310891655	29.310891655	0.000000000
17.200	29.310924246	29.310924245	0.000000000
17.280	29.310955139	29.310955138	0.000000000
17.360	29.310984422	29.310984422	0.000000000
17.440	29.311012181	29.311012181	0.000000000

17.520	29.311038494	29.311038493	0.000000000
17.600	29.311063436	29.311063435	0.000000000
17.680	29.311087079	29.311087078	0.000000000
17.760	29.311109490	29.311109490	0.000000000
17.840	29.311130734	29.311130734	0.000000000
17.920	29.311150871	29.311150871	0.000000000
18.000	29.311169960	29.311169960	0.000000000
18.080	29.311188054	29.311188054	0.000000000
18.160	29.311205206	29.311205206	0.000000000
18.240	29.311221464	29.311221464	0.000000000
18.320	29.311236876	29.311236876	0.000000000
18.400	29.311251485	29.311251484	0.000000000
18.480	29.311265332	29.311265332	0.000000000
18.560	29.311278459	29.311278459	0.000000000
18.640	29.311290902	29.311290902	0.000000000
18.720	29.311302696	29.311302696	0.000000000
18.800	29.311313877	29.311313876	0.000000000
18.880	29.311324474	29.311324474	0.000000000
18.960	29.311334520	29.311334520	0.000000000
19.040	29.311344043	29.311344043	0.000000000
19.120	29.311353070	29.311353069	0.000000000
19.200	29.311361626	29.311361626	0.000000000
19.280	29.311369737	29.311369737	0.000000000
19.360	29.311377425	29.311377425	0.000000000
19.440	29.311384713	29.311384713	0.000000000
19.520	29.311391621	29.311391621	0.000000000
19.600	29.311398169	29.311398169	0.000000000
19.680	29.311404376	29.311404376	0.000000000
19.760	29.311410260	29.311410260	0.000000000
19.840	29.311415838	29.311415838	0.000000000
19.920	29.311421125	29.311421125	0.000000000
20.000	29.311426136	29.311426136	0.000000000

5.2 시간에 대한 속도의 그래프

5.2.1 이론

그래프를 그릴 때에는 컴퓨터 모니터의 좌표계와 물리적 좌표계를 적절히 대응시켜야 한다. 보기를 들어 컴퓨터 모니터의 좌표축에 1 초를 표시할 때 100 개의 화소를 할당한다든지 60 개의 화소를 할당한다든지 하는 식으로 적절한 개수의 화소를 할당하여야 한다. 다른 좌표축에 대해서도 마찬가지로, 표시할 물리적 양에 적절한 개수의 화소를 할당한다.

필자가 그린 그래프에서 x축은 시간을 나타내고, y축은 속도를 나타낸다. 20mm 가 1 초에 해당하고, 5mm 가 1 $^{m}/_{s}$에 해당한다. 왜 그런지는 프로그램을 분석해서 독자 스스로 알아내길 바란다. 어렵지 않을 것이다.

프로그램을 보면 다음과 같은 반복문

```
for (i=0; i<310000; i++)
    ;
```

이 있다. 이것은 그래프가 그려지는 모습을 볼 수 있도록 그려지는 속도를 늦추는 역할을 한다.

노파심에서 다시 한 번 말하는데, 필자는 예전처럼 화면 해상도를 1280×1024 화소로 설정한 상태에서 이 프로그램을 포함하여 이후의 모든 프로그램들을 작성하였다.

5.2.2 소스 코드

```
// 시간에 대한 속도의 그래프View.cpp : implementation of the CMyView class
//

#include "stdafx.h"
#include "시간에 대한 속도의 그래프.h"

#include "시간에 대한 속도의 그래프Doc.h"
#include "시간에 대한 속도의 그래프View.h"

#include "math.h"

double function( double, double );

#ifdef _DEBUG
#define new DEBUG_NEW
#undef THIS_FILE
static char THIS_FILE[] = __FILE__;
#endif
```

```
/////////////////////////////////////////////////////////////////////////////
// CMyView

IMPLEMENT_DYNCREATE(CMyView, CView)

BEGIN_MESSAGE_MAP(CMyView, CView)
	//{{AFX_MSG_MAP(CMyView)
		// NOTE - the ClassWizard will add and remove mapping macros here.
		//    DO NOT EDIT what you see in these blocks of generated code!
	//}}AFX_MSG_MAP
	// Standard printing commands
	ON_COMMAND(ID_FILE_PRINT, CView::OnFilePrint)
	ON_COMMAND(ID_FILE_PRINT_DIRECT, CView::OnFilePrint)
	ON_COMMAND(ID_FILE_PRINT_PREVIEW, CView::OnFilePrintPreview)
END_MESSAGE_MAP()

/////////////////////////////////////////////////////////////////////////////
// CMyView construction/destruction

CMyView::CMyView()
{
	// TODO: add construction code here

}

CMyView::~CMyView()
{
}

BOOL CMyView::PreCreateWindow(CREATESTRUCT& cs)
{
	// TODO: Modify the Window class or styles here by modifying
	//  the CREATESTRUCT cs

	return CView::PreCreateWindow(cs);
}

/////////////////////////////////////////////////////////////////////////////
// CMyView drawing

void CMyView::OnDraw(CDC* pDC)
```

```
{
    CMyDoc* pDoc = GetDocument();
    ASSERT_VALID(pDoc);

    CRect rect;
    GetClientRect(&rect);
    pDC->SetMapMode(MM_LOMETRIC);
    pDC->SetViewportOrg(100, 800);

    char buffer[100];
    double time, initialTime=0.0, maxTime=14.0, h=1.0/200.0;
    double velocity=0.0;
    double k1, k2, k3, k4;

    pDC->MoveTo(0, 1800);
    pDC->LineTo(0, 0);
    pDC->LineTo(3000, 0);

    double coordinate=0.0;
    pDC->SetTextAlign(TA_CENTER+TA_TOP);

    for (int i=0; i<15; i++)
    {
        sprintf(buffer, "%3.1lf", coordinate);
        pDC->TextOut(200*i, -2, buffer);
        coordinate += 1.0;
    }

    coordinate = 0.0;
    pDC->SetTextAlign(TA_RIGHT+TA_BASELINE);

    for (i=0; i<18; i++)
    {
        sprintf(buffer, "%3.1lf", coordinate);
        pDC->TextOut(-2, 100*i, buffer);
        coordinate += 2.0;
    }

    pDC->SetPixel(0, 0, RGB(255, 0, 0));

    for (time=initialTime; time<maxTime; time=time+h)
    {
```

```
        k1 = h * function( time, velocity );
        k2 = h * function( time+h/2.0, velocity+k1/2.0 );
        k3 = h * function( time+h/2.0, velocity+k2/2.0 );
        k4 = h * function( time+h, velocity+k3 );
        velocity += (1.0/6.0) * (k1+2.0*k2+2.0*k3+k4);
        pDC->SetPixel(int(200.0*(time+h)), int(50.0*velocity), RGB(255,0,0));

        for (i=0; i<310000; i++)
            ;
    }
}

/////////////////////////////////////////////////////////////////////////////
// CMyView printing

BOOL CMyView::OnPreparePrinting(CPrintInfo* pInfo)
{
    // default preparation
    return DoPreparePrinting(pInfo);
}

void CMyView::OnBeginPrinting(CDC* /*pDC*/, CPrintInfo* /*pInfo*/)
{
    // TODO: add extra initialization before printing
}

void CMyView::OnEndPrinting(CDC* /*pDC*/, CPrintInfo* /*pInfo*/)
{
    // TODO: add cleanup after printing
}

/////////////////////////////////////////////////////////////////////////////
// CMyView diagnostics

#ifdef _DEBUG
void CMyView::AssertValid() const
{
    CView::AssertValid();
}

void CMyView::Dump(CDumpContext& dc) const
{
```

```
    CView::Dump(dc);
}

CMyDoc* CMyView::GetDocument() // non-debug version is inline
{
    ASSERT(m_pDocument->IsKindOf(RUNTIME_CLASS(CMyDoc)));
    return (CMyDoc*)m_pDocument;
}
#endif //_DEBUG

/////////////////////////////////////////////////////////////////////////////
// CMyView message handlers

double function( double t, double v )
{
    double k=0.000103, mass=0.00903;
    return 9.8 - (k/mass)*pow(v, 2.0);
}
```

5.2.3 실행 결과

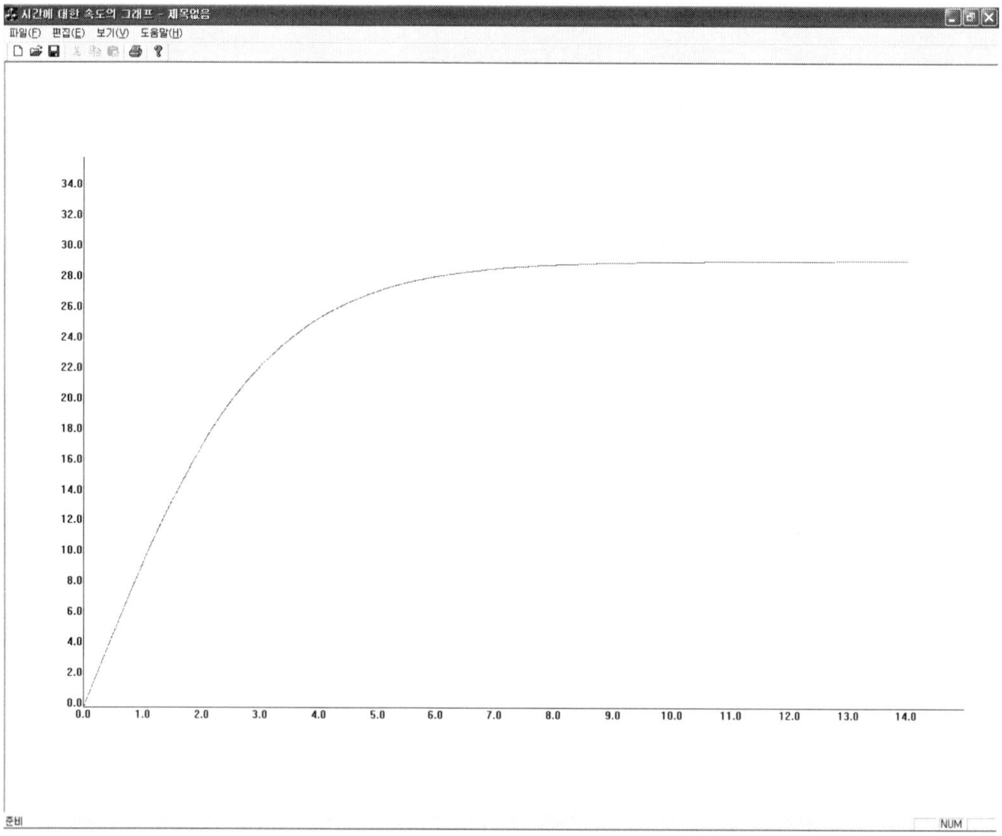

5.3 시간과 위치와의 관계

5.3.1 이론

지상에서 2075.5168m 지점에서 물체를 자유낙하(free fall)시켰다고 가정하고, 시간에 따른 물체의 높이를 구하여 보자.

물체의 운동방정식을

$$m\frac{dv}{dt} = kv^2 - mg$$

과 같이 세운다. 물체가 떨어짐에 따라 속도는 증가하지만, 지상을 기준으로 하여 높이는 감소하므로 앞의 두 section 과 방정식을 다르게 세웠다.

위 식으로부터

$$v = -\sqrt{\frac{mg}{k}} \tanh t\sqrt{\frac{kg}{m}}$$

을 얻을 수 있다.

위 식에서 v를 $v = v(t) = \frac{dx}{dt}$으로 바꾸어 쓰면

$$\frac{dx}{dt} = -\sqrt{\frac{mg}{k}} \tanh t\sqrt{\frac{kg}{m}}$$

이다.

위 식을 t에 관하여 적분한 뒤 $x(0) = 2075.5168$을 대입하면

$$x = 2075.5168 - \frac{m}{k}\ln\left[\cosh\left[t\sqrt{\frac{kg}{m}}\right]\right]$$

을 얻는다.

5.3.2 소스 코드

```
#include <stdio.h>
#include <math.h>

double function( double, double, double );

void main( void )
{
    double T, initT=0.0, maxT=20.0, h=0.08;
```

```
    double posi=2075.5168, velocity=0.0, truePosi;
    double k1, l1, k2, l2, k3, l3, k4, l4;

    printf( "₩n   시간          참값                근삿값              참오차₩n   " );

    for(int i=0; i<54; i++)
        printf( "%c", '=' );

    printf( "₩n%8.3lf  %14.9lf  %14.9lf  %14.9lf", initT, posi, posi, 0.0 );

    for (T=initT; T<maxT-h; T=T+h)
    {
        k1 = h * velocity;
        l1 = h * function( T, posi, velocity );
        k2 = h * (velocity+l1/2.0);
        l2 = h * function( T+h/2.0, posi+k1/2.0, velocity+l1/2.0 );
        k3 = h * (velocity+l2/2.0);
        l3 = h * function( T+h/2.0, posi+k2/2.0, velocity+l2/2.0 );
        k4 = h * (velocity+l3);
        l4 = h * function( T+h, posi+k3, velocity+l3 );
        posi += (1.0/6.0) * (k1+2.0*k2+2.0*k3+k4);
        velocity += (1.0/6.0) * (l1+2.0*l2+2.0*l3+l4);
        truePosi=2075.5168-(90.3/1.03)*log(cosh(sqrt(1.03*9.8/90.3)*(T+h)));
        printf( "₩n%8.3lf  %14.9lf  %14.9lf  %14.9lf", T+h,
          truePosi, posi, truePosi-posi );
    }

    printf( "₩n₩n₩n" );
}

double function( double t, double x, double v )
{
    double k=0.000103, mass=0.00903;
    return (k/mass)*pow(v, 2.0)-9.8;
}
```

5.3.3 실행 결과

```
   시간          참값                근삿값              참오차
 ======================================================
```

0.000	2075.516800000	2075.516800000	0.000000000
0.080	2075.485443739	2075.485443739	-0.000000000
0.160	2075.391419782	2075.391419782	-0.000000001
0.240	2075.234862357	2075.234862359	-0.000000002
0.320	2075.015994327	2075.015994330	-0.000000003
0.400	2074.735125923	2074.735125928	-0.000000005
0.480	2074.392652997	2074.392653005	-0.000000008
0.560	2073.989054811	2073.989054821	-0.000000011
0.640	2073.524891381	2073.524891395	-0.000000014
0.720	2073.000800424	2073.000800442	-0.000000017
0.800	2072.417493929	2072.417493950	-0.000000021
0.880	2071.775754388	2071.775754413	-0.000000025
0.960	2071.076430746	2071.076430775	-0.000000029
1.040	2070.320434091	2070.320434124	-0.000000033
1.120	2069.508733142	2069.508733178	-0.000000037
1.200	2068.642349576	2068.642349617	-0.000000041
1.280	2067.722353241	2067.722353286	-0.000000045
1.360	2066.749857288	2066.749857336	-0.000000049
1.440	2065.726013279	2065.726013331	-0.000000052
1.520	2064.652006304	2064.652006360	-0.000000056
1.600	2063.529050141	2063.529050200	-0.000000059
1.680	2062.358382499	2062.358382561	-0.000000062
1.760	2061.141260375	2061.141260440	-0.000000065
1.840	2059.878955555	2059.878955623	-0.000000068
1.920	2058.572750279	2058.572750350	-0.000000070
2.000	2057.223933093	2057.223933165	-0.000000073
2.080	2055.833794907	2055.833794982	-0.000000075
2.160	2054.403625282	2054.403625359	-0.000000077
2.240	2052.934708930	2052.934709009	-0.000000079
2.320	2051.428322476	2051.428322557	-0.000000081
2.400	2049.885731442	2049.885731525	-0.000000083
2.480	2048.308187493	2048.308187578	-0.000000084
2.560	2046.696925921	2046.696926007	-0.000000086
2.640	2045.053163372	2045.053163461	-0.000000088
2.720	2043.378095817	2043.378095907	-0.000000090
2.800	2041.672896746	2041.672896838	-0.000000092
2.880	2039.938715592	2039.938715686	-0.000000094
2.960	2038.176676371	2038.176676467	-0.000000096
3.040	2036.387876521	2036.387876620	-0.000000099
3.120	2034.573385942	2034.573386044	-0.000000101
3.200	2032.734246212	2032.734246316	-0.000000104
3.280	2030.871469980	2030.871470087	-0.000000107

3.360	2028.986040514	2028.986040624	-0.000000110
3.440	2027.078911401	2027.078911514	-0.000000114
3.520	2025.151006375	2025.151006492	-0.000000117
3.600	2023.203219278	2023.203219400	-0.000000121
3.680	2021.236414129	2021.236414254	-0.000000125
3.760	2019.251425289	2019.251425418	-0.000000130
3.840	2017.249057730	2017.249057864	-0.000000134
3.920	2015.230087375	2015.230087515	-0.000000139
4.000	2013.195261513	2013.195261657	-0.000000144
4.080	2011.145299275	2011.145299425	-0.000000150
4.160	2009.080892167	2009.080892322	-0.000000155
4.240	2007.002704648	2007.002704809	-0.000000161
4.320	2004.911374746	2004.911374912	-0.000000167
4.400	2002.807514707	2002.807514879	-0.000000173
4.480	2000.691711672	2000.691711850	-0.000000179
4.560	1998.564528371	1998.564528556	-0.000000185
4.640	1996.426503839	1996.426504030	-0.000000191
4.720	1994.278154130	1994.278154328	-0.000000198
4.800	1992.119973054	1992.119973259	-0.000000205
4.880	1989.952432903	1989.952433114	-0.000000211
4.960	1987.775985183	1987.775985401	-0.000000218
5.040	1985.591061343	1985.591061568	-0.000000225
5.120	1983.398073494	1983.398073726	-0.000000232
5.200	1981.197415122	1981.197415361	-0.000000239
5.280	1978.989461791	1978.989462037	-0.000000245
5.360	1976.774571831	1976.774572083	-0.000000252
5.440	1974.553087014	1974.553087274	-0.000000259
5.520	1972.325333219	1972.325333485	-0.000000266
5.600	1970.091621073	1970.091621346	-0.000000273
5.680	1967.852246581	1967.852246861	-0.000000280
5.760	1965.607491740	1965.607492026	-0.000000286
5.840	1963.357625130	1963.357625423	-0.000000293
5.920	1961.102902490	1961.102902790	-0.000000300
6.000	1958.843567277	1958.843567583	-0.000000306
6.080	1956.579851203	1956.579851516	-0.000000313
6.160	1954.311974755	1954.311975074	-0.000000319
6.240	1952.040147700	1952.040148026	-0.000000325
6.320	1949.764569566	1949.764569898	0.000000332
6.400	1947.485430109	1947.485430446	-0.000000338
6.480	1945.202909759	1945.202910103	-0.000000344
6.560	1942.917180055	1942.917180404	-0.000000349
6.640	1940.628404054	1940.628404409	-0.000000355

6.720	1938.336736730	1938.336737090	-0.000000361
6.800	1936.042325354	1936.042325720	-0.000000366
6.880	1933.745309860	1933.745310231	-0.000000372
6.960	1931.445823191	1931.445823568	-0.000000377
7.040	1929.143991637	1929.143992019	-0.000000382
7.120	1926.839935152	1926.839935539	-0.000000387
7.200	1924.533767662	1924.533768054	-0.000000392
7.280	1922.225597354	1922.225597751	-0.000000397
7.360	1919.915526960	1919.915527362	-0.000000401
7.440	1917.603654019	1917.603654425	-0.000000406
7.520	1915.290071134	1915.290071544	-0.000000410
7.600	1912.974866214	1912.974866628	-0.000000414
7.680	1910.658122703	1910.658123122	-0.000000419
7.760	1908.339919809	1908.339920231	-0.000000423
7.840	1906.020332703	1906.020333129	-0.000000427
7.920	1903.699432728	1903.699433158	-0.000000430
8.000	1901.377287588	1901.377288022	-0.000000434
8.080	1899.053961527	1899.053961965	-0.000000438
8.160	1896.729515506	1896.729515947	-0.000000441
8.240	1894.404007367	1894.404007811	-0.000000444
8.320	1892.077491986	1892.077492433	-0.000000448
8.400	1889.750021429	1889.750021880	-0.000000451
8.480	1887.421645089	1887.421645542	-0.000000454
8.560	1885.092409822	1885.092410279	-0.000000457
8.640	1882.762360077	1882.762360537	-0.000000460
8.720	1880.431538018	1880.431538480	-0.000000462
8.800	1878.099983637	1878.099984102	-0.000000465
8.880	1875.767734868	1875.767735335	-0.000000468
8.960	1873.434827690	1873.434828160	-0.000000470
9.040	1871.101296228	1871.101296701	-0.000000472
9.120	1868.767172847	1868.767173321	-0.000000475
9.200	1866.432488239	1866.432488716	-0.000000477
9.280	1864.097271515	1864.097271994	-0.000000479
9.360	1861.761550279	1861.761550760	-0.000000481
9.440	1859.425350711	1859.425351194	-0.000000483
9.520	1857.088697636	1857.088698121	-0.000000485
9.600	1854.751614596	1854.751615083	-0.000000487
9.680	1852.414123914	1852.414124402	-0.000000489
9.760	1850.076246757	1850.076247248	-0.000000490
9.840	1847.738003199	1847.738003691	-0.000000492
9.920	1845.399412270	1845.399412764	-0.000000494
10.000	1843.060492019	1843.060492514	-0.000000495

10.080	1840.721259555	1840.721260052	-0.000000497
10.160	1838.381731104	1838.381731602	-0.000000498
10.240	1836.041922048	1836.041922547	-0.000000499
10.320	1833.701846973	1833.701847474	-0.000000501
10.400	1831.361519707	1831.361520209	-0.000000502
10.480	1829.020953362	1829.020953865	-0.000000503
10.560	1826.680160368	1826.680160872	-0.000000504
10.640	1824.339152511	1824.339153016	-0.000000505
10.720	1821.997940964	1821.997941471	-0.000000506
10.800	1819.656536322	1819.656536830	-0.000000508
10.880	1817.314948628	1817.314949136	-0.000000508
10.960	1814.973187403	1814.973187912	-0.000000509
11.040	1812.631261674	1812.631262184	-0.000000510
11.120	1810.289180000	1810.289180511	-0.000000511
11.200	1807.946950494	1807.946951006	-0.000000512
11.280	1805.604580848	1805.604581361	-0.000000513
11.360	1803.262078353	1803.262078867	-0.000000514
11.440	1800.919449923	1800.919450438	-0.000000514
11.520	1798.576702112	1798.576702627	-0.000000515
11.600	1796.233841132	1796.233841647	-0.000000516
11.680	1793.890872872	1793.890873388	-0.000000516
11.760	1791.547802917	1791.547803434	-0.000000517
11.840	1789.204636559	1789.204637076	-0.000000518
11.920	1786.861378816	1786.861379334	-0.000000518
12.000	1784.518034446	1784.518034965	-0.000000519
12.080	1782.174607957	1782.174608476	-0.000000519
12.160	1779.831103624	1779.831104144	-0.000000520
12.240	1777.487525500	1777.487526020	-0.000000520
12.320	1775.143877426	1775.143877947	-0.000000521
12.400	1772.800163044	1772.800163566	-0.000000521
12.480	1770.456385806	1770.456386328	-0.000000522
12.560	1768.112548985	1768.112549507	-0.000000522
12.640	1765.768655683	1765.768656205	-0.000000522
12.720	1763.424708840	1763.424709362	-0.000000523
12.800	1761.080711244	1761.080711767	-0.000000523
12.880	1758.736665538	1758.736666062	-0.000000524
12.960	1756.392574227	1756.392574751	-0.000000524
13.040	1754.048439686	1754.048440210	-0.000000524
13.120	1751.704264166	1751.704264690	-0.000000524
13.200	1749.360049800	1749.360050325	-0.000000525
13.280	1747.015798612	1747.015799137	-0.000000525
13.360	1744.671512519	1744.671513044	-0.000000525

13.440	1742.327193338	1742.327193864	-0.000000526
13.520	1739.982842793	1739.982843319	-0.000000526
13.600	1737.638462517	1737.638463043	-0.000000526
13.680	1735.294054059	1735.294054585	-0.000000526
13.760	1732.949618885	1732.949619412	-0.000000526
13.840	1730.605158388	1730.605158914	-0.000000527
13.920	1728.260673886	1728.260674412	-0.000000527
14.000	1725.916166629	1725.916167156	-0.000000527
14.080	1723.571637802	1723.571638329	-0.000000527
14.160	1721.227088529	1721.227089056	-0.000000527
14.240	1718.882519875	1718.882520402	-0.000000528
14.320	1716.537932848	1716.537933376	-0.000000528
14.400	1714.193328407	1714.193328934	-0.000000528
14.480	1711.848707457	1711.848707985	-0.000000528
14.560	1709.504070858	1709.504071386	-0.000000528
14.640	1707.159419427	1707.159419955	-0.000000528
14.720	1704.814753934	1704.814754462	-0.000000528
14.800	1702.470075113	1702.470075641	-0.000000528
14.880	1700.125383658	1700.125384186	-0.000000529
14.960	1697.780680226	1697.780680755	-0.000000529
15.040	1695.435965442	1695.435965971	-0.000000529
15.120	1693.091239896	1693.091240425	-0.000000529
15.200	1690.746504150	1690.746504679	-0.000000529
15.280	1688.401758735	1688.401759264	-0.000000529
15.360	1686.057004154	1686.057004683	-0.000000529
15.440	1683.712240884	1683.712241413	-0.000000529
15.520	1681.367469378	1681.367469908	-0.000000529
15.600	1679.022690066	1679.022690595	-0.000000529
15.680	1676.677903353	1676.677903883	-0.000000529
15.760	1674.333109626	1674.333110155	-0.000000530
15.840	1671.988309249	1671.988309778	-0.000000530
15.920	1669.643502569	1669.643503098	-0.000000530
16.000	1667.298689914	1667.298690444	-0.000000530
16.080	1664.953871595	1664.953872125	-0.000000530
16.160	1662.609047908	1662.609048438	-0.000000530
16.240	1660.264219133	1660.264219662	-0.000000530
16.320	1657.919385533	1657.919386063	-0.000000530
16.400	1655.574547360	1655.574547890	-0.000000530
16.480	1653.229704853	1653.229705383	-0.000000530
16.560	1650.884858238	1650.884858768	-0.000000530
16.640	1648.540007727	1648.540008257	-0.000000530
16.720	1646.195153525	1646.195154055	-0.000000530

16.800	1643.850295824	1643.850296354	-0.000000530
16.880	1641.505434805	1641.505435335	-0.000000530
16.960	1639.160570641	1639.160571172	-0.000000530
17.040	1636.815703497	1636.815704028	-0.000000530
17.120	1634.470833528	1634.470834058	-0.000000530
17.200	1632.125960880	1632.125961411	-0.000000530
17.280	1629.781085694	1629.781086224	-0.000000530
17.360	1627.436208101	1627.436208631	-0.000000530
17.440	1625.091328227	1625.091328757	-0.000000530
17.520	1622.746446191	1622.746446721	-0.000000530
17.600	1620.401562105	1620.401562635	-0.000000530
17.680	1618.056676076	1618.056676606	-0.000000530
17.760	1615.711788205	1615.711788735	-0.000000530
17.840	1613.366898588	1613.366899119	-0.000000530
17.920	1611.022007317	1611.022007847	-0.000000531
18.000	1608.677114477	1608.677115007	-0.000000531
18.080	1606.332220150	1606.332220680	-0.000000531
18.160	1603.987324413	1603.987324944	-0.000000531
18.240	1601.642427341	1601.642427871	-0.000000531
18.320	1599.297529002	1599.297529532	-0.000000531
18.400	1596.952629462	1596.952629993	-0.000000531
18.480	1594.607728784	1594.607729315	-0.000000531
18.560	1592.262827028	1592.262827559	-0.000000531
18.640	1589.917924249	1589.917924780	-0.000000531
18.720	1587.573020501	1587.573021032	-0.000000531
18.800	1585.228115834	1585.228116365	-0.000000531
18.880	1582.883210296	1582.883210827	-0.000000531
18.960	1580.538303933	1580.538304464	-0.000000531
19.040	1578.193396787	1578.193397318	-0.000000531
19.120	1575.848488899	1575.848489430	-0.000000531
19.200	1573.503580308	1573.503580839	-0.000000531
19.280	1571.158671051	1571.158671582	-0.000000531
19.360	1568.813761162	1568.813761693	-0.000000531
19.440	1566.468850674	1566.468851204	-0.000000531
19.520	1564.123939618	1564.123940149	-0.000000531
19.600	1561.779028024	1561.779028555	-0.000000531
19.680	1559.434115920	1559.434116451	-0.000000531
19.760	1557.089203332	1557.089203863	-0.000000531
19.840	1554.744290286	1554.744290817	-0.000000531
19.920	1552.399376806	1552.399377337	-0.000000531
20.000	1550.054462914	1550.054463445	-0.000000531

5.4 시간에 대한 위치의 그래프

5.4.1 이론

프로그램의 실행 결과를 보면, 자유낙하를 시작하고 나서 얼마 뒤부터는 시간에 대한 위치의 변화율이 거의 일정한 것을 알 수 있다. 시간에 대한 위치의 변화율이 곧 속도이므로 이것은 속도가 거의 일정하다는 것과 같은 말이다. 이 그래프에서 종단속도를 구하려면 직선인 부분의 기울기를 구하면 된다.

x축에서 1 초를 표시하는 데 30mm 를 할당하였고, y축에서 100m 를 표시하는 데 70mm 를 할당하였다.

5.4.2 소스 코드

```
// 시간에 대한 위치의 그래프View.cpp : implementation of the CMyView class
//

#include "stdafx.h"
#include "시간에 대한 위치의 그래프.h"

#include "시간에 대한 위치의 그래프Doc.h"
#include "시간에 대한 위치의 그래프View.h"

#include "math.h"

double function( double, double, double );

#ifdef _DEBUG
#define new DEBUG_NEW
#undef THIS_FILE
static char THIS_FILE[] = __FILE__;
#endif

/////////////////////////////////////////////////////////////////////////////
// CMyView
```

```
IMPLEMENT_DYNCREATE(CMyView, CView)

BEGIN_MESSAGE_MAP(CMyView, CView)
    //{{AFX_MSG_MAP(CMyView)
        // NOTE - the ClassWizard will add and remove mapping macros here.
        //    DO NOT EDIT what you see in these blocks of generated code!
    //}}AFX_MSG_MAP
    // Standard printing commands
    ON_COMMAND(ID_FILE_PRINT, CView::OnFilePrint)
    ON_COMMAND(ID_FILE_PRINT_DIRECT, CView::OnFilePrint)
    ON_COMMAND(ID_FILE_PRINT_PREVIEW, CView::OnFilePrintPreview)
END_MESSAGE_MAP()

/////////////////////////////////////////////////////////////////////////////
// CMyView construction/destruction

CMyView::CMyView()
{
    // TODO: add construction code here

}

CMyView::~CMyView()
{
}

BOOL CMyView::PreCreateWindow(CREATESTRUCT& cs)
{
    // TODO: Modify the Window class or styles here by modifying
    //  the CREATESTRUCT cs

    return CView::PreCreateWindow(cs);
}

/////////////////////////////////////////////////////////////////////////////
// CMyView drawing

void CMyView::OnDraw(CDC* pDC)
{
    CMyDoc* pDoc = GetDocument();
    ASSERT_VALID(pDoc);
```

```
CRect rect;
GetClientRect(&rect);
pDC->SetMapMode(MM_LOMETRIC);
pDC->SetViewportOrg(100, 800);

char buffer[1];
double time, initialTime=0.0, maxTime=9.0, h=1.0/300.0;
double posi=2075.5168, velocity=0.0;
double k1, l1, k2, l2, k3, l3, k4, l4;

pDC->MoveTo(0, 1800);
pDC->LineTo(0, 0);
pDC->LineTo(3000, 0);

double coordinate = 0.0;
pDC->SetTextAlign(TA_CENTER+TA_TOP);

for (int i=0; i<19; i++)
{
    sprintf(buffer, "%3.1lf", coordinate);
    pDC->TextOut(150*i, -2, buffer);
    coordinate += 0.5;
}

coordinate = 2075.5168;
pDC->SetTextAlign(TA_RIGHT+TA_BASELINE);

for (i=0; i<3; i++)
{
    sprintf(buffer, "%4.4lf", coordinate);
    pDC->TextOut(-2, 700*i, buffer);
    coordinate -= 100.0;
}

pDC->SetPixel(0, 0, RGB(255, 0, 0));

for (time=initialTime; time<maxTime; time=time+h)
{
    k1 = h * velocity;
    l1 = h * function( time, posi, velocity );
    k2 = h * (velocity+l1/2.0);
    l2 = h * function( time+h/2.0, posi+k1/2.0, velocity+l1/2.0 );
```

```
        k3 = h * (velocity+l2/2.0);
        l3 = h * function( time+h/2.0, posi+k2/2.0, velocity+l2/2.0 );
        k4 = h * (velocity+l3);
        l4 = h * function( time+h, posi+k3, velocity+l3 );
        posi += (1.0/6.0) * (k1+2.0*k2+2.0*k3+k4);
        velocity += (1.0/6.0) * (l1+2.0*l2+2.0*l3+l4);
        pDC->SetPixel(int(300.0*(time+h)), int(7.0*(2075.5168-posi)),
          RGB(255,0,0));

        for (i=0; i<340000; i++)
            ;
    }
}

/////////////////////////////////////////////////////////////////////////////
// CMyView printing

BOOL CMyView::OnPreparePrinting(CPrintInfo* pInfo)
{
    // default preparation
    return DoPreparePrinting(pInfo);
}

void CMyView::OnBeginPrinting(CDC* /*pDC*/, CPrintInfo* /*pInfo*/)
{
    // TODO: add extra initialization before printing
}

void CMyView::OnEndPrinting(CDC* /*pDC*/, CPrintInfo* /*pInfo*/)
{
    // TODO: add cleanup after printing
}

/////////////////////////////////////////////////////////////////////////////
// CMyView diagnostics

#ifdef _DEBUG
void CMyView::AssertValid() const
{
    CView::AssertValid();
}
```

```
void CMyView::Dump(CDumpContext& dc) const
{
    CView::Dump(dc);
}

CMyDoc* CMyView::GetDocument() // non-debug version is inline
{
    ASSERT(m_pDocument->IsKindOf(RUNTIME_CLASS(CMyDoc)));
    return (CMyDoc*)m_pDocument;
}
#endif //_DEBUG

/////////////////////////////////////////////////////////////////////////////
// CMyView message handlers

double function( double t, double x, double v )
{
    double k=0.000103, mass=0.00903;
    return (k/mass)*pow(v, 2.0)-9.8;
}
```

5.4.3 실행 결과

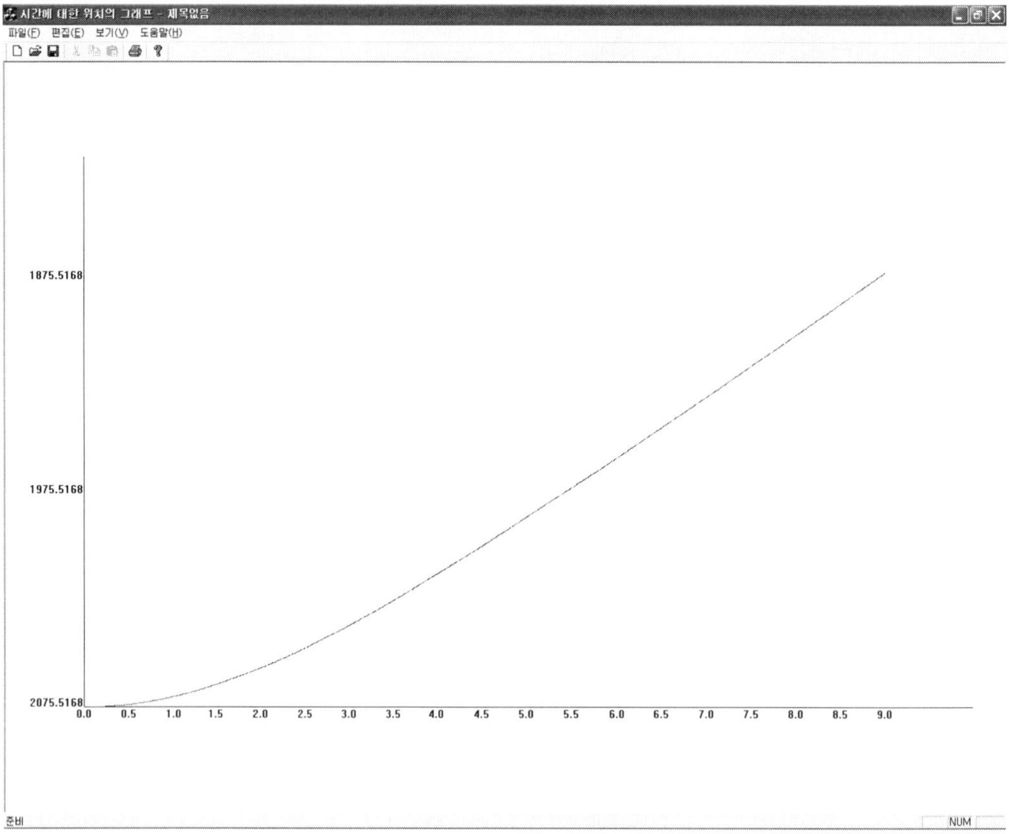

5.5 연습 문제

문항 1 저항력이 $v^{1.8}$에 비례하는 경우에 대해서 이 chapter 의 모든 예제를 풀어라.

문항 2 진공에서 초속도 v_0으로 연직 아래로 던진 물체의 운동을 모의실험하여라.

문항 3 진공에서 초속도 v_0으로 연직 위로 던진 물체의 운동을 모의실험하여라.

문항 4 초속도 v_0으로 연직 아래로 던진 물체의 운동을 모의실험하여라. 저항력은 속도의 제곱근에 비례한다.

문항 5 초속도 v_0으로 연직 위로 던진 물체의 운동을 모의실험하여라. 저항력은 속도의 제곱근에 비례한다.

6 포물체운동(Projectile Motion)

6.1 시간과 속도와의 관계

6.1.1 이론

질량이 m인 물체를 지표면과 α의 각도를 이루며 초속도 $\mathbf{v}_0$으로 쏘아 올렸다고 생각하자.

공기의 저항이 속도에 비례한다고 가정하면 물체의 운동방정식은

$$m\frac{d^2\mathbf{r}}{dt^2} = m\mathbf{g} - b\mathbf{v}$$

이다.

위의 운동방정식을 성분별로 분해하면

$$m\ddot{x} = -b\dot{x}, \quad m\ddot{z} = mg - b\dot{z}$$

이다.

$t = 0$일 때 $(x_0, z_0) = (0,0)$이라고 하면

$$\dot{x} = \dot{x}_0 \exp\left[-\frac{bt}{m}\right], \quad \dot{z} = \frac{mg}{b} - \left(\frac{mg}{b} - \dot{z}_0\right)\exp\left[-\frac{bt}{m}\right]$$

이다.

중력가속도(gravitational acceleration)의 방향을 양의 방향으로 선택하였기 때문에, 프로그램 실행 결과에서 물체가 위로 올라갈 때 수직 방향의 속도는 음수(negative number)이다. 그리고 2.73 초일 때까지 수직 방향의 속도가 음수이다가 2.76 초에서 양수(positive number)로 바뀌는 것을 알 수 있는데, 이것은 2.73 초와 2.76 초 사이에서 물체가 최고점에 도달하였기 때문이다.

6.1.2 소스 코드

```
#include <stdio.h>
#include <math.h>

double M=32.7;        // mass
double functionX( double, double ), functionZ( double, double );

void main( void )
{
    double T, initT=0.0, maxT=6.0, h=0.03;
    double veloX=21.54, veloZ=-27.904, trueVeloX, trueVeloZ;
    double kx1, kx2, kx3, kx4, kz1, kz2, kz3, kz4;

    printf("₩n   시간            참값                  근삿값                  참오차");
    printf( "₩n   " );

    for (int i=0; i<66; i++)
        printf( "%c", '=' );

    printf( "₩n%8.3lf  %8.4lf  %8.4lf  %8.4lf  %8.4lf  %8.4lf  %8.4lf",
      initT, veloX, veloZ, veloX, veloZ, 0.0, 0,0 );

    for (T=initT; T<maxT; T=T+h)
    {
        kx1 = h * functionX( T, veloX );
        kx2 = h * functionX( T+h/2.0, veloX+kx1/2.0 );
        kx3 = h * functionX( T+h/2.0, veloX+kx2/2.0 );
        kx4 = h * functionX( T+h, veloX+kx3 );
        veloX += (1.0/6.0) * (kx1+2.0*kx2+2.0*kx3+kx4);
        kz1 = h * functionZ( T, veloZ );
        kz2 = h * functionZ( T+h/2.0, veloZ+kz1/2.0 );
        kz3 = h * functionZ( T+h/2.0, veloZ+kz2/2.0 );
        kz4 = h * functionZ( T+h, veloZ+kz3 );
        veloZ += (1.0/6.0) * (kz1+2.0*kz2+2.0*kz3+kz4);
        trueVeloX = 21.54 * exp((-0.84/32.7)*(T+h));
        trueVeloZ = M*9.8/0.84 - exp((-0.84/M)*(T+h))*(M*9.8/0.84+27.904);
        printf( "₩n%8.3lf  %8.4lf  %8.4lf  %8.4lf  %8.4lf  %8.4lf  %8.4lf",
          T+h, trueVeloX, trueVeloZ, veloX, veloZ,
          trueVeloX-veloX, trueVeloZ-veloZ );
```

```
    }

    printf( "\n\n\n" );
}

double functionX( double t, double vX )
{
    return -(0.84/M)*vX;
}

double functionZ( double t, double vZ )
{
    return 9.8-(0.84/M)*vZ;
}
```

6.1.3 실행 결과

시간	참값		근삿값		참오차	
0.000	21.5400	-27.9040	21.5400	-27.9040	0.0000	0.0000
0.030	21.5234	-27.5886	21.5234	-27.5886	0.0000	0.0000
0.060	21.5068	-27.2735	21.5068	-27.2735	0.0000	-0.0000
0.090	21.4903	-26.9586	21.4903	-26.9586	0.0000	0.0000
0.120	21.4737	-26.6439	21.4737	-26.6439	0.0000	0.0000
0.150	21.4572	-26.3295	21.4572	-26.3295	0.0000	0.0000
0.180	21.4406	-26.0153	21.4406	-26.0153	-0.0000	0.0000
0.210	21.4241	-25.7014	21.4241	-25.7014	0.0000	0.0000
0.240	21.4076	-25.3877	21.4076	-25.3877	0.0000	0.0000
0.270	21.3911	-25.0743	21.3911	-25.0743	-0.0000	0.0000
0.300	21.3746	-24.7611	21.3746	-24.7611	-0.0000	0.0000
0.330	21.3582	-24.4481	21.3582	-24.4481	-0.0000	0.0000
0.360	21.3417	-24.1354	21.3417	-24.1354	0.0000	0.0000
0.390	21.3253	-23.8229	21.3253	-23.8229	0.0000	0.0000
0.420	21.3089	-23.5107	21.3089	-23.5107	0.0000	0.0000
0.450	21.2924	-23.1987	21.2924	-23.1987	0.0000	0.0000
0.480	21.2760	-22.8869	21.2760	-22.8869	-0.0000	0.0000
0.510	21.2596	-22.5754	21.2596	-22.5754	0.0000	0.0000
0.540	21.2433	-22.2641	21.2433	-22.2641	0.0000	0.0000
0.570	21.2269	-21.9531	21.2269	-21.9531	0.0000	0.0000
0.600	21.2106	-21.6423	21.2106	-21.6423	0.0000	0.0000

0.630	21.1942	-21.3317	21.1942	-21.3317	0.0000	0.0000
0.660	21.1779	-21.0214	21.1779	-21.0214	0.0000	0.0000
0.690	21.1616	-20.7113	21.1616	-20.7113	0.0000	0.0000
0.720	21.1453	-20.4015	21.1453	-20.4015	-0.0000	0.0000
0.750	21.1290	-20.0919	21.1290	-20.0919	-0.0000	0.0000
0.780	21.1127	-19.7825	21.1127	-19.7825	0.0000	0.0000
0.810	21.0964	-19.4734	21.0964	-19.4734	-0.0000	0.0000
0.840	21.0802	-19.1645	21.0802	-19.1645	-0.0000	0.0000
0.870	21.0639	-18.8559	21.0639	-18.8559	-0.0000	0.0000
0.900	21.0477	-18.5475	21.0477	-18.5475	-0.0000	0.0000
0.930	21.0315	-18.2393	21.0315	-18.2393	-0.0000	0.0000
0.960	21.0153	-17.9313	21.0153	-17.9313	-0.0000	0.0000
0.990	20.9991	-17.6236	20.9991	-17.6236	-0.0000	0.0000
1.020	20.9829	-17.3162	20.9829	-17.3162	-0.0000	0.0000
1.050	20.9668	-17.0090	20.9668	-17.0090	-0.0000	0.0000
1.080	20.9506	-16.7020	20.9506	-16.7020	-0.0000	0.0000
1.110	20.9345	-16.3952	20.9345	-16.3952	-0.0000	0.0000
1.140	20.9184	-16.0887	20.9184	-16.0887	-0.0000	0.0000
1.170	20.9022	-15.7824	20.9022	-15.7824	-0.0000	0.0000
1.200	20.8861	-15.4764	20.8861	-15.4764	-0.0000	0.0000
1.230	20.8701	-15.1706	20.8701	-15.1706	-0.0000	0.0000
1.260	20.8540	-14.8650	20.8540	-14.8650	-0.0000	0.0000
1.290	20.8379	-14.5596	20.8379	-14.5596	-0.0000	0.0000
1.320	20.8219	-14.2545	20.8219	-14.2545	-0.0000	0.0000
1.350	20.8058	-13.9497	20.8058	-13.9497	-0.0000	0.0000
1.380	20.7898	-13.6450	20.7898	-13.6450	-0.0000	0.0000
1.410	20.7738	-13.3406	20.7738	-13.3406	-0.0000	0.0000
1.440	20.7578	-13.0365	20.7578	-13.0365	-0.0000	0.0000
1.470	20.7418	-12.7326	20.7418	-12.7326	-0.0000	0.0000
1.500	20.7258	-12.4289	20.7258	-12.4289	-0.0000	0.0000
1.530	20.7098	-12.1254	20.7098	-12.1254	-0.0000	0.0000
1.560	20.6939	-11.8222	20.6939	-11.8222	-0.0000	0.0000
1.590	20.6779	-11.5192	20.6779	-11.5192	-0.0000	0.0000
1.620	20.6620	-11.2164	20.6620	-11.2164	-0.0000	0.0000
1.650	20.6461	-10.9139	20.6461	-10.9139	-0.0000	0.0000
1.680	20.6302	-10.6116	20.6302	-10.6116	-0.0000	0.0000
1.710	20.6143	-10.3095	20.6143	-10.3095	-0.0000	0.0000
1.740	20.5984	-10.0077	20.5984	-10.0077	-0.0000	0.0000
1.770	20.5826	-9.7061	20.5826	-9.7061	-0.0000	0.0000
1.800	20.5667	-9.4047	20.5667	-9.4047	-0.0000	0.0000
1.830	20.5509	-9.1036	20.5509	-9.1036	-0.0000	0.0000
1.860	20.5350	-8.8027	20.5350	-8.8027	-0.0000	0.0000

1.890	20.5192	-8.5020	20.5192	-8.5020	-0.0000	0.0000
1.920	20.5034	-8.2016	20.5034	-8.2016	-0.0000	0.0000
1.950	20.4876	-7.9014	20.4876	-7.9014	-0.0000	0.0000
1.980	20.4718	-7.6014	20.4718	-7.6014	-0.0000	0.0000
2.010	20.4560	-7.3017	20.4560	-7.3017	-0.0000	0.0000
2.040	20.4403	-7.0022	20.4403	-7.0022	-0.0000	0.0000
2.070	20.4245	-6.7029	20.4245	-6.7029	-0.0000	0.0000
2.100	20.4088	-6.4038	20.4088	-6.4038	-0.0000	0.0000
2.130	20.3931	-6.1050	20.3931	-6.1050	-0.0000	0.0000
2.160	20.3774	-5.8064	20.3774	-5.8064	-0.0000	0.0000
2.190	20.3617	-5.5081	20.3617	-5.5081	-0.0000	0.0000
2.220	20.3460	-5.2099	20.3460	-5.2099	-0.0000	0.0000
2.250	20.3303	-4.9120	20.3303	-4.9120	-0.0000	0.0000
2.280	20.3147	-4.6144	20.3147	-4.6144	-0.0000	0.0000
2.310	20.2990	-4.3169	20.2990	-4.3169	-0.0000	0.0000
2.340	20.2834	-4.0197	20.2834	-4.0197	-0.0000	0.0000
2.370	20.2677	-3.7227	20.2677	-3.7227	-0.0000	0.0000
2.400	20.2521	-3.4260	20.2521	-3.4260	-0.0000	0.0000
2.430	20.2365	-3.1295	20.2365	-3.1295	-0.0000	0.0000
2.460	20.2209	-2.8332	20.2209	-2.8332	-0.0000	0.0000
2.490	20.2054	-2.5371	20.2054	-2.5371	-0.0000	0.0000
2.520	20.1898	-2.2413	20.1898	-2.2413	-0.0000	0.0000
2.550	20.1743	-1.9456	20.1743	-1.9456	-0.0000	0.0000
2.580	20.1587	-1.6503	20.1587	-1.6503	-0.0000	0.0000
2.610	20.1432	-1.3551	20.1432	-1.3551	-0.0000	0.0000
2.640	20.1277	-1.0602	20.1277	-1.0602	-0.0000	0.0000
2.670	20.1122	-0.7655	20.1122	-0.7655	-0.0000	0.0000
2.700	20.0967	-0.4710	20.0967	-0.4710	-0.0000	0.0000
2.730	20.0812	-0.1767	20.0812	-0.1767	-0.0000	0.0000
2.760	20.0657	0.1173	20.0657	0.1173	-0.0000	0.0000
2.790	20.0503	0.4111	20.0503	0.4111	-0.0000	0.0000
2.820	20.0348	0.7047	20.0348	0.7047	-0.0000	0.0000
2.850	20.0194	0.9980	20.0194	0.9980	-0.0000	0.0000
2.880	20.0040	1.2911	20.0040	1.2911	-0.0000	0.0000
2.910	19.9885	1.5840	19.9885	1.5840	-0.0000	0.0000
2.940	19.9731	1.8767	19.9731	1.8767	-0.0000	0.0000
2.970	19.9578	2.1691	19.9578	2.1691	-0.0000	0.0000
3.000	19.9424	2.4613	19.9424	2.4613	-0.0000	0.0000
3.030	19.9270	2.7533	19.9270	2.7533	-0.0000	0.0000
3.060	19.9117	3.0451	19.9117	3.0451	-0.0000	0.0000
3.090	19.8963	3.3366	19.8963	3.3366	-0.0000	0.0000
3.120	19.8810	3.6279	19.8810	3.6279	-0.0000	0.0000

3.150	19.8657	3.9190	19.8657	3.9190	-0.0000	0.0000
3.180	19.8504	4.2099	19.8504	4.2099	-0.0000	0.0000
3.210	19.8351	4.5006	19.8351	4.5006	-0.0000	0.0000
3.240	19.8198	4.7910	19.8198	4.7910	-0.0000	0.0000
3.270	19.8045	5.0812	19.8045	5.0812	-0.0000	0.0000
3.300	19.7893	5.3711	19.7893	5.3711	-0.0000	0.0000
3.330	19.7740	5.6609	19.7740	5.6609	-0.0000	0.0000
3.360	19.7588	5.9504	19.7588	5.9504	-0.0000	0.0000
3.390	19.7436	6.2397	19.7436	6.2397	-0.0000	0.0000
3.420	19.7284	6.5288	19.7284	6.5288	-0.0000	0.0000
3.450	19.7132	6.8177	19.7132	6.8177	-0.0000	0.0000
3.480	19.6980	7.1063	19.6980	7.1063	-0.0000	0.0000
3.510	19.6828	7.3947	19.6828	7.3947	-0.0000	0.0000
3.540	19.6677	7.6829	19.6677	7.6829	-0.0000	0.0000
3.570	19.6525	7.9709	19.6525	7.9709	-0.0000	0.0000
3.600	19.6374	8.2586	19.6374	8.2586	-0.0000	0.0000
3.630	19.6222	8.5461	19.6222	8.5461	-0.0000	0.0000
3.660	19.6071	8.8334	19.6071	8.8334	-0.0000	0.0000
3.690	19.5920	9.1205	19.5920	9.1205	-0.0000	0.0000
3.720	19.5769	9.4074	19.5769	9.4074	-0.0000	0.0000
3.750	19.5619	9.6940	19.5619	9.6940	-0.0000	0.0000
3.780	19.5468	9.9804	19.5468	9.9804	-0.0000	0.0000
3.810	19.5317	10.2666	19.5317	10.2666	-0.0000	0.0000
3.840	19.5167	10.5526	19.5167	10.5526	-0.0000	0.0000
3.870	19.5016	10.8384	19.5016	10.8384	-0.0000	0.0000
3.900	19.4866	11.1239	19.4866	11.1239	-0.0000	0.0000
3.930	19.4716	11.4092	19.4716	11.4092	-0.0000	0.0000
3.960	19.4566	11.6943	19.4566	11.6943	-0.0000	0.0000
3.990	19.4416	11.9792	19.4416	11.9792	-0.0000	-0.0000
4.020	19.4266	12.2639	19.4266	12.2639	-0.0000	0.0000
4.050	19.4117	12.5483	19.4117	12.5483	-0.0000	0.0000
4.080	19.3967	12.8325	19.3967	12.8325	-0.0000	0.0000
4.110	19.3818	13.1165	19.3818	13.1165	-0.0000	0.0000
4.140	19.3669	13.4003	19.3669	13.4003	-0.0000	0.0000
4.170	19.3519	13.6839	19.3519	13.6839	-0.0000	0.0000
4.200	19.3370	13.9672	19.3370	13.9672	-0.0000	0.0000
4.230	19.3221	14.2503	19.3221	14.2503	-0.0000	0.0000
4.260	19.3072	14.5332	19.3072	14.5332	-0.0000	0.0000
4.290	19.2924	14.8159	19.2924	14.8159	-0.0000	0.0000
4.320	19.2775	15.0984	19.2775	15.0984	-0.0000	0.0000
4.350	19.2627	15.3807	19.2627	15.3807	-0.0000	0.0000
4.380	19.2478	15.6627	19.2478	15.6627	-0.0000	0.0000

4.410	19.2330	15.9445	19.2330	15.9445	-0.0000	0.0000
4.440	19.2182	16.2261	19.2182	16.2261	-0.0000	0.0000
4.470	19.2034	16.5075	19.2034	16.5075	-0.0000	0.0000
4.500	19.1886	16.7887	19.1886	16.7887	-0.0000	0.0000
4.530	19.1738	17.0696	19.1738	17.0696	-0.0000	0.0000
4.560	19.1590	17.3504	19.1590	17.3504	-0.0000	0.0000
4.590	19.1443	17.6309	19.1443	17.6309	-0.0000	0.0000
4.620	19.1295	17.9112	19.1295	17.9112	-0.0000	0.0000
4.650	19.1148	18.1913	19.1148	18.1913	-0.0000	0.0000
4.680	19.1001	18.4712	19.1001	18.4712	-0.0000	0.0000
4.710	19.0853	18.7508	19.0853	18.7508	-0.0000	0.0000
4.740	19.0706	19.0303	19.0706	19.0303	-0.0000	0.0000
4.770	19.0560	19.3095	19.0560	19.3095	-0.0000	0.0000
4.800	19.0413	19.5885	19.0413	19.5885	-0.0000	0.0000
4.830	19.0266	19.8673	19.0266	19.8673	-0.0000	0.0000
4.860	19.0119	20.1459	19.0119	20.1459	-0.0000	0.0000
4.890	18.9973	20.4243	18.9973	20.4243	-0.0000	0.0000
4.920	18.9827	20.7024	18.9827	20.7024	-0.0000	0.0000
4.950	18.9680	20.9803	18.9680	20.9803	-0.0000	0.0000
4.980	18.9534	21.2581	18.9534	21.2581	-0.0000	0.0000
5.010	18.9388	21.5356	18.9388	21.5356	-0.0000	0.0000
5.040	18.9242	21.8129	18.9242	21.8129	-0.0000	0.0000
5.070	18.9097	22.0900	18.9097	22.0900	-0.0000	0.0000
5.100	18.8951	22.3668	18.8951	22.3668	-0.0000	0.0000
5.130	18.8805	22.6435	18.8805	22.6435	-0.0000	0.0000
5.160	18.8660	22.9199	18.8660	22.9199	-0.0000	0.0000
5.190	18.8515	23.1962	18.8515	23.1962	-0.0000	0.0000
5.220	18.8369	23.4722	18.8369	23.4722	-0.0000	0.0000
5.250	18.8224	23.7480	18.8224	23.7480	-0.0000	0.0000
5.280	18.8079	24.0236	18.8079	24.0236	-0.0000	0.0000
5.310	18.7934	24.2990	18.7934	24.2990	-0.0000	0.0000
5.340	18.7790	24.5741	18.7790	24.5741	-0.0000	0.0000
5.370	18.7645	24.8491	18.7645	24.8491	-0.0000	0.0000
5.400	18.7500	25.1238	18.7500	25.1238	-0.0000	0.0000
5.430	18.7356	25.3984	18.7356	25.3984	-0.0000	0.0000
5.460	18.7212	25.6727	18.7212	25.6727	-0.0000	0.0000
5.490	18.7067	25.9468	18.7067	25.9468	-0.0000	0.0000
5.520	18.6923	26.2207	18.6923	26.2207	-0.0000	0.0000
5.550	18.6779	26.4944	18.6779	26.4944	-0.0000	0.0000
5.580	18.6635	26.7679	18.6635	26.7679	-0.0000	0.0000
5.610	18.6492	27.0411	18.6492	27.0411	-0.0000	0.0000
5.640	18.6348	27.3142	18.6348	27.3142	-0.0000	0.0000

```
5.670   18.6204   27.5870   18.6204   27.5870   -0.0000   0.0000
5.700   18.6061   27.8597   18.6061   27.8597   -0.0000   0.0000
5.730   18.5918   28.1321   18.5918   28.1321   -0.0000   0.0000
5.760   18.5774   28.4043   18.5774   28.4043   -0.0000   0.0000
5.790   18.5631   28.6763   18.5631   28.6763   -0.0000   0.0000
5.820   18.5488   28.9481   18.5488   28.9481   -0.0000   0.0000
5.850   18.5345   29.2197   18.5345   29.2197   -0.0000   0.0000
5.880   18.5203   29.4911   18.5203   29.4911   -0.0000   0.0000
5.910   18.5060   29.7622   18.5060   29.7622   -0.0000   0.0000
5.940   18.4917   30.0332   18.4917   30.0332   -0.0000   0.0000
5.970   18.4775   30.3039   18.4775   30.3039   -0.0000   0.0000
6.000   18.4633   30.5745   18.4633   30.5745   -0.0000   0.0000
```

6.2 시간에 대한 속도의 그래프

6.2.1 이론

수평방향의 속도를 그려 보았다. 프로그램을 보면 60mm 가 1 초에 해당하고, 40mm 가 $1\,{}^{m}/_{s}$에 해당한다는 것을 알 수 있을 것이다.

수평방향의 속도에 해당하는 변수는 veloX 이다. 속도가 $17.5\,{}^{m}/_{s}$일 때 화면상의 y좌표는 영인데, $1\,{}^{m}/_{s}$ 만큼 속도가 증가하면 화면상의 y좌표는 40mm 만큼 증가하므로, 임의의 속도에 대응하는 화면상의 y좌표는

```
int(400.0*(veloX-17.5))
```

가 된다.

6.2.2 소스 코드

```
// 포물체의 속도View.cpp : implementation of the CMyView class
//

#include "stdafx.h"
#include "포물체의 속도.h"

#include "포물체의 속도Doc.h"
```

```
#include "포물체의 속도View.h"

#include "math.h"

double mass=32.7;
double functionX( double, double );

#ifdef _DEBUG
#define new DEBUG_NEW
#undef THIS_FILE
static char THIS_FILE[] = __FILE__;
#endif

/////////////////////////////////////////////////////////////////////////////
// CMyView

IMPLEMENT_DYNCREATE(CMyView, CView)

BEGIN_MESSAGE_MAP(CMyView, CView)
	//{{AFX_MSG_MAP(CMyView)
		// NOTE - the ClassWizard will add and remove mapping macros here.
		//    DO NOT EDIT what you see in these blocks of generated code!
	//}}AFX_MSG_MAP
	// Standard printing commands
	ON_COMMAND(ID_FILE_PRINT, CView::OnFilePrint)
	ON_COMMAND(ID_FILE_PRINT_DIRECT, CView::OnFilePrint)
	ON_COMMAND(ID_FILE_PRINT_PREVIEW, CView::OnFilePrintPreview)
END_MESSAGE_MAP()

/////////////////////////////////////////////////////////////////////////////
// CMyView construction/destruction

CMyView::CMyView()
{
	// TODO: add construction code here

}

CMyView::~CMyView()
{
}
```

```
BOOL CMyView::PreCreateWindow(CREATESTRUCT& cs)
{
    // TODO: Modify the Window class or styles here by modifying
    //  the CREATESTRUCT cs

    return CView::PreCreateWindow(cs);
}

/////////////////////////////////////////////////////////////////////////////
// CMyView drawing

void CMyView::OnDraw(CDC* pDC)
{
    CMyDoc* pDoc = GetDocument();
    ASSERT_VALID(pDoc);

    CRect rect;
    GetClientRect(&rect);
    pDC->SetMapMode(MM_LOMETRIC);
    pDC->SetViewportOrg(100, 800);

    char buffer[1];
    double time, initialTime=0.0, maxTime=5.0, h=1.0/600.0;
    double veloX=21.54;
    double kx1, kx2, kx3, kx4;

    pDC->MoveTo(0, 1800);
    pDC->LineTo(0, 0);
    pDC->LineTo(3000, 0);

    double coordinate=0.0;
    pDC->SetTextAlign(TA_CENTER+TA_TOP);

    for (int i=0; i<20; i++)
    {
        sprintf(buffer, "%3.1lf", coordinate);
        pDC->TextOut(300*i, -2, buffer);
        coordinate += 0.5;
    }

    coordinate = 17.5;
    pDC->SetTextAlign(TA_RIGHT+TA_BASELINE);
```

```
    for (i=0; i<5; i++)
    {
        sprintf(buffer, "%3.1lf", coordinate);
        pDC->TextOut(-2, 400*i, buffer);
        coordinate += 1.0;
    }

    pDC->SetPixel(0, int(400.0*(veloX-17.5)), RGB(234,2,18));

    for (time=initialTime; time<maxTime; time=time+h)
    {
        kx1 = h * functionX( time, veloX );
        kx2 = h * functionX( time+h/2.0, veloX+kx1/2.0 );
        kx3 = h * functionX( time+h/2.0, veloX+kx2/2.0 );
        kx4 = h * functionX( time+h, veloX+kx3 );
        veloX += (1.0/6.0) * (kx1+2.0*kx2+2.0*kx3+kx4);
        pDC->SetPixel(int(600.0*(time+h)), int(400.0*(veloX-17.5)),
          RGB(234,2,18));

        for (i=0; i<200000; i++)
            ;
    }
}

/////////////////////////////////////////////////////////////////////////////
// CMyView printing

BOOL CMyView::OnPreparePrinting(CPrintInfo* pInfo)
{
    // default preparation
    return DoPreparePrinting(pInfo);
}

void CMyView::OnBeginPrinting(CDC* /*pDC*/, CPrintInfo* /*pInfo*/)
{
    // TODO: add extra initialization before printing
}

void CMyView::OnEndPrinting(CDC* /*pDC*/, CPrintInfo* /*pInfo*/)
{
    // TODO: add cleanup after printing
```

```
}

/////////////////////////////////////////////////////////////////////////////
// CMyView diagnostics

#ifdef _DEBUG
void CMyView::AssertValid() const
{
    CView::AssertValid();
}

void CMyView::Dump(CDumpContext& dc) const
{
    CView::Dump(dc);
}

CMyDoc* CMyView::GetDocument() // non-debug version is inline
{
    ASSERT(m_pDocument->IsKindOf(RUNTIME_CLASS(CMyDoc)));
    return (CMyDoc*)m_pDocument;
}
#endif //_DEBUG

/////////////////////////////////////////////////////////////////////////////
// CMyView message handlers

double functionX( double t, double vX )
{
    return -(0.84/mass)*vX;
}
```

6.2.3 실행 결과

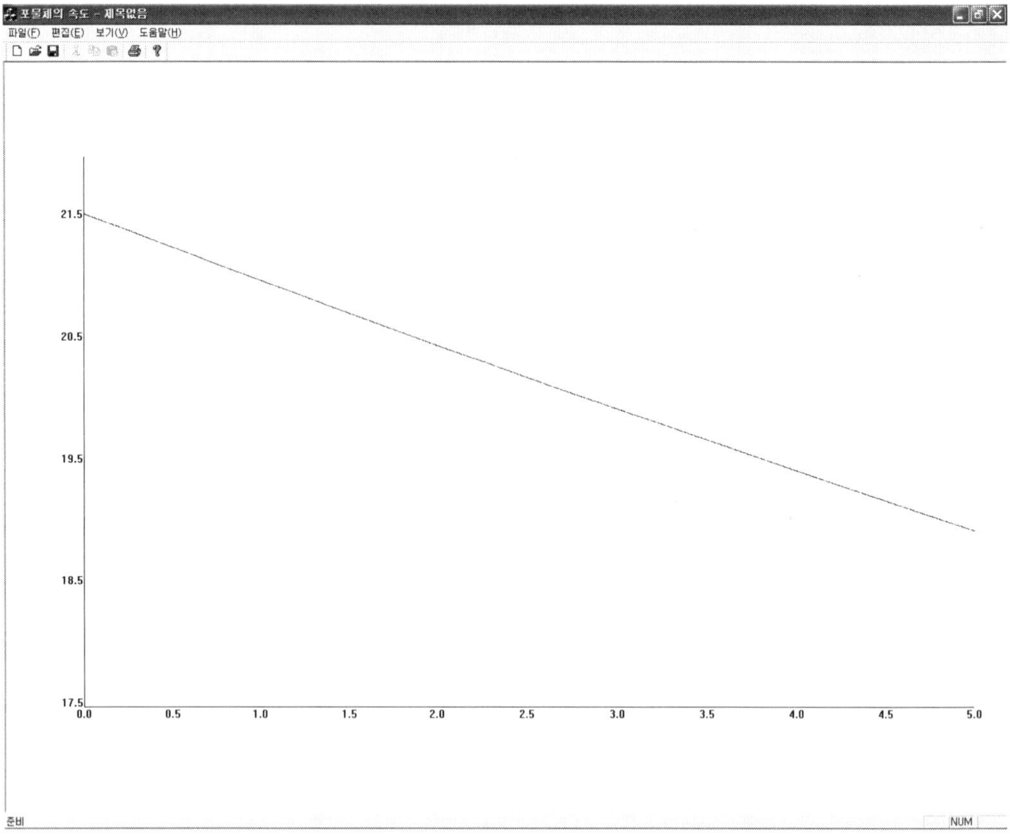

6.3 시간과 위치와의 관계

6.3.1 이론

시간에 따라 포물체의 수평방향의 위치와 수직방향의 위치가 어떻게 변하는지 알아보자.

물체가 땅으로 떨어질 때까지 위치의 두 성분의 부호가 모두 양이 되도록 운동방정

식을 세우면

$$m\frac{d^2\mathbf{r}}{dt^2} = -m\mathbf{g} - b\mathbf{v}$$

이다.

성분별로 분해하면

$$m\ddot{x} = -b\dot{x}, \quad m\ddot{z} = -mg - b\dot{z}$$

이다.

시간에 대해 적분하면

$$\dot{x} = \dot{x}_0 \exp\left[-\frac{bt}{m}\right], \quad \dot{z} = -\frac{mg}{b} + \left(\frac{mg}{b} + \dot{z}_0\right)\exp\left[-\frac{bt}{m}\right]$$

이다.

한 번 더 시간에 대해 적분하면

$$x = \dot{x}_0 \frac{m}{b}\left(1 - \exp\left[-\frac{bt}{m}\right]\right), \quad z = -\frac{mg}{b}t + \left(\frac{m\dot{z}_0}{b} + \frac{m^2 g}{b^2}\right)\left(1 - \exp\left[-\frac{bt}{m}\right]\right)$$

이다.

프로그램 실행 결과를 보면, 5.55 초와 5.58 초 사이에서 수직방향의 위치의 부호가 바뀐 것을 알 수 있다. 이 시간은 물체가 땅에 떨어지는 순간이다.

6.3.2 소스 코드

```
#include <stdio.h>
#include <math.h>

double M=32.7;
double funcX( double, double, double ), funcZ( double, double, double );

void main( void )
{
    double time, initialTime=0.0, maxTime=6.0, h=0.03;
    double positionX=0.0, velocityX=21.54, truePositionX;
    double positionZ=0.0, velocityZ=27.9, truePositionZ;
```

```
double kx1, lx1, kx2, lx2, kx3, lx3, kx4, lx4,
  kz1, lz1, kz2, lz2, kz3, lz3, kz4, lz4;

printf("₩n   시간          참값                    근삿값                    참오차");
printf( "₩n  " );

for(int i=0; i<66; i++)
    printf( "%c", '=' );

printf( "₩n%8.3lf  %8.4lf  %8.4lf  %8.4lf  %8.4lf  %8.4lf  %8.4lf",
  initialTime, positionX, positionZ, positionX, positionZ, 0.0, 0,0 );

for (time=initialTime; time<maxTime; time=time+h)
{
    kx1 = h * velocityX;
    lx1 = h * funcX( time, positionX, velocityX );
    kx2 = h * (velocityX+lx1/2.0);
    lx2 = h * funcX( time+h/2.0, positionX+kx1/2.0, velocityX+lx1/2.0 );
    kx3 = h * (velocityX+lx2/2.0);
    lx3 = h * funcX( time+h/2.0, positionX+kx2/2.0, velocityX+lx2/2.0 );
    kx4 = h * (velocityX+lx3);
    lx4 = h * funcX( time+h, positionX+kx3, velocityX+lx3 );
    positionX += (1.0/6.0) * (kx1+2.0*kx2+2.0*kx3+kx4);
    velocityX += (1.0/6.0) * (lx1+2.0*lx2+2.0*lx3+lx4);
    truePositionX = 21.54 * (M/0.84) * (1.0-exp((-0.84/M)*(time+h)));
    kz1 = h * velocityZ;
    lz1 = h * funcZ( time, positionZ, velocityZ );
    kz2 = h * (velocityZ+lz1/2.0);
    lz2 = h * funcZ( time+h/2.0, positionZ+kz1/2.0, velocityZ+lz1/2.0 );
    kz3 = h * (velocityZ+lz2/2.0);
    lz3 = h * funcZ( time+h/2.0, positionZ+kz2/2.0, velocityZ+lz2/2.0 );
    kz4 = h * (velocityZ+lz3);
    lz4 = h * funcZ( time+h, positionZ+kz3, velocityZ+lz3 );
    positionZ += (1.0/6.0) * (kz1+2.0*kz2+2.0*kz3+kz4);
    velocityZ += (1.0/6.0) * (lz1+2.0*lz2+2.0*lz3+lz4);
    truePositionZ = (-M*9.8/0.8)*(time+h)
      +(1.0-exp((-0.8/M)*(time+h)))*(M*27.9/0.8+M*M*9.8/(0.8*0.8));
    printf( "₩n%8.3lf  %8.4lf  %8.4lf  %8.4lf  %8.4lf  %8.4lf  %8.4lf",
      time+h, truePositionX, truePositionZ, positionX, positionZ,
      truePositionX-positionX, truePositionZ-positionZ );
}
```

```
    printf( "\n\n\n" );
}

double funcX( double t, double x, double vX )
{
    return -(0.8/M)*vX;
}

double funcZ( double t, double x, double vZ )
{
    return -9.8-(0.8/M)*vZ;
}
```

6.3.3 실행 결과

시간	참값		근삿값		참오차	
0.000	0.0000	0.0000	0.0000	0.0000	0.0000	0.0000
0.030	0.6460	0.8323	0.6460	0.8323	-0.0000	0.0000
0.060	1.2914	1.6551	1.2915	1.6551	-0.0000	0.0000
0.090	1.9364	2.4686	1.9365	2.4686	-0.0001	0.0000
0.120	2.5808	3.2726	2.5810	3.2726	-0.0002	0.0000
0.150	3.2248	4.0672	3.2251	4.0672	-0.0003	0.0000
0.180	3.8682	4.8524	3.8687	4.8524	-0.0004	0.0000
0.210	4.5112	5.6283	4.5118	5.6283	-0.0006	0.0000
0.240	5.1537	6.3947	5.1545	6.3947	-0.0008	0.0000
0.270	5.7957	7.1518	5.7966	7.1518	-0.0010	0.0000
0.300	6.4372	7.8994	6.4383	7.8994	-0.0012	0.0000
0.330	7.0782	8.6378	7.0796	8.6378	-0.0014	0.0000
0.360	7.7187	9.3667	7.7204	9.3667	-0.0017	0.0000
0.390	8.3587	10.0863	8.3607	10.0863	-0.0020	0.0000
0.420	8.9982	10.7966	9.0005	10.7966	-0.0023	0.0000
0.450	9.6372	11.4975	9.6398	11.4975	-0.0026	0.0000
0.480	10.2757	12.1891	10.2787	12.1891	-0.0030	0.0000
0.510	10.9138	12.8714	10.9172	12.8714	-0.0034	0.0000
0.540	11.5513	13.5443	11.5551	13.5443	-0.0038	0.0000
0.570	12.1884	14.2080	12.1926	14.2080	-0.0042	0.0000
0.600	12.8249	14.8623	12.8296	14.8623	-0.0047	0.0000
0.630	13.4610	15.5074	13.4662	15.5074	-0.0052	0.0000
0.660	14.0966	16.1431	14.1022	16.1431	-0.0057	0.0000

0.690	14.7317	16.7696	14.7379	16.7696	-0.0062	0.0000
0.720	15.3663	17.3868	15.3730	17.3868	-0.0067	0.0000
0.750	16.0004	17.9947	16.0077	17.9947	-0.0073	0.0000
0.780	16.6340	18.5934	16.6419	18.5934	-0.0079	0.0000
0.810	17.2671	19.1828	17.2757	19.1828	-0.0085	0.0000
0.840	17.8998	19.7630	17.9090	19.7630	-0.0092	0.0000
0.870	18.5319	20.3339	18.5418	20.3339	-0.0098	0.0000
0.900	19.1636	20.8955	19.1741	20.8955	-0.0105	0.0000
0.930	19.7948	21.4480	19.8060	21.4480	-0.0112	0.0000
0.960	20.4255	21.9912	20.4375	21.9912	-0.0119	0.0000
0.990	21.0557	22.5252	21.0684	22.5252	-0.0127	0.0000
1.020	21.6855	23.0500	21.6989	23.0500	-0.0135	0.0000
1.050	22.3147	23.5656	22.3290	23.5656	-0.0143	0.0000
1.080	22.9435	24.0721	22.9586	24.0721	-0.0151	0.0000
1.110	23.5717	24.5693	23.5877	24.5693	-0.0159	0.0000
1.140	24.1995	25.0573	24.2163	25.0573	-0.0168	0.0000
1.170	24.8268	25.5362	24.8445	25.5362	-0.0177	0.0000
1.200	25.4537	26.0059	25.4723	26.0059	-0.0186	0.0000
1.230	26.0800	26.4664	26.0995	26.4664	-0.0195	0.0000
1.260	26.7059	26.9178	26.7264	26.9178	-0.0205	0.0000
1.290	27.3313	27.3600	27.3527	27.3600	-0.0215	0.0000
1.320	27.9561	27.7931	27.9786	27.7931	-0.0225	0.0000
1.350	28.5806	28.2171	28.6040	28.2171	-0.0235	0.0000
1.380	29.2045	28.6319	29.2290	28.6319	-0.0245	0.0000
1.410	29.8280	29.0376	29.8535	29.0376	-0.0256	0.0000
1.440	30.4509	29.4342	30.4776	29.4342	-0.0267	0.0000
1.470	31.0734	29.8217	31.1012	29.8217	-0.0278	0.0000
1.500	31.6954	30.2001	31.7243	30.2001	-0.0289	0.0000
1.530	32.3170	30.5693	32.3470	30.5693	-0.0301	0.0000
1.560	32.9380	30.9295	32.9693	30.9295	-0.0312	0.0000
1.590	33.5586	31.2807	33.5910	31.2807	-0.0324	0.0000
1.620	34.1787	31.6227	34.2124	31.6227	-0.0337	0.0000
1.650	34.7983	31.9557	34.8332	31.9557	-0.0349	0.0000
1.680	35.4175	32.2796	35.4536	32.2796	-0.0362	0.0000
1.710	36.0361	32.5945	36.0736	32.5945	-0.0374	0.0000
1.740	36.6543	32.9003	36.6931	32.9003	-0.0387	0.0000
1.770	37.2720	33.1971	37.3121	33.1971	-0.0401	0.0000
1.800	37.8893	33.4848	37.9307	33.4848	-0.0414	0.0000
1.830	38.5060	33.7635	38.5488	33.7635	-0.0428	0.0000
1.860	39.1223	34.0332	39.1665	34.0332	-0.0442	0.0000
1.890	39.7381	34.2939	39.7837	34.2939	-0.0456	0.0000
1.920	40.3535	34.5455	40.4005	34.5455	-0.0470	0.0000

1.950	40.9683	34.7882	41.0168	34.7882	-0.0485	0.0000
1.980	41.5827	35.0219	41.6327	35.0219	-0.0500	0.0000
2.010	42.1967	35.2466	42.2481	35.2466	-0.0515	0.0000
2.040	42.8101	35.4623	42.8631	35.4623	-0.0530	0.0000
2.070	43.4231	35.6690	43.4776	35.6690	-0.0545	0.0000
2.100	44.0356	35.8667	44.0917	35.8667	-0.0561	0.0000
2.130	44.6476	36.0555	44.7053	36.0555	-0.0577	0.0000
2.160	45.2592	36.2354	45.3184	36.2354	-0.0593	0.0000
2.190	45.8702	36.4063	45.9312	36.4063	-0.0609	0.0000
2.220	46.4809	36.5682	46.5434	36.5682	-0.0626	0.0000
2.250	47.0910	36.7212	47.1552	36.7212	-0.0642	0.0000
2.280	47.7007	36.8653	47.7666	36.8653	-0.0659	0.0000
2.310	48.3099	37.0005	48.3775	37.0005	-0.0676	0.0000
2.340	48.9186	37.1267	48.9880	37.1267	-0.0694	0.0000
2.370	49.5269	37.2441	49.5980	37.2441	-0.0711	0.0000
2.400	50.1347	37.3525	50.2076	37.3525	-0.0729	0.0000
2.430	50.7420	37.4520	50.8167	37.4520	-0.0747	0.0000
2.460	51.3489	37.5427	51.4254	37.5427	-0.0765	0.0000
2.490	51.9553	37.6245	52.0336	37.6245	-0.0784	0.0000
2.520	52.5612	37.6973	52.6414	37.6973	-0.0802	0.0000
2.550	53.1667	37.7614	53.2488	37.7614	-0.0821	0.0000
2.580	53.7717	37.8165	53.8557	37.8165	-0.0840	0.0000
2.610	54.3762	37.8628	54.4621	37.8628	-0.0859	0.0000
2.640	54.9802	37.9003	55.0681	37.9003	-0.0879	0.0000
2.670	55.5838	37.9289	55.6737	37.9289	-0.0898	0.0000
2.700	56.1870	37.9486	56.2788	37.9486	-0.0918	0.0000
2.730	56.7896	37.9596	56.8835	37.9596	-0.0938	0.0000
2.760	57.3918	37.9617	57.4877	37.9617	-0.0958	0.0000
2.790	57.9936	37.9550	58.0915	37.9550	-0.0979	0.0000
2.820	58.5949	37.9394	58.6948	37.9394	-0.1000	0.0000
2.850	59.1957	37.9151	59.2977	37.9151	-0.1020	0.0000
2.880	59.7960	37.8820	59.9002	37.8820	-0.1042	0.0000
2.910	60.3959	37.8401	60.5022	37.8401	-0.1063	0.0000
2.940	60.9953	37.7894	61.1038	37.7894	-0.1084	0.0000
2.970	61.5943	37.7299	61.7049	37.7299	-0.1106	0.0000
3.000	62.1928	37.6616	62.3056	37.6616	-0.1128	0.0000
3.030	62.7908	37.5846	62.9058	37.5846	-0.1150	0.0000
3.060	63.3884	37.4988	63.5057	37.4988	-0.1172	0.0000
3.090	63.9855	37.4043	64.1050	37.4043	-0.1195	0.0000
3.120	64.5822	37.3010	64.7040	37.3010	-0.1217	0.0000
3.150	65.1784	37.1890	65.3024	37.1890	-0.1240	0.0000
3.180	65.7741	37.0682	65.9005	37.0682	-0.1263	0.0000

3.210	66.3694	36.9387	66.4981	36.9387	-0.1287	0.0000
3.240	66.9643	36.8005	67.0953	36.8005	-0.1310	0.0000
3.270	67.5586	36.6536	67.6920	36.6536	-0.1334	0.0000
3.300	68.1525	36.4979	68.2883	36.4979	-0.1358	0.0000
3.330	68.7460	36.3336	68.8842	36.3336	-0.1382	0.0000
3.360	69.3390	36.1606	69.4796	36.1606	-0.1406	0.0000
3.390	69.9315	35.9788	70.0746	35.9788	-0.1431	0.0000
3.420	70.5236	35.7884	70.6691	35.7884	-0.1456	0.0000
3.450	71.1152	35.5894	71.2633	35.5894	-0.1481	0.0000
3.480	71.7064	35.3816	71.8569	35.3816	-0.1506	0.0000
3.510	72.2971	35.1652	72.4502	35.1652	-0.1531	0.0000
3.540	72.8873	34.9401	73.0430	34.9401	-0.1556	0.0000
3.570	73.4771	34.7064	73.6354	34.7064	-0.1582	0.0000
3.600	74.0665	34.4640	74.2273	34.4640	-0.1608	0.0000
3.630	74.6554	34.2130	74.8188	34.2130	-0.1634	0.0000
3.660	75.2438	33.9533	75.4099	33.9533	-0.1660	0.0000
3.690	75.8318	33.6851	76.0005	33.6851	-0.1687	0.0000
3.720	76.4194	33.4082	76.5907	33.4082	-0.1714	0.0000
3.750	77.0064	33.1227	77.1805	33.1227	-0.1740	0.0000
3.780	77.5931	32.8286	77.7698	32.8286	-0.1768	0.0000
3.810	78.1792	32.5258	78.3587	32.5258	-0.1795	0.0000
3.840	78.7650	32.2145	78.9472	32.2145	-0.1822	0.0000
3.870	79.3502	31.8946	79.5352	31.8946	-0.1850	0.0000
3.900	79.9351	31.5662	80.1229	31.5662	-0.1878	0.0000
3.930	80.5194	31.2291	80.7100	31.2291	-0.1906	0.0000
3.960	81.1034	30.8835	81.2968	30.8835	-0.1934	0.0000
3.990	81.6868	30.5293	81.8831	30.5293	-0.1963	0.0000
4.020	82.2699	30.1665	82.4690	30.1665	-0.1991	0.0000
4.050	82.8524	29.7953	83.0544	29.7953	-0.2020	0.0000
4.080	83.4346	29.4154	83.6395	29.4154	-0.2049	0.0000
4.110	84.0162	29.0270	84.2241	29.0270	-0.2078	0.0000
4.140	84.5975	28.6301	84.8082	28.6301	-0.2108	0.0000
4.170	85.1783	28.2247	85.3920	28.2247	-0.2137	0.0000
4.200	85.7586	27.8107	85.9753	27.8107	-0.2167	0.0000
4.230	86.3385	27.3883	86.5582	27.3883	-0.2197	0.0000
4.260	86.9179	26.9573	87.1406	26.9573	-0.2227	0.0000
4.290	87.4969	26.5178	87.7227	26.5178	-0.2258	0.0000
4.320	88.0755	26.0699	88.3043	26.0699	-0.2288	0.0000
4.350	88.6536	25.6134	88.8854	25.6134	-0.2319	0.0000
4.380	89.2312	25.1485	89.4662	25.1485	-0.2350	0.0000
4.410	89.8084	24.6750	90.0465	24.6750	-0.2381	0.0000
4.440	90.3852	24.1932	90.6264	24.1932	-0.2412	0.0000

4.470	90.9615	23.7028	91.2059	23.7028	-0.2444	0.0000
4.500	91.5374	23.2040	91.7849	23.2040	-0.2475	0.0000
4.530	92.1128	22.6968	92.3636	22.6968	-0.2507	0.0000
4.560	92.6878	22.1811	92.9418	22.1811	-0.2539	0.0000
4.590	93.2624	21.6569	93.5195	21.6569	-0.2572	0.0000
4.620	93.8365	21.1243	94.0969	21.1243	-0.2604	0.0000
4.650	94.4101	20.5834	94.6738	20.5834	-0.2637	0.0000
4.680	94.9834	20.0339	95.2503	20.0339	-0.2669	0.0000
4.710	95.5562	19.4761	95.8264	19.4761	-0.2702	0.0000
4.740	96.1285	18.9099	96.4020	18.9099	-0.2736	0.0000
4.770	96.7004	18.3352	96.9773	18.3352	-0.2769	0.0000
4.800	97.2718	17.7522	97.5521	17.7522	-0.2802	0.0000
4.830	97.8429	17.1608	98.1265	17.1608	-0.2836	0.0000
4.860	98.4134	16.5610	98.7005	16.5610	-0.2870	0.0000
4.890	98.9836	15.9528	99.2740	15.9528	-0.2904	0.0000
4.920	99.5533	15.3362	99.8471	15.3362	-0.2938	0.0000
4.950	100.1225	14.7113	100.4198	14.7113	-0.2973	0.0000
4.980	100.6914	14.0780	100.9921	14.0780	-0.3008	0.0000
5.010	101.2597	13.4364	101.5640	13.4364	-0.3042	0.0000
5.040	101.8277	12.7864	102.1354	12.7864	-0.3077	0.0000
5.070	102.3952	12.1281	102.7065	12.1281	-0.3113	0.0000
5.100	102.9623	11.4615	103.2771	11.4615	-0.3148	0.0000
5.130	103.5289	10.7865	103.8473	10.7865	-0.3184	0.0000
5.160	104.0951	10.1032	104.4170	10.1032	-0.3219	0.0000
5.190	104.6609	9.4116	104.9864	9.4116	-0.3255	0.0000
5.220	105.2262	8.7117	105.5553	8.7117	-0.3291	0.0000
5.250	105.7911	8.0034	106.1239	8.0034	-0.3328	0.0000
5.280	106.3555	7.2869	106.6920	7.2869	-0.3364	0.0000
5.310	106.9196	6.5621	107.2596	6.5621	-0.3401	0.0000
5.340	107.4831	5.8290	107.8269	5.8290	-0.3438	0.0000
5.370	108.0463	5.0876	108.3938	5.0876	-0.3475	0.0000
5.400	108.6090	4.3380	108.9602	4.3380	-0.3512	0.0000
5.430	109.1713	3.5801	109.5262	3.5801	-0.3549	0.0000
5.460	109.7332	2.8139	110.0918	2.8139	-0.3587	0.0000
5.490	110.2946	2.0395	110.6570	2.0395	-0.3624	0.0000
5.520	110.8556	1.2568	111.2218	1.2568	-0.3662	0.0000
5.550	111.4161	0.4659	111.7862	0.4659	-0.3700	0.0000
5.580	111.9762	-0.3333	112.3501	-0.3333	-0.3739	0.0000
5.610	112.5359	-1.1407	112.9136	-1.1407	-0.3777	0.0000
5.640	113.0952	-1.9563	113.4768	-1.9563	-0.3816	0.0000
5.670	113.6540	-2.7801	114.0395	-2.7801	-0.3855	0.0000
5.700	114.2124	-3.6122	114.6018	-3.6122	-0.3894	0.0000

```
5.730  114.7704   -4.4524  115.1636   -4.4524   -0.3933   0.0000
5.760  115.3279   -5.3009  115.7251   -5.3009   -0.3972   0.0000
5.790  115.8850   -6.1575  116.2862   -6.1575   -0.4011   0.0000
5.820  116.4417   -7.0224  116.8468   -7.0224   -0.4051   0.0000
5.850  116.9980   -7.8954  117.4071   -7.8954   -0.4091   0.0000
5.880  117.5538   -8.7766  117.9669   -8.7766   -0.4131   0.0000
5.910  118.1092   -9.6659  118.5263   -9.6659   -0.4171   0.0000
5.940  118.6641  -10.5635  119.0853  -10.5635   -0.4212   0.0000
5.970  119.2187  -11.4691  119.6439  -11.4691   -0.4252   0.0000
6.000  119.7728  -12.3830  120.2021  -12.3830   -0.4293   0.0000
```

6.4 모의실험

6.4.1 이론

저항력이 없는 진공에서 포물체의 운동의 궤적(trajectory)은 포물선이다. 하지만 저항력 때문에 이 경우의 운동 궤도는 포물선이 아니다. 저항력이 작으면 작을수록 운동의 궤적은 포물선에 가깝다.

프로그램의 실행 결과를 보면 포물체의 자취가 나타나 있다. 운동의 궤적을 나타내지 않는 것이 모의실험의 목적에 좀 더 적합하다고 생각할 수도 있는데, 포물체가 다시 되돌아오거나 한 번 지나쳤던 곳을 다시 지나치지 않으므로 포물체가 지나친 자리 길을 지우지 않아도 운동 상태를 파악하는 데에 전혀 지장이 없다. 오히려 이 경우에는 궤적을 나타내는 것이 더욱 좋을 것이다.

그래프를 그릴 때 지금까지는 화면에 그림이 그려지는 속도를 조절하기 위해 반복문을 사용하였는데, 이번에는 시간간격 h 를 줄여 그려지는 속도를 적당히 맞추었다. 이것 역시 독자의 컴퓨터 시스템의 속도에 따라 h 의 값을 적절히 지정해야 한다. 정해진 시간 간격마다 특정한 코드를 실행시키는 방법을 사용하여 매우 엄밀하게 모의실험을 할 수도 있는데, 좀 복잡해지는 관계로 이 책에서는 다루지 않는다.

6.4.2 소스 코드

```
// 포물체 모의실험View.cpp : implementation of the CMyView class
```

```
//

#include "stdafx.h"
#include "포물체 모의실험.h"

#include "포물체 모의실험Doc.h"
#include "포물체 모의실험View.h"

#include "math.h"

double mass=32.7;
double funcX( double, double, double ), funcZ( double, double, double );

#ifdef _DEBUG
#define new DEBUG_NEW
#undef THIS_FILE
static char THIS_FILE[] = __FILE__;
#endif

/////////////////////////////////////////////////////////////////////////////
// CMyView

IMPLEMENT_DYNCREATE(CMyView, CView)

BEGIN_MESSAGE_MAP(CMyView, CView)
    //{{AFX_MSG_MAP(CMyView)
        // NOTE - the ClassWizard will add and remove mapping macros here.
        //    DO NOT EDIT what you see in these blocks of generated code!
    //}}AFX_MSG_MAP
    // Standard printing commands
    ON_COMMAND(ID_FILE_PRINT, CView::OnFilePrint)
    ON_COMMAND(ID_FILE_PRINT_DIRECT, CView::OnFilePrint)
    ON_COMMAND(ID_FILE_PRINT_PREVIEW, CView::OnFilePrintPreview)
END_MESSAGE_MAP()

/////////////////////////////////////////////////////////////////////////////
// CMyView construction/destruction

CMyView::CMyView()
{
    // TODO: add construction code here
```

```
}

CMyView::~CMyView()
{
}

BOOL CMyView::PreCreateWindow(CREATESTRUCT& cs)
{
    // TODO: Modify the Window class or styles here by modifying
    //  the CREATESTRUCT cs

    return CView::PreCreateWindow(cs);
}

/////////////////////////////////////////////////////////////////////////////
// CMyView drawing

void CMyView::OnDraw(CDC* pDC)
{
    CMyDoc* pDoc = GetDocument();
    ASSERT_VALID(pDoc);

    CRect rect;
    GetClientRect(&rect);
    pDC->SetMapMode(MM_LOMETRIC);
    pDC->SetViewportOrg(100, 800);

    char buffer[1];
    double time, initialTime=0.0, maxTime=5.6, h=1.0/333300.0;
    double posiX=0.0, velocityX=21.54;
    double posiZ=0.0, velocityZ=27.9;
    double kx1, lx1, kx2, lx2, kx3, lx3, kx4, lx4,
      kz1, lz1, kz2, lz2, kz3, lz3, kz4, lz4;

    pDC->MoveTo(0, 1800);
    pDC->LineTo(0, 0);
    pDC->LineTo(3000, 0);

    double coordinate=0.0;
    pDC->SetTextAlign(TA_CENTER+TA_TOP);

    for (int i=0; i<12; i++)
```

```
{
    sprintf(buffer, "%3.1lf", coordinate);
    pDC->TextOut(250*i, -2, buffer);
    coordinate += 10.0;
}

coordinate = 0.0;
pDC->SetTextAlign(TA_RIGHT+TA_BASELINE);

for (i=0; i<5; i++)
{
    sprintf(buffer, "%3.1lf", coordinate);
    pDC->TextOut(-2, 400*i, buffer);
    coordinate += 10.0;
}

pDC->SetPixel(0, 0, RGB(234, 2, 18));

for (time=initialTime; time<maxTime; time=time+h)
{
    kx1 = h * velocityX;
    lx1 = h * funcX( time, posiX, velocityX );
    kx2 = h * (velocityX+lx1/2.0);
    lx2 = h * funcX( time+h/2.0, posiX+kx1/2.0, velocityX+lx1/2.0 );
    kx3 = h * (velocityX+lx2/2.0);
    lx3 = h * funcX( time+h/2.0, posiX+kx2/2.0, velocityX+lx2/2.0 );
    kx4 = h * (velocityX+lx3);
    lx4 = h * funcX( time+h, posiX+kx3, velocityX+lx3 );
    posiX += (1.0/6.0) * (kx1+2.0*kx2+2.0*kx3+kx4);
    velocityX += (1.0/6.0) * (lx1+2.0*lx2+2.0*lx3+lx4);
    kz1 = h * velocityZ;
    lz1 = h * funcZ( time, posiZ, velocityZ );
    kz2 = h * (velocityZ+lz1/2.0);
    lz2 = h * funcZ( time+h/2.0, posiZ+kz1/2.0, velocityZ+lz1/2.0 );
    kz3 = h * (velocityZ+lz2/2.0);
    lz3 = h * funcZ( time+h/2.0, posiZ+kz2/2.0, velocityZ+lz2/2.0 );
    kz4 = h * (velocityZ+lz3);
    lz4 = h * funcZ( time+h, posiZ+kz3, velocityZ+lz3 );
    posiZ += (1.0/6.0) * (kz1+2.0*kz2+2.0*kz3+kz4);
    velocityZ += (1.0/6.0) * (lz1+2.0*lz2+2.0*lz3+lz4);
    pDC->SetPixel(int(25.0*posiX), int(40.0*posiZ), RGB(234,2,18));
}
```

```
}

/////////////////////////////////////////////////////////////////////////////
// CMyView printing

BOOL CMyView::OnPreparePrinting(CPrintInfo* pInfo)
{
    // default preparation
    return DoPreparePrinting(pInfo);
}

void CMyView::OnBeginPrinting(CDC* /*pDC*/, CPrintInfo* /*pInfo*/)
{
    // TODO: add extra initialization before printing
}

void CMyView::OnEndPrinting(CDC* /*pDC*/, CPrintInfo* /*pInfo*/)
{
    // TODO: add cleanup after printing
}

/////////////////////////////////////////////////////////////////////////////
// CMyView diagnostics

#ifdef _DEBUG
void CMyView::AssertValid() const
{
    CView::AssertValid();
}

void CMyView::Dump(CDumpContext& dc) const
{
    CView::Dump(dc);
}

CMyDoc* CMyView::GetDocument() // non-debug version is inline
{
    ASSERT(m_pDocument->IsKindOf(RUNTIME_CLASS(CMyDoc)));
    return (CMyDoc*)m_pDocument;
}
#endif //_DEBUG
```

```
////////////////////////////////////////////////////////////////////////////
// CMyView message handlers

double funcX( double t, double x, double vX )
{
    return -(0.8/mass)*vX;
}

double funcZ( double t, double x, double vZ )
{
    return -9.8-(0.8/mass)*vZ;
}
```

6.4.3 실행 결과

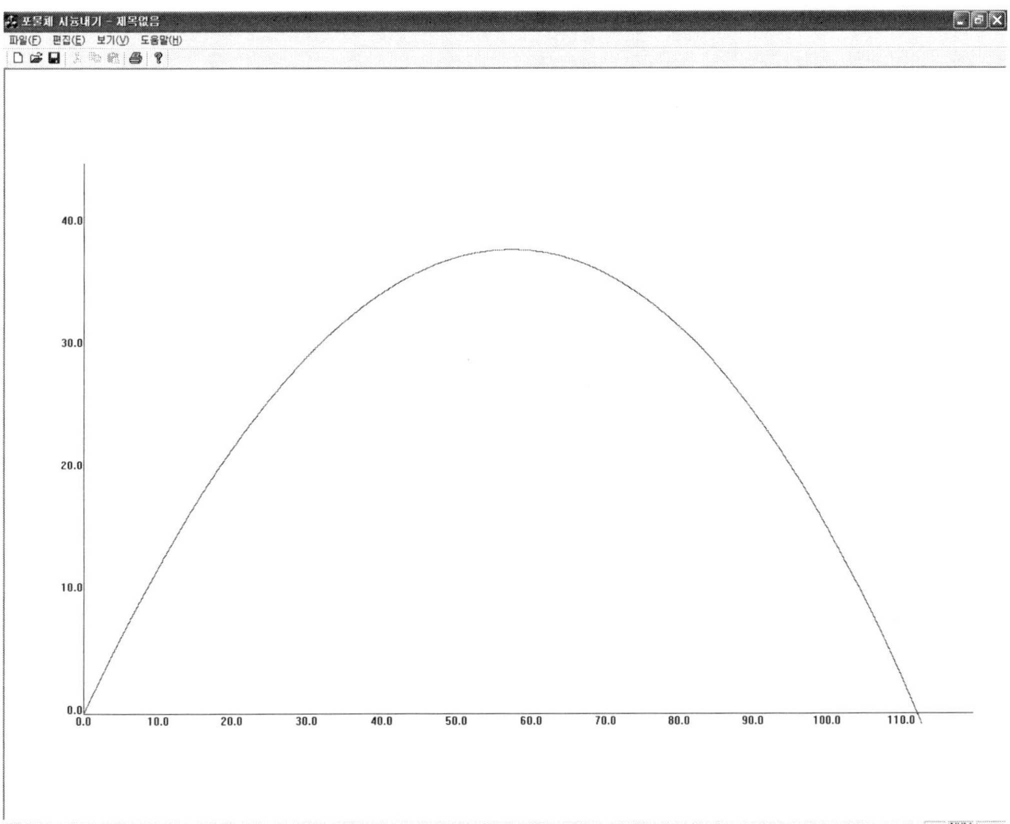

6.5. 연습 문제

문항 1 3 $^{m}/_{s}$의 일정한 속력으로 상승하고 있는 기구에서 수평 방향으로 15 $^{m}/_{s}$의 속력으로 발사된 물체의 운동을 모의실험하여라.

7 이차원 어울림떨개(Harmonic Oscillator)

7.1 개론

아래의 그림

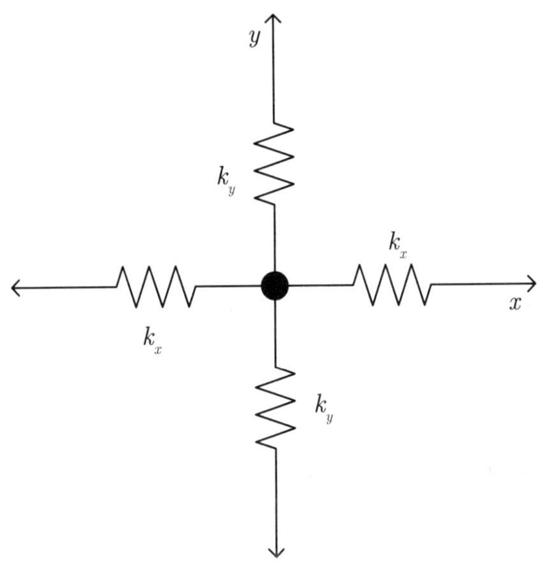

은 이차원 비등방성 떨개(anisotropic oscillator)를 나타낸 것이다. 여러 개의 탄성용수철(elastic spring)에 입자가 연결되어 있는 것이다.

7.2 등방성 떨개(Isotropic Oscillator)

7.2.1 이론

우선 $k_x = k_y = k$인 등방성 떨개(isotropic oscillator)

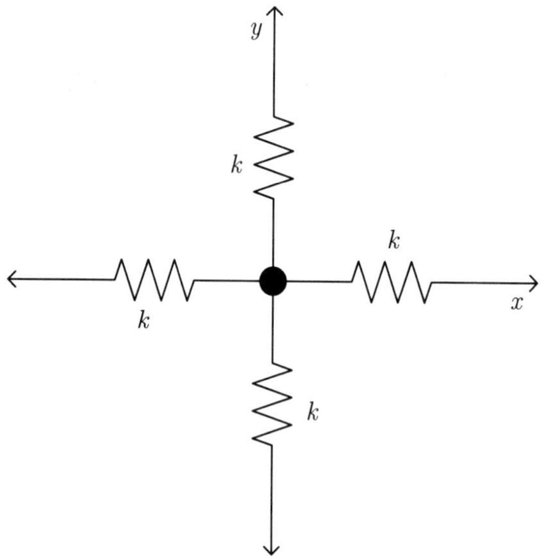

의 운동을 분석하여 보자.

입자가 받는 복원력은

$$\mathbf{F} = -k\mathbf{r}$$

이고, 극좌표를 사용하여 **F**를 성분별로 분해하면

$$F_x = -kr\cos\theta = -kx = m\ddot{x}, \quad F_y = -kr\sin\theta = -ky = m\ddot{y}$$

이다.

위의 두 방정식을

$$\ddot{x} + \omega^2 x = 0, \quad \ddot{y} + \omega^2 y = 0$$

과 같이 쓸 수 있다. 여기에서 $\omega^2 = \frac{k}{m}$이다.

위 방정식을 풀면

$$x = A\cos[\omega t + \phi_x], \tag{10}$$

$$y = B\cos[\omega t + \phi_y] \tag{11}$$

이다. 두 떨개가 동일한 진동수를 갖지만, 일반적으로 진폭과 위상은 다르다는 것을 알 수 있다.

떨개의 운동 경로를 얻으려면 [10]과 [11]에서 t를 소거해야 한다.

[11]을

$$\begin{aligned}\frac{y}{B} &= \cos[\omega t + \phi_y] = \cos[\omega t + \phi_x + (\phi_y - \phi_x)] \\ &= \cos[\omega t + \phi_x]\cos[\phi_y - \phi_x] - \sin[\omega t + \phi_x]\sin[\phi_y - \phi_x]\end{aligned} \quad [12]$$

과 같이 변형한다.

그런데 [10]으로부터

$$\cos[\omega t + \phi_x] = \frac{x}{A}, \quad \sin[\omega t + \phi_x] = \pm\sqrt{1 - \left(\frac{x}{A}\right)^2}$$

이 성립하므로 [12]은

$$\frac{y}{B} = \cos[\omega t + \phi_x]\cos[\phi_y - \phi_x] - \sin[\omega t + \phi_x]\sin[\phi_y - \phi_x]$$

$$= \frac{x}{A}\cos[\phi_y - \phi_x] \mp \sqrt{1 - \left(\frac{x}{A}\right)^2}\sin[\phi_y - \phi_x]$$

이 된다.

따라서

$$\frac{y}{B} - \frac{x}{A}\cos[\phi_y - \phi_x] = \mp\sqrt{1 - \left(\frac{x}{A}\right)^2}\sin[\phi_y - \phi_x]$$

이다.

양변을 제곱하면

$$\left(\frac{y}{B}\right)^2 - \frac{2xy}{AB}\cos[\phi_y - \phi_x] + \left(\frac{x}{A}\right)^2\cos^2[\phi_y - \phi_x] = \left(1 - \left(\frac{x}{A}\right)^2\right)\sin^2[\phi_y - \phi_x]$$

이다.

정리하면

$$\left(\frac{x}{A}\right)^2 + \left(\frac{y}{B}\right)^2 - \frac{2xy}{AB}\cos[\phi_y - \phi_x] = \sin^2[\phi_y - \phi_x] \quad [13]$$

이다.

위의 식은

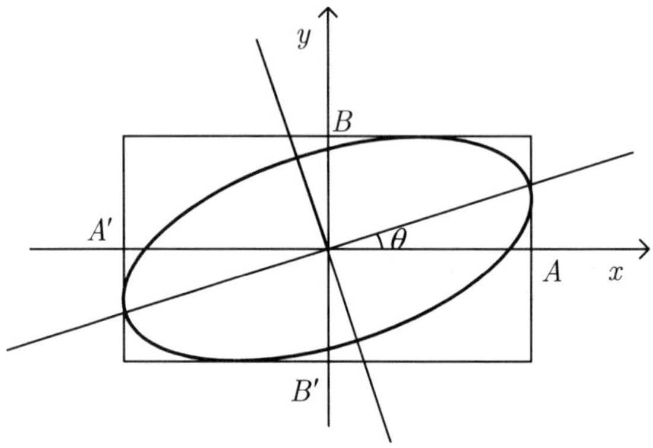

처럼 타원을 나타낸다. 타원의 긴 축(major axis)은 x축과 θ의 각을 이루며

$$\tan 2\theta = \frac{2AB}{A^2 - B^2}\cos[\phi_y - \phi_x] \quad [14]$$

으로 주어진다.

참고로 x와 y의 이차식

$$ax^2 + bxy + cy^2 + dx + ey + f = 0$$

은 판별식(discriminant) $b^2 - 4ac$의 값에 따라 모양이 결정된다. 판별식이 음수이면 타원이고, 0 이면 포물선(parabola)이며, 양수이면 쌍곡선(hyperbola)이다.

만일 $\phi_y - \phi_x = \frac{\pi}{2}$이면, [13]은

$$\left(\frac{x}{A}\right)^2 + \left(\frac{y}{B}\right)^2 = 1$$

으로 된다. 이것은 x축이 긴 축이고 y축이 짧은 축(minor axis)인 타원이다.

한편 $\phi_y - \phi_x = \pi$이거나 0 이면 [13]은

$$y = \pm \frac{B}{A} x$$

으로 된다. 이것은 원점을 지나는 직선이다.

일반적으로 위상차 $\phi = \phi_y - \phi_x$에 따라 운동 궤도의 모양이 변한다. 아래의 그림들

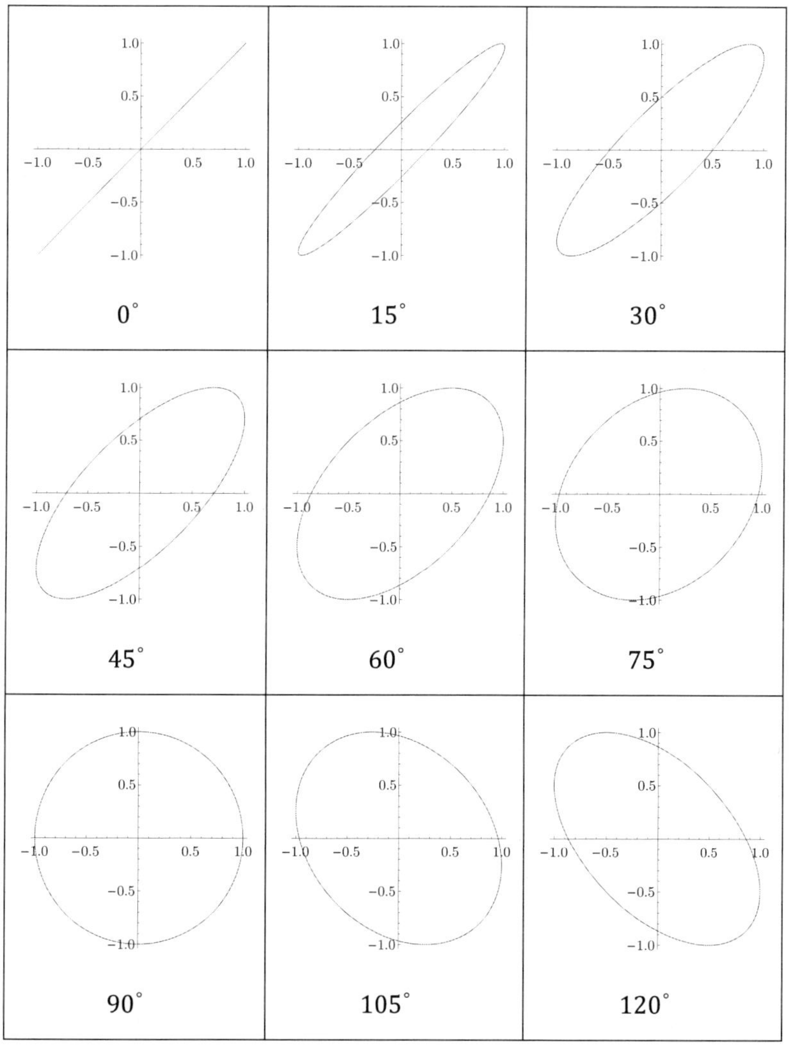

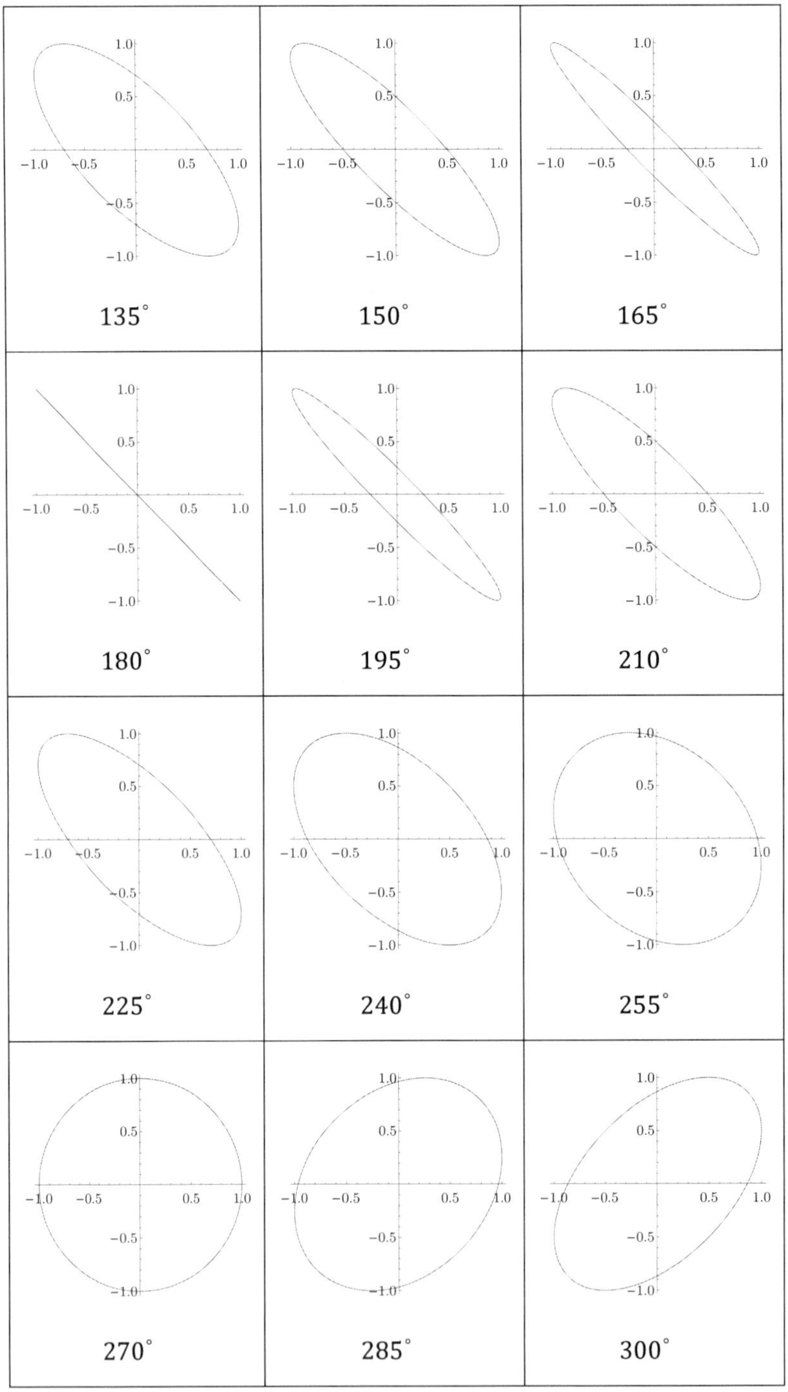
135°
150°
165°
180°
195°
210°
225°
240°
255°
270°
285°
300°

은 $A = B$일 때 $\phi = 0^\circ$ 부터 $\phi = 300^\circ$ 까지 15° 간격으로 각각의 경우에 대하여 운동 경로를 나타낸 것이다. 그림들을 보면, $\phi = 300^\circ$ 이후의 운동 경로를 예상할 수 있을 것이다.

7.3 비등방성 떨개(Anisotropic Oscillator)

7.3.1 이론

이제 두 진동수가 서로 다른 경우

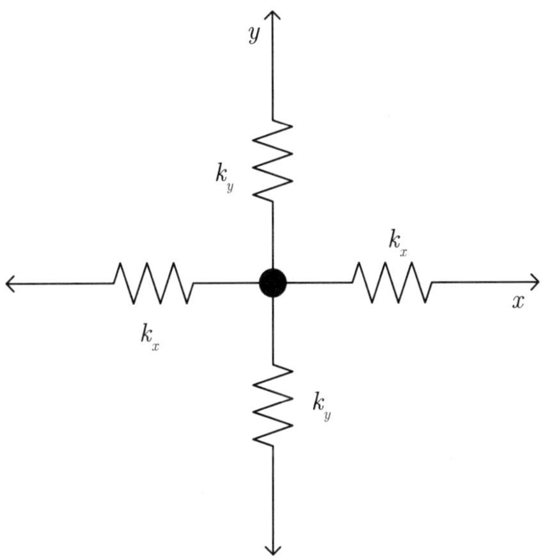

를 살펴보자.

진동수가 서로 다르면 운동방정식의 해는

$$x = A\cos[\omega_x t + \phi_x], \quad y = B\cos[\omega_y t + \phi_y]$$

이고, 떨개의 운동 궤도는 타원이 아니다. 이런 경우의 운동 궤도 곡선을 리사주 그림(Lissajous figure)이라고 한다. 이 곡선은 두 진동수의 비 $\frac{\omega_y}{\omega_x}$가 유리수이면 닫힌 곡선(closed curve)이 되고, 무리수이면 열린 곡선(open curve)이 된다.

7.3.2 소스 코드

```
// 리사주 그림View.cpp : implementation of the CMyView class
//

#include "stdafx.h"
#include "리사주 그림.h"

#include "리사주 그림Doc.h"
#include "리사주 그림View.h"

#include <math.h>

#ifdef _DEBUG
#define new DEBUG_NEW
#undef THIS_FILE
static char THIS_FILE[] = __FILE__;
#endif

/////////////////////////////////////////////////////////////////////////////
// CMyView

IMPLEMENT_DYNCREATE(CMyView, CView)

BEGIN_MESSAGE_MAP(CMyView, CView)
    //{{AFX_MSG_MAP(CMyView)
        // NOTE - the ClassWizard will add and remove mapping macros here.
        //    DO NOT EDIT what you see in these blocks of generated code!
    //}}AFX_MSG_MAP
    // Standard printing commands
    ON_COMMAND(ID_FILE_PRINT, CView::OnFilePrint)
    ON_COMMAND(ID_FILE_PRINT_DIRECT, CView::OnFilePrint)
    ON_COMMAND(ID_FILE_PRINT_PREVIEW, CView::OnFilePrintPreview)
END_MESSAGE_MAP()

/////////////////////////////////////////////////////////////////////////////
// CMyView construction/destruction

CMyView::CMyView()
{
```

```
    // TODO: add construction code here

}

CMyView::~CMyView()
{
}

BOOL CMyView::PreCreateWindow(CREATESTRUCT& cs)
{
    // TODO: Modify the Window class or styles here by modifying
    //  the CREATESTRUCT cs

    return CView::PreCreateWindow(cs);
}

/////////////////////////////////////////////////////////////////////////////
// CMyView drawing

void CMyView::OnDraw(CDC* pDC)
{
    CMyDoc* pDoc = GetDocument();
    ASSERT_VALID(pDoc);

    CRect rect;
    GetClientRect(&rect);
    pDC->SetMapMode(MM_LOMETRIC);
    pDC->SetViewportOrg(rect.Width()/2, rect.Height()/2);

    double time, x, y;
    double pi=3.1415926535, omegaX=13.0, omegaY=19.0;

    for (time=0.0; time<=2.0*pi; time+=0.000001)
    {
        x = 1500.0 * cos(omegaX*time+0.75);
        y = -1100.0 * cos(omegaY*time+0.1);
        pDC->SetPixel(int(x), int(y), RGB(0,0,0));
    }
}

/////////////////////////////////////////////////////////////////////////////
// CMyView printing
```

```
BOOL CMyView::OnPreparePrinting(CPrintInfo* pInfo)
{
    // default preparation
    return DoPreparePrinting(pInfo);
}

void CMyView::OnBeginPrinting(CDC* /*pDC*/, CPrintInfo* /*pInfo*/)
{
    // TODO: add extra initialization before printing
}

void CMyView::OnEndPrinting(CDC* /*pDC*/, CPrintInfo* /*pInfo*/)
{
    // TODO: add cleanup after printing
}

/////////////////////////////////////////////////////////////////////////////
// CMyView diagnostics

#ifdef _DEBUG
void CMyView::AssertValid() const
{
    CView::AssertValid();
}

void CMyView::Dump(CDumpContext& dc) const
{
    CView::Dump(dc);
}

CMyDoc* CMyView::GetDocument() // non-debug version is inline
{
    ASSERT(m_pDocument->IsKindOf(RUNTIME_CLASS(CMyDoc)));
    return (CMyDoc*)m_pDocument;
}
#endif //_DEBUG

/////////////////////////////////////////////////////////////////////////////
// CMyView message handlers
```

7.3.3 실행 결과

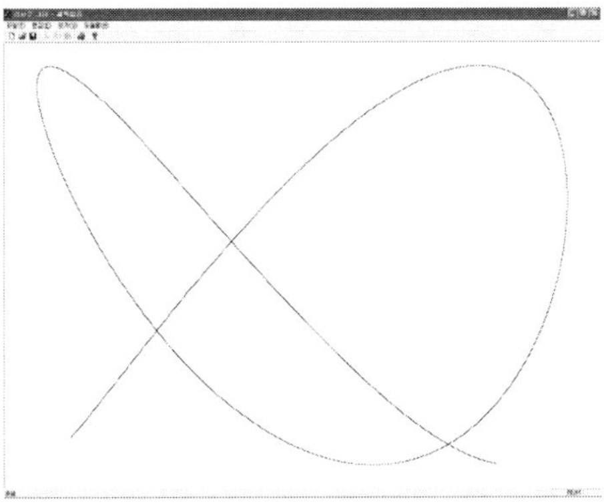

$0 \le t \le 0.2\pi$

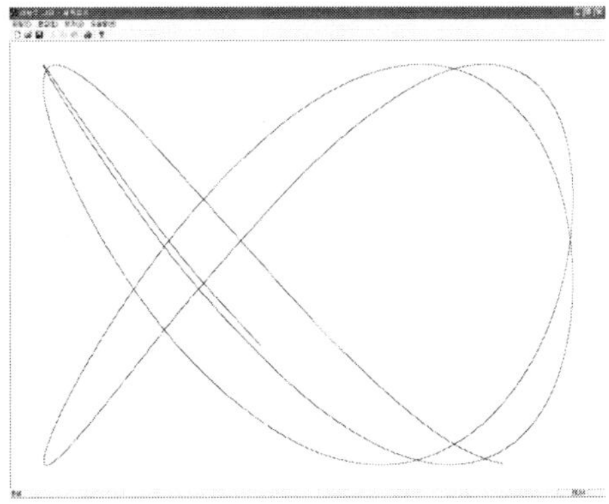

$0 \le t \le 0.4\pi$

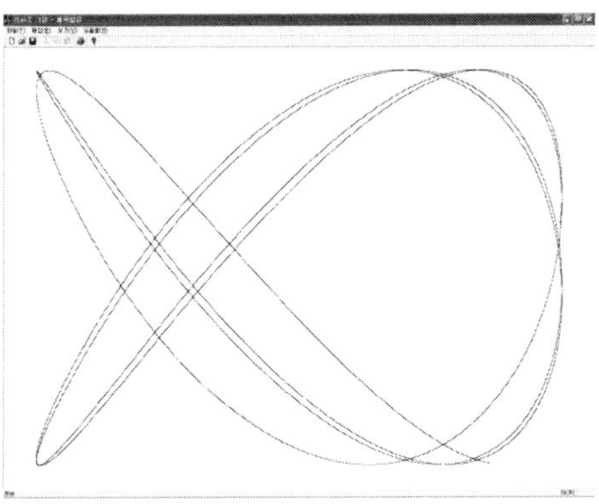

$0 \le t \le 0.6\pi$

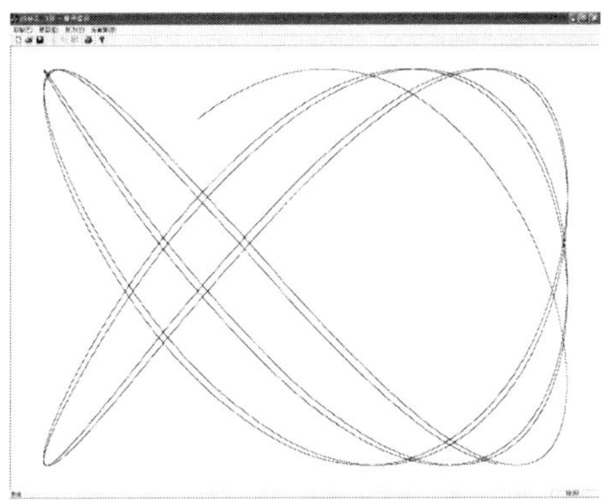

$0 \le t \le 0.8\pi$

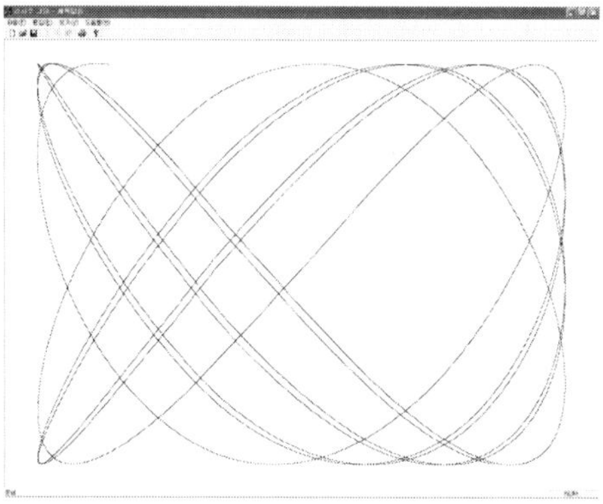

$0 \le t \le \pi$

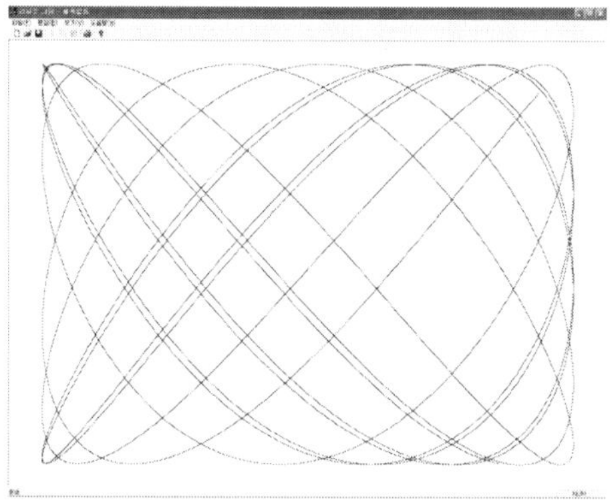

$0 \le t \le 1.2\pi$

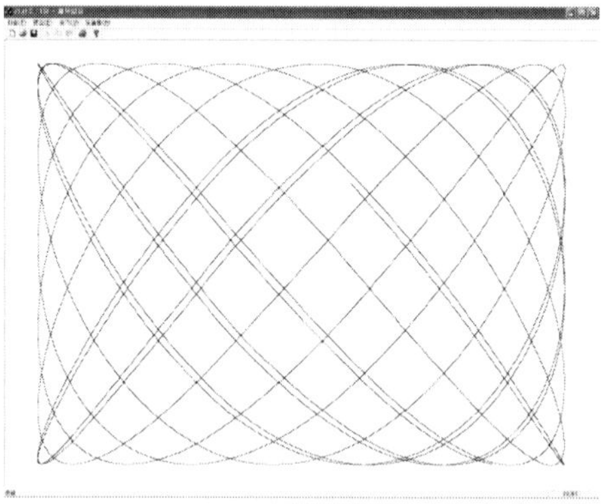

$0 \le t \le 1.4\pi$

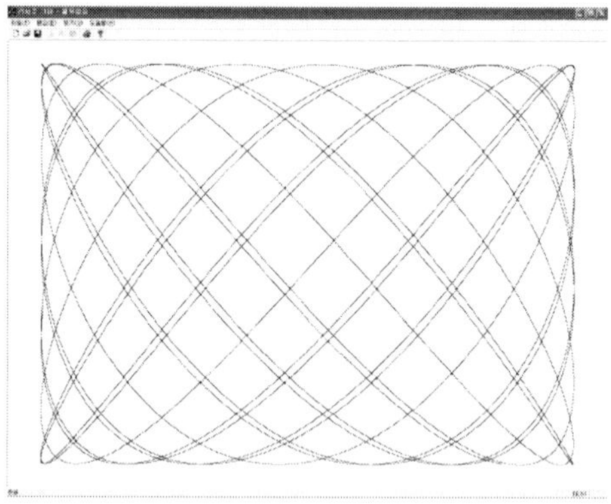

$0 \le t \le 1.6\pi$

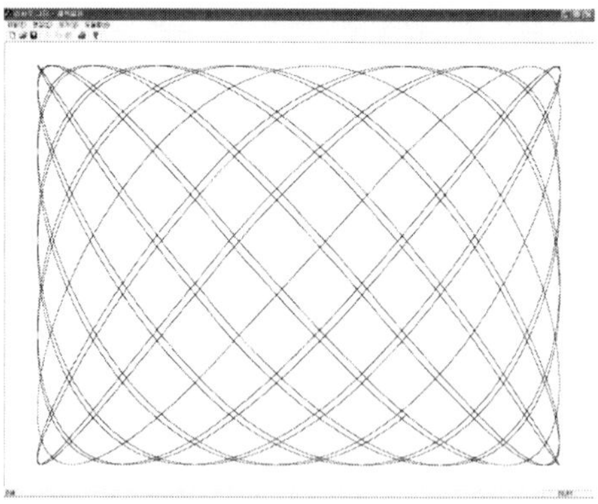

$0 \le t \le 1.8\pi$

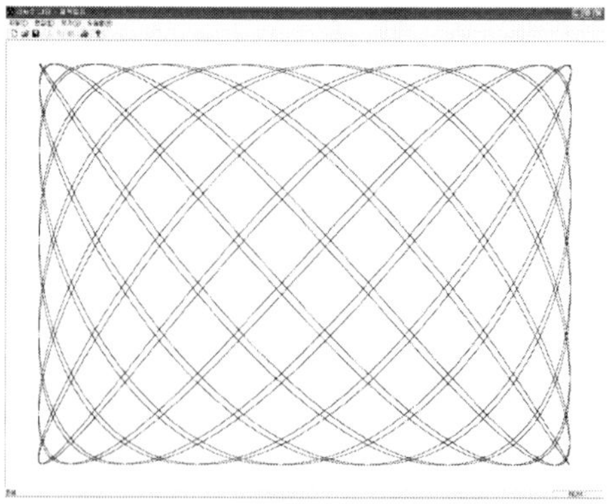

$0 \le t \le 2\pi$

7.4. 연습 문제

문항 1 [14]을 유도하여라.

문항 2 진동수의 값을 여러 가지로 바꾸어 가면서 프로그램을 실행시켜라.

8 홑흔들이(Simple Pendulum)

8.1 시간과 속력과의 관계

8.1.1 이론

홑흔들이(simple pendulum)는 질량을 무시할 수 있는 실의 한 쪽 끝에 추(weight)를 매달고 다른 쪽 끝은 천정 같은 곳에 고정시켜 놓은 흔들이를 말한다. 공기의 저항이 없는 진공에서 길이가 l인 실과 질량이 m인 추로 이루어진 홑흔들이의 운동을 살펴보자.

처음 진자가 평형을 이루고 있는 상태에서는 실이 팽팽하다. 이 팽팽함을 유지하면서, 실과 연직면이 이루는 각(angle)이 θ_0인 곳까지 추를 잡아 당긴다. 잡아 당긴 추를 살짝 놓으면 홑흔들이는 왕복 운동을 한다. 이런 상황이

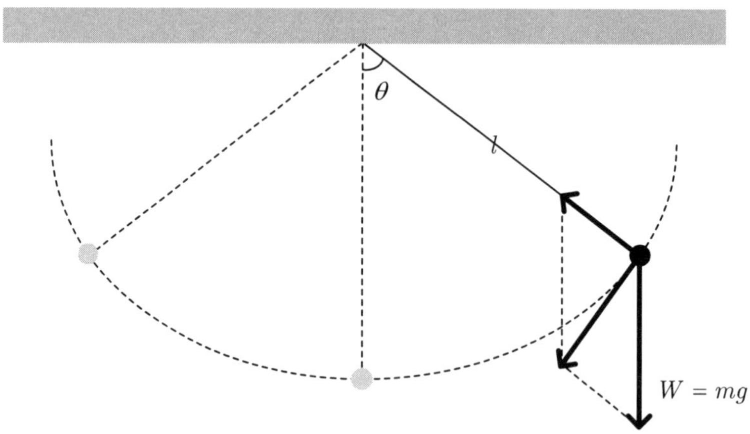

에 나타나 있다.

공기의 저항은 없으므로, 추에 작용하는 힘은 중력(gravitational force)과 장력(tension)의 두 가지이다. 따라서 추와 지구(the earth)로 이루어진 계(system)의 역학적 에너지(mechanical energy)는 보존된다.

추의 처음 평형 위치를 위치 에너지가 0 인 기준점으로 정하면, 계의 총에너지는

$$E = K + V = 0 + mgh = mgh = mgl(1 - \cos\theta_0)$$

이다.

흔들이가 연직면과 θ의 각을 이루면

$$E = \frac{1}{2}mv^2 + mgl(1 - \cos\theta)$$

이다.

위의 두 식으로부터

$$\frac{1}{2}mv^2 + mgl(1 - \cos\theta) = mgl(1 - \cos\theta_0),$$

$$\frac{1}{2}mv^2 = mgl(\cos\theta - \cos\theta_0)$$

이 성립한다. 즉

$$v = \sqrt{2gl(\cos\theta - \cos\theta_0)} \qquad [15]$$

을 얻는다.

한편 추의 운동방정식은 돌림힘(torque)를 사용하면 쉽게 얻을 수 있다.

연직면에 대한 관성모멘트(moment of inertia) ml^2와 각가속도(angular acceleration) $\frac{d^2\theta}{dt^2}$의 곱이 돌림힘 $lF = -lmg\sin\theta$과 같으므로

$$ml^2\frac{d^2\theta}{dt^2} = -lmg\sin\theta$$

을 세울 수 있다. 즉

$$\ddot{\theta} + \frac{g}{l}\sin\theta = 0$$

이 성립한다. 여기에서 θ는 시간 t에 대한 함수이다.

보기에는 간단하게 보여도 위 방정식을 푸는 것은 그리 쉽지 않다. 그러나 수치해법

을 사용하면 쉽게 해결된다. 4 차 Runge-Kutta 의 방법을 사용하여 일정한 시간 간격에 대하여 θ의 값을 구한 다음, [15]에 θ를 대입하면 속력을 얻을 수 있다.

프로그램을 보면 $\theta_0 = -0.31\pi$, $l = 0.583\text{m}$ 으로 값을 주었음을 알 수 있다.

8.1.2 소스 코드

```
#include <stdio.h>
#include <math.h>

double length=0.583;
double func( double, double, double );

void main( void )
{
    const double pi=3.1415926535;
    double time, initialTime=0.0, maxTime=2.1, h=0.003;
    double theta[999]={-0.31*pi}, thetaPrime[999]={0.0}, velocity=0.0;
    double k1, l1, k2, l2, k3, l3, k4, l4;

    printf( "₩n" );

    for(unsigned short int i=0; i<4; i++)
        printf( "  시간        속력     " );

    for(i=0; i<80; i++)
        printf( "%c", '=' );

    printf( "%7.3lf   %8.6lf  ", initialTime, velocity );

    for (i=1, time=initialTime; time<maxTime-h; i++, time+=h)
    {
        k1 = h * thetaPrime[i-1];
        l1 = h * func( time, theta[i-1], thetaPrime[i-1] );
        k2 = h * (thetaPrime[i-1]+l1/2.0);
        l2 = h * func(time+h/2.0, theta[i-1]+k1/2.0, thetaPrime[i-1]+l1/2.0);
        k3 = h * (thetaPrime[i-1]+l2/2.0);
        l3 = h * func(time+h/2.0, theta[i-1]+k2/2.0, thetaPrime[i-1]+l2/2.0);
        k4 = h * (thetaPrime[i-1]+l3);
        l4 = h * func( time+h, theta[i-1]+k3, thetaPrime[i-1]+l3 );
```

```
        theta[i] = theta[i-1] + (1.0/6.0)*(k1+2.0*k2+2.0*k3+k4);
        thetaPrime[i] = thetaPrime[i-1] + (1.0/6.0)*(l1+2.0*l2+2.0*l3+l4);
        velocity = sqrt(2.0*9.8*length*(cos(theta[i])-cos(theta[0])));
        printf( "%7.3lf   %8.6lf  ", time+h, velocity );
    }

    printf( "₩n₩n₩n" );
}

double func( double t, double x, double v )
{
    return -(9.8/length)*sin(x);
}
```

8.1.3 실행 결과

시간	속력	시간	속력	시간	속력	시간	속력
0.000	0.000000	0.003	0.024316	0.006	0.048630	0.009	0.072939
0.012	0.097243	0.015	0.121538	0.018	0.145823	0.021	0.170095
0.024	0.194353	0.027	0.218594	0.030	0.242816	0.033	0.267018
0.036	0.291197	0.039	0.315350	0.042	0.339476	0.045	0.363573
0.048	0.387639	0.051	0.411670	0.054	0.435666	0.057	0.459624
0.060	0.483541	0.063	0.507415	0.066	0.531245	0.069	0.555028
0.072	0.578761	0.075	0.602442	0.078	0.626069	0.081	0.649640
0.084	0.673152	0.087	0.696602	0.090	0.719989	0.093	0.743310
0.096	0.766562	0.099	0.789743	0.102	0.812850	0.105	0.835881
0.108	0.858833	0.111	0.881704	0.114	0.904490	0.117	0.927190
0.120	0.949801	0.123	0.972319	0.126	0.994743	0.129	1.017069
0.132	1.039294	0.135	1.061416	0.138	1.083433	0.141	1.105340
0.144	1.127135	0.147	1.148816	0.150	1.170379	0.153	1.191821
0.156	1.213139	0.159	1.234330	0.162	1.255392	0.165	1.276321
0.168	1.297113	0.171	1.317767	0.174	1.338278	0.177	1.358643
0.180	1.378860	0.183	1.398925	0.186	1.418834	0.189	1.438585
0.192	1.458175	0.195	1.477599	0.198	1.496855	0.201	1.515939
0.204	1.534849	0.207	1.553579	0.210	1.572128	0.213	1.590492
0.216	1.608668	0.219	1.626651	0.222	1.644440	0.225	1.662029
0.228	1.679417	0.231	1.696598	0.234	1.713571	0.237	1.730332
0.240	1.746877	0.243	1.763203	0.246	1.779306	0.249	1.795183
0.252	1.810831	0.255	1.826247	0.258	1.841427	0.261	1.856367

0.264	1.871065	0.267	1.885517	0.270	1.899720	0.273	1.913670
0.276	1.927365	0.279	1.940802	0.282	1.953976	0.285	1.966886
0.288	1.979527	0.291	1.991898	0.294	2.003994	0.297	2.015814
0.300	2.027354	0.303	2.038611	0.306	2.049582	0.309	2.060266
0.312	2.070658	0.315	2.080757	0.318	2.090559	0.321	2.100063
0.324	2.109265	0.327	2.118164	0.330	2.126757	0.333	2.135042
0.336	2.143016	0.339	2.150678	0.342	2.158026	0.345	2.165056
0.348	2.171769	0.351	2.178161	0.354	2.184230	0.357	2.189977
0.360	2.195398	0.363	2.200492	0.366	2.205258	0.369	2.209694
0.372	2.213800	0.375	2.217574	0.378	2.221015	0.381	2.224122
0.384	2.226894	0.387	2.229331	0.390	2.231431	0.393	2.233195
0.396	2.234621	0.399	2.235709	0.402	2.236460	0.405	2.236872
0.408	2.236946	0.411	2.236681	0.414	2.236078	0.417	2.235137
0.420	2.233858	0.423	2.232241	0.426	2.230287	0.429	2.227997
0.432	2.225371	0.435	2.222410	0.438	2.219114	0.441	2.215485
0.444	2.211524	0.447	2.207232	0.450	2.202609	0.453	2.197658
0.456	2.192379	0.459	2.186774	0.462	2.180845	0.465	2.174593
0.468	2.168020	0.471	2.161128	0.474	2.153919	0.477	2.146394
0.480	2.138555	0.483	2.130405	0.486	2.121946	0.489	2.113181
0.492	2.104110	0.495	2.094737	0.498	2.085065	0.501	2.075095
0.504	2.064830	0.507	2.054273	0.510	2.043427	0.513	2.032294
0.516	2.020877	0.519	2.009179	0.522	1.997203	0.525	1.984951
0.528	1.972427	0.531	1.959634	0.534	1.946575	0.537	1.933252
0.540	1.919669	0.543	1.905830	0.546	1.891736	0.549	1.877393
0.552	1.862801	0.555	1.847966	0.558	1.832891	0.561	1.817578
0.564	1.802030	0.567	1.786252	0.570	1.770247	0.573	1.754018
0.576	1.737568	0.579	1.720901	0.582	1.704020	0.585	1.686929
0.588	1.669631	0.591	1.652129	0.594	1.634427	0.597	1.616528
0.600	1.598436	0.603	1.580154	0.606	1.561685	0.609	1.543033
0.612	1.524201	0.615	1.505192	0.618	1.486011	0.621	1.466659
0.624	1.447141	0.627	1.427460	0.630	1.407619	0.633	1.387622
0.636	1.367471	0.639	1.347170	0.642	1.326722	0.645	1.306130
0.648	1.285398	0.651	1.264528	0.654	1.243524	0.657	1.222389
0.660	1.201125	0.663	1.179737	0.666	1.158226	0.669	1.136597
0.672	1.114851	0.675	1.092992	0.678	1.071023	0.681	1.048947
0.684	1.026766	0.687	1.004483	0.690	0.982102	0.693	0.959625
0.696	0.937054	0.699	0.914393	0.702	0.891643	0.705	0.868809
0.708	0.845892	0.711	0.822895	0.714	0.799021	0.717	0.776672
0.720	0.753450	0.723	0.730159	0.726	0.706801	0.729	0.683378
0.732	0.659893	0.735	0.636347	0.738	0.612744	0.741	0.589086
0.744	0.565376	0.747	0.541614	0.750	0.517805	0.753	0.493950
0.756	0.470051	0.759	0.446110	0.762	0.422131	0.765	0.398115

0.768	0.374064	0.771	0.349980	0.774	0.325867	0.777	0.301725
0.780	0.277557	0.783	0.253365	0.786	0.229151	0.789	0.204918
0.792	0.180667	0.795	0.156401	0.798	0.132121	0.801	0.107830
0.804	0.083530	0.807	0.059223	0.810	0.034911	0.813	0.010596
0.816	0.013720	0.819	0.038035	0.822	0.062347	0.825	0.086653
0.828	0.110952	0.831	0.135242	0.834	0.159520	0.837	0.183784
0.840	0.208033	0.843	0.232264	0.846	0.256475	0.849	0.280664
0.852	0.304828	0.855	0.328967	0.858	0.353077	0.861	0.377156
0.864	0.401203	0.867	0.425215	0.870	0.449189	0.873	0.473124
0.876	0.497018	0.879	0.520867	0.882	0.544670	0.885	0.568425
0.888	0.592130	0.891	0.615781	0.894	0.639376	0.897	0.662914
0.900	0.686391	0.903	0.709806	0.906	0.733156	0.909	0.756438
0.912	0.779651	0.915	0.802790	0.918	0.825855	0.921	0.848841
0.924	0.871748	0.927	0.894571	0.930	0.917310	0.933	0.939959
0.936	0.962518	0.939	0.984983	0.942	1.007352	0.945	1.029622
0.948	1.051790	0.951	1.073852	0.954	1.095807	0.957	1.117652
0.960	1.139383	0.963	1.160997	0.966	1.182492	0.969	1.203865
0.972	1.225112	0.975	1.246230	0.978	1.267217	0.981	1.288070
0.984	1.308784	0.987	1.329358	0.990	1.349787	0.993	1.370069
0.996	1.390200	0.999	1.410178	1.002	1.429998	1.005	1.449659
1.008	1.469155	1.011	1.488485	1.014	1.507645	1.017	1.526631
1.020	1.545440	1.023	1.564068	1.026	1.582513	1.029	1.600771
1.032	1.618839	1.035	1.636713	1.038	1.654389	1.041	1.671865
1.044	1.689137	1.047	1.706201	1.050	1.723055	1.053	1.739694
1.056	1.756116	1.059	1.772317	1.062	1.788293	1.065	1.804041
1.068	1.819558	1.071	1.834841	1.074	1.849886	1.077	1.864690
1.080	1.879250	1.083	1.893561	1.086	1.907622	1.089	1.921429
1.092	1.934979	1.095	1.948268	1.098	1.961293	1.101	1.974052
1.104	1.986541	1.107	1.998757	1.110	2.010698	1.113	2.022360
1.116	2.033741	1.119	2.044837	1.122	2.055646	1.125	2.066166
1.128	2.076392	1.131	2.086324	1.134	2.095958	1.137	2.105293
1.140	2.114324	1.143	2.123051	1.146	2.131470	1.149	2.139580
1.152	2.147378	1.155	2.154863	1.158	2.162032	1.161	2.168883
1.164	2.175415	1.167	2.181625	1.170	2.187513	1.173	2.193076
1.176	2.198312	1.179	2.203221	1.182	2.207802	1.185	2.212052
1.188	2.215970	1.191	2.219556	1.194	2.222809	1.197	2.225727
1.200	2.228310	1.203	2.230557	1.206	2.232468	1.209	2.234041
1.212	2.235277	1.215	2.236174	1.218	2.236734	1.221	2.236955
1.224	2.236838	1.227	2.236382	1.230	2.235588	1.233	2.234456
1.236	2.232987	1.239	2.231180	1.242	2.229036	1.245	2.226557
1.248	2.223741	1.251	2.220591	1.254	2.217108	1.257	2.213291
1.260	2.209143	1.263	2.204664	1.266	2.199856	1.269	2.194719

1.272	2.189256	1.275	2.183469	1.278	2.177357	1.281	2.170924
1.284	2.164171	1.287	2.157099	1.290	2.149711	1.293	2.142009
1.296	2.133995	1.299	2.125670	1.302	2.117038	1.305	2.108100
1.308	2.098858	1.311	2.089316	1.314	2.079476	1.317	2.069339
1.320	2.058909	1.323	2.048189	1.326	2.037180	1.329	2.025887
1.332	2.014311	1.335	2.002456	1.338	1.990324	1.341	1.977918
1.344	1.965242	1.347	1.952298	1.350	1.939090	1.353	1.925620
1.356	1.911892	1.359	1.897909	1.362	1.883673	1.365	1.869190
1.368	1.854461	1.371	1.839489	1.374	1.824279	1.377	1.808834
1.380	1.793156	1.383	1.777249	1.386	1.761117	1.389	1.744763
1.392	1.728190	1.395	1.711402	1.398	1.694402	1.401	1.677194
1.404	1.659780	1.407	1.642165	1.410	1.624351	1.413	1.606343
1.416	1.588143	1.419	1.569755	1.422	1.551183	1.425	1.532429
1.428	1.513497	1.431	1.494390	1.434	1.475112	1.437	1.455667
1.440	1.436056	1.443	1.416285	1.446	1.396355	1.449	1.376270
1.452	1.356034	1.455	1.335650	1.458	1.315120	1.461	1.294449
1.464	1.273639	1.467	1.252693	1.470	1.231614	1.473	1.210406
1.476	1.189072	1.479	1.167614	1.482	1.146036	1.485	1.124341
1.488	1.102531	1.491	1.080610	1.494	1.058580	1.497	1.036444
1.500	1.014205	1.503	0.991867	1.506	0.969431	1.509	0.946900
1.512	0.924278	1.515	0.901567	1.518	0.878769	1.521	0.855888
1.524	0.832926	1.527	0.809885	1.530	0.786768	1.533	0.763578
1.536	0.740317	1.539	0.716988	1.542	0.693592	1.545	0.670134
1.548	0.646614	1.551	0.623036	1.554	0.599402	1.557	0.575714
1.560	0.551974	1.563	0.528186	1.566	0.504350	1.569	0.480470
1.572	0.456547	1.575	0.432585	1.578	0.408584	1.581	0.384548
1.584	0.360479	1.587	0.336378	1.590	0.312248	1.593	0.288091
1.596	0.263909	1.599	0.239705	1.602	0.215480	1.605	0.191236
1.608	0.166977	1.611	0.142703	1.614	0.118416	1.617	0.094120
1.620	0.069816	1.623	0.045505	1.626	0.021191	1.629	0.003125
1.632	0.027440	1.635	0.051754	1.638	0.076063	1.641	0.100365
1.644	0.124659	1.647	0.148942	1.650	0.173213	1.653	0.197469
1.656	0.221708	1.659	0.245927	1.662	0.270126	1.665	0.294302
1.668	0.318452	1.671	0.342575	1.674	0.366668	1.677	0.390729
1.680	0.414756	1.683	0.438747	1.686	0.462699	1.689	0.486611
1.692	0.510480	1.695	0.534304	1.698	0.558080	1.701	0.581807
1.704	0.605481	1.707	0.629101	1.710	0.652665	1.713	0.676169
1.716	0.699611	1.719	0.722990	1.722	0.746302	1.725	0.769545
1.728	0.792716	1.731	0.815814	1.734	0.838835	1.737	0.861776
1.740	0.884636	1.743	0.907412	1.746	0.930101	1.749	0.952700
1.752	0.975206	1.755	0.997617	1.758	1.019930	1.761	1.042143
1.764	1.064252	1.767	1.086254	1.770	1.108147	1.773	1.129928

1.776	1.151593	1.779	1.173141	1.782	1.194567	1.785	1.215869
1.788	1.237044	1.791	1.258089	1.794	1.279000	1.797	1.299775
1.800	1.320410	1.803	1.340903	1.806	1.361249	1.809	1.381447
1.812	1.401492	1.815	1.421381	1.818	1.441112	1.821	1.460680
1.824	1.480083	1.827	1.499317	1.830	1.518379	1.833	1.537266
1.836	1.555973	1.839	1.574499	1.842	1.592839	1.845	1.610990
1.848	1.628948	1.851	1.646711	1.854	1.664275	1.857	1.681636
1.860	1.698791	1.863	1.715737	1.866	1.732470	1.869	1.748987
1.872	1.765285	1.875	1.781359	1.878	1.797207	1.881	1.812825
1.884	1.828211	1.887	1.843360	1.890	1.858269	1.893	1.872936
1.896	1.887356	1.899	1.901526	1.902	1.915444	1.905	1.929106
1.908	1.942509	1.911	1.955650	1.914	1.968525	1.917	1.981132
1.920	1.993468	1.923	2.005529	1.926	2.017313	1.929	2.028816
1.932	2.040037	1.935	2.050971	1.938	2.061617	1.941	2.071972
1.944	2.082033	1.947	2.091797	1.950	2.101262	1.953	2.110426
1.956	2.119286	1.959	2.127839	1.962	2.136084	1.965	2.144019
1.968	2.151640	1.971	2.158947	1.974	2.165937	1.977	2.172608
1.980	2.178959	1.983	2.184987	1.986	2.190692	1.989	2.196071
1.992	2.201123	1.995	2.205846	1.998	2.210240	2.001	2.214304
2.004	2.218035	2.007	2.221433	2.010	2.224497	2.013	2.227226
2.016	2.229619	2.019	2.231677	2.022	2.233397	2.025	2.234780
2.028	2.235825	2.031	2.236532	2.034	2.236900	2.037	2.236930
2.040	2.236622	2.043	2.235976	2.046	2.234991	2.049	2.233669
2.052	2.232009	2.055	2.230012	2.058	2.227678	2.061	2.225009
2.064	2.222005	2.067	2.218667	2.070	2.214995	2.073	2.210991
2.076	2.206656	2.079	2.201991	2.082	2.196998	2.085	2.191677
2.088	2.186030	2.091	2.180060	2.094	2.173767	2.097	2.167153
2.100	2.160220						

8.2 시간에 대한 속력의 그래프

8.2.1 이론

홑흔들이(simple pendulum)의 추(weight)가 처음 평형 위치를 지나는 순간에는 역학적 에너지가 모두 운동에너지(kinetic energy)이므로 추의 속력은 최대이다. 이 최대 속력을 구하여 보자.

[15]의 θ에 0 을 대입하면

$$v = \sqrt{2gl(\cos\theta - \cos\theta_0)} = \sqrt{2 \times 9.8 \times 0.583(\cos 0 - \cos[-0.31\pi])} = 2.23696$$

이다.

프로그램을 살펴보자.

수평축은 시간이고, 수직축은 속력이다. 100mm 가 1 초에 대응하고, 80mm 가 1 $^{m}/_{s}$에 대응하도록 프로그래밍하였다.

1 초의 구간에서 천 개의 점을 찍을 수 있으므로 시간 간격은 $\frac{1}{1000}$초로 지정하면 된다. 그러나 프로그램을 보면

```
h = 1.0 / 3000.0
```

으로 지정한 것을 알 수 있다. 즉 1 초의 시간 간격을 3000 등분하였다. 필요 이상으로 시간 간격을 잘게 나눈 이유는 무엇일까? 시간 간격을 1000 등분하여 프로그램을 실행시켜 보아라. 3000 등분하였을 때와 차이는 무엇인가? 1000 등분하였을 때는 그래프의 곡선이 연결되어 있지 않고 빠진 부분이 있다. 이러한 결과는 곡선의 기울기가 클수록 더 심해진다. 이런 것을 조금이라도 줄이기 위해서는 시간 간격을 더 나누어야 한다.

8.2.2 소스 코드

```
// 홀흔들이의 속력View.cpp : implementation of the CMyView class
//

#include "stdafx.h"
#include "홀흔들이의 속력.h"

#include "홀흔들이의 속력Doc.h"
#include "홀흔들이의 속력View.h"

#include "math.h"

double length=0.583;
double func( double, double, double );

#ifdef _DEBUG
#define new DEBUG_NEW
#undef THIS_FILE
```

```
static char THIS_FILE[] = __FILE__;
#endif

/////////////////////////////////////////////////////////////////////////////
// CMyView

IMPLEMENT_DYNCREATE(CMyView, CView)

BEGIN_MESSAGE_MAP(CMyView, CView)
	//{{AFX_MSG_MAP(CMyView)
		// NOTE - the ClassWizard will add and remove mapping macros here.
		//    DO NOT EDIT what you see in these blocks of generated code!
	//}}AFX_MSG_MAP
	// Standard printing commands
	ON_COMMAND(ID_FILE_PRINT, CView::OnFilePrint)
	ON_COMMAND(ID_FILE_PRINT_DIRECT, CView::OnFilePrint)
	ON_COMMAND(ID_FILE_PRINT_PREVIEW, CView::OnFilePrintPreview)
END_MESSAGE_MAP()

/////////////////////////////////////////////////////////////////////////////
// CMyView construction/destruction

CMyView::CMyView()
{
	// TODO: add construction code here

}

CMyView::~CMyView()
{
}

BOOL CMyView::PreCreateWindow(CREATESTRUCT& cs)
{
	// TODO: Modify the Window class or styles here by modifying
	//  the CREATESTRUCT cs

	return CView::PreCreateWindow(cs);
}

/////////////////////////////////////////////////////////////////////////////
// CMyView drawing
```

```
void CMyView::OnDraw(CDC* pDC)
{
    CMyDoc* pDoc = GetDocument();
    ASSERT_VALID(pDoc);

    CRect rect;
    GetClientRect(&rect);
    pDC->SetMapMode(MM_LOMETRIC);
    pDC->SetViewportOrg(100, 800);

    char buffer[1];
    double time, initialTime=0.0, maxTime=3.1, h=1.0/3000.0;
    double theta[8999]={-0.31*3.1415926535}, thetaPrime[8999]={0.0}, velo=0.0;
    double k1, l1, k2, l2, k3, l3, k4, l4;

    pDC->MoveTo(0, 1800);
    pDC->LineTo(0, 0);
    pDC->LineTo(3000, 0);

    double coordinate=0.0;
    pDC->SetTextAlign(TA_CENTER+TA_TOP);

    for (int i=0; i<15; i++)
    {
        sprintf(buffer, "%3.1lf", coordinate);
        pDC->TextOut(200*i, -2, buffer);
        coordinate += 0.2;
    }

    coordinate = 0.0;
    pDC->SetTextAlign(TA_RIGHT+TA_BASELINE);

    for (i=0; i<12; i++)
    {
        sprintf(buffer, "%3.1lf", coordinate);
        pDC->TextOut(-2, 160*i, buffer);
        coordinate += 0.2;
    }

    pDC->SetPixel(0, 0, RGB(234, 2, 18));
```

```
    for (i=1, time=initialTime; time<(maxTime-h); i++, time+=h)
    {
        k1 = h * thetaPrime[i-1];
        l1 = h * func( time, theta[i-1], thetaPrime[i-1] );
        k2 = h * (thetaPrime[i-1]+l1/2.0);
        l2 = h * func(time+h/2.0, theta[i-1]+k1/2.0, thetaPrime[i-1]+l1/2.0);
        k3 = h * (thetaPrime[i-1]+l2/2.0);
        l3 = h * func(time+h/2.0, theta[i-1]+k2/2.0, thetaPrime[i-1]+l2/2.0);
        k4 = h * (thetaPrime[i-1]+l3);
        l4 = h * func( time+h, theta[i-1]+k3, thetaPrime[i-1]+l3 );
        theta[i] = theta[i-1] + (1.0/6.0)*(k1+2.0*k2+2.0*k3+k4);
        thetaPrime[i] = thetaPrime[i-1] + (1.0/6.0)*(l1+2.0*l2+2.0*l3+l4);
        velo = sqrt(2.0*9.8*length*(cos(theta[i])-cos(theta[0])));
        pDC->SetPixel(int(1000.0*(time+h)), int(800.0*velo), RGB(234,2,18));
    }
}

/////////////////////////////////////////////////////////////////////////////
// CMyView printing

BOOL CMyView::OnPreparePrinting(CPrintInfo* pInfo)
{
    // default preparation
    return DoPreparePrinting(pInfo);
}

void CMyView::OnBeginPrinting(CDC* /*pDC*/, CPrintInfo* /*pInfo*/)
{
    // TODO: add extra initialization before printing
}

void CMyView::OnEndPrinting(CDC* /*pDC*/, CPrintInfo* /*pInfo*/)
{
    // TODO: add cleanup after printing
}

/////////////////////////////////////////////////////////////////////////////
// CMyView diagnostics

#ifdef _DEBUG
void CMyView::AssertValid() const
{
```

```
    CView::AssertValid();
}

void CMyView::Dump(CDumpContext& dc) const
{
    CView::Dump(dc);
}

CMyDoc* CMyView::GetDocument() // non-debug version is inline
{
    ASSERT(m_pDocument->IsKindOf(RUNTIME_CLASS(CMyDoc)));
    return (CMyDoc*)m_pDocument;
}
#endif //_DEBUG

/////////////////////////////////////////////////////////////////////////////
// CMyView message handlers

double func( double t, double x, double v )
{
    return -(9.8/length)*sin(x);
}
```

8.2.3 실행 결과

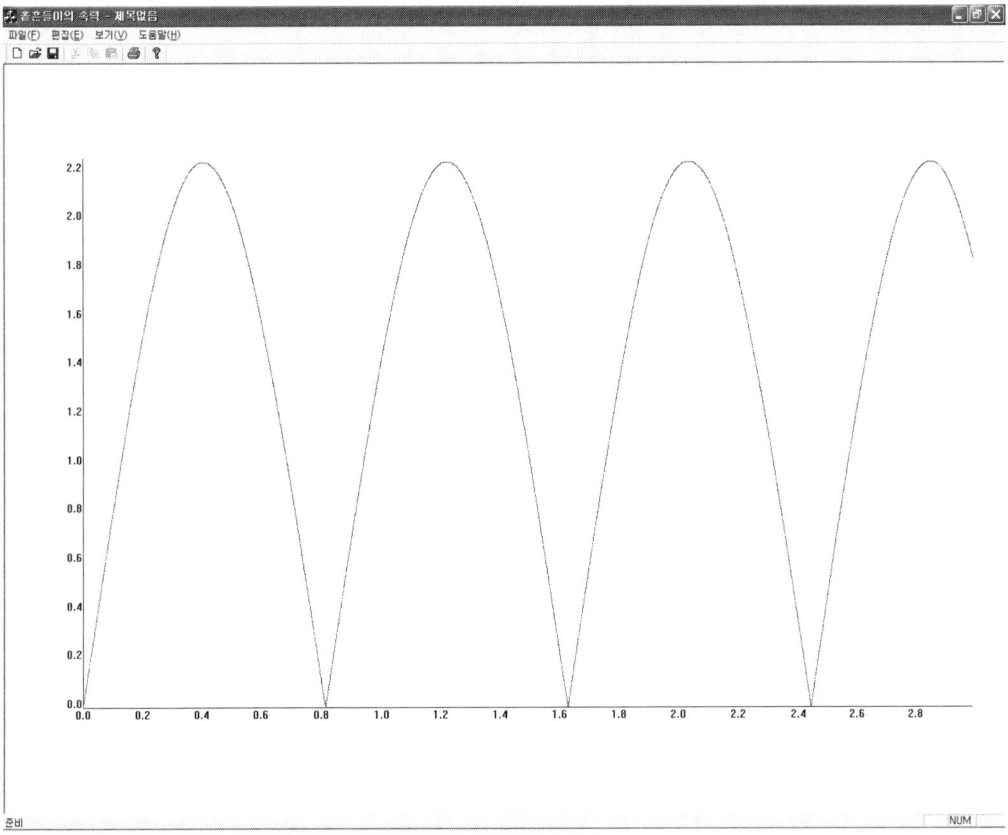

8.3 시간과 위치와의 관계

8.3.1 이론

아래의 그림

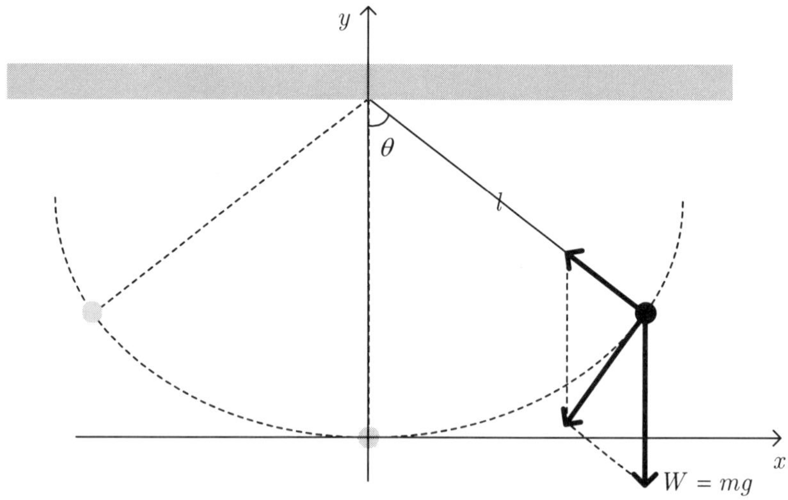

과 같이, 원점을 단진자의 처음 평형 위치로 잡고, 174.9mm 를 0.583m 의 실로 할당하면, 천정에 고정된 실의 한 쪽 끝의 좌표는 (0,1749)이다. 좌표의 기준을 이렇게 정해놓고, 임의의 시간에서 θ의 값을 4 차 Runge-Kutta 의 방법으로 구하면 시간에 따른 단진자의 위치를 쉽게 계산할 수 있다.

실행 결과를 보면, $t = 0.405$에서 $t = 0.41$으로 바뀔 때, 위치의 x 성분의 부호가 바뀐다. 이 두 시간 사이에서 추(weight)는 처음의 평형 위치를 지난다. $t = 1.22$에서 $t = 1.225$으로 바뀔 때에도 위치의 x 성분의 부호가 바뀐다. 역시 이 두 시간 사이에서 추(weight)는 처음의 평형 위치를 지난다.

한편 평형 위치 근처에서는 추의 속도가 빠르므로 위치의 변화가 심하다. 실행 결과를 보면 이러한 사실을 확인할 수 있다.

8.3.2 소스 코드

```
#include <stdio.h>
#include <math.h>

double length=0.583;
double func( double, double, double );

void main( void )
{
```

```
    double time, initialTime=0.0, maxTime=2.0, h=0.005;
    double theta[999]={-0.31*3.1415926535}, thetaPrime[999]={0.0}, velo=0.0;
    double k1, l1, k2, l2, k3, l3, k4, l4;

    printf( "₩n" );

    for(unsigned short int i=0; i<2; i++)
        printf( " 시간              위치              " );

    printf( "₩n " );

    for(i=0; i<61; i++)
        printf( "%c", '=' );

    printf( "₩n%6.3lf   (%7.3lf, %7.3lf)    ", initialTime,
      1749.0*sin(theta[0]), 1749.0*(1.0-cos(theta[0])) );

    for (i=1, time=initialTime; time<(maxTime-h); i++, time+=h)
    {
        k1 = h * thetaPrime[i-1];
        l1 = h * func( time, theta[i-1], thetaPrime[i-1] );
        k2 = h * (thetaPrime[i-1]+l1/2.0);
        l2 = h * func(time+h/2.0, theta[i-1]+k1/2.0, thetaPrime[i-1]+l1/2.0);
        k3 = h * (thetaPrime[i-1]+l2/2.0);
        l3 = h * func(time+h/2.0, theta[i-1]+k2/2.0, thetaPrime[i-1]+l2/2.0);
        k4 = h * (thetaPrime[i-1]+l3);
        l4 = h * func( time+h, theta[i-1]+k3, thetaPrime[i-1]+l3 );
        theta[i] = theta[i-1] + (1.0/6.0)*(k1+2.0*k2+2.0*k3+k4);
        thetaPrime[i] = thetaPrime[i-1] + (1.0/6.0)*(l1+2.0*l2+2.0*l3+l4);
        velo = sqrt(2.0*9.8*length*(cos(theta[i])-cos(theta[0])));
        printf( "%6.3lf   (%7.3lf, %7.3lf)    ", time+h,
          1749.0*sin(theta[i]), 1749.0*(1.0-cos(theta[i])) );

        if ( (i+1)%2==0 )
            printf( "₩n" );
    }

    printf( "₩n₩n₩n" );
}

double func( double t, double x, double v )
{
```

```
    return -(9.8/length)*sin(x);
}
```

8.3.3 프로그램 실행 결과

시간	위치	시간	위치
0.000	(-1446.564, 765.916)	0.005	(-1446.393, 765.665)
0.010	(-1445.880, 764.911)	0.015	(-1445.025, 763.655)
0.020	(-1443.826, 761.899)	0.025	(-1442.281, 759.644)
0.030	(-1440.390, 756.892)	0.035	(-1438.148, 753.646)
0.040	(-1435.555, 749.908)	0.045	(-1432.605, 745.684)
0.050	(-1429.296, 740.976)	0.055	(-1425.624, 735.789)
0.060	(-1421.584, 730.129)	0.065	(-1417.172, 724.000)
0.070	(-1412.382, 717.410)	0.075	(-1407.209, 710.365)
0.080	(-1401.647, 702.871)	0.085	(-1395.691, 694.937)
0.090	(-1389.333, 686.572)	0.095	(-1382.568, 677.783)
0.100	(-1375.388, 668.580)	0.105	(-1367.787, 658.973)
0.110	(-1359.758, 648.973)	0.115	(-1351.292, 638.590)
0.120	(-1342.383, 627.836)	0.125	(-1333.024, 616.724)
0.130	(-1323.206, 605.267)	0.135	(-1312.923, 593.477)
0.140	(-1302.166, 581.368)	0.145	(-1290.929, 568.956)
0.150	(-1279.203, 556.255)	0.155	(-1266.982, 543.281)
0.160	(-1254.258, 530.051)	0.165	(-1241.025, 516.580)
0.170	(-1227.275, 502.888)	0.175	(-1213.004, 488.991)
0.180	(-1198.203, 474.908)	0.185	(-1182.868, 460.658)
0.190	(-1166.993, 446.262)	0.195	(-1150.574, 431.738)
0.200	(-1133.606, 417.107)	0.205	(-1116.086, 402.392)
0.210	(-1098.009, 387.612)	0.215	(-1079.373, 372.790)
0.220	(-1060.177, 357.948)	0.225	(-1040.419, 343.109)
0.230	(-1020.098, 328.295)	0.235	(-999.214, 313.530)
0.240	(-977.768, 298.838)	0.245	(-955.762, 284.241)
0.250	(-933.199, 269.764)	0.255	(-910.082, 255.430)
0.260	(-886.415, 241.263)	0.265	(-862.203, 227.288)
0.270	(-837.453, 213.528)	0.275	(-812.172, 200.007)
0.280	(-786.368, 186.749)	0.285	(-760.049, 173.778)
0.290	(-733.227, 161.115)	0.295	(-705.913, 148.785)
0.300	(-678.117, 136.809)	0.305	(-649.854, 125.211)
0.310	(-621.137, 114.011)	0.315	(-591.982, 103.230)
0.320	(-562.404, 92.889)	0.325	(-532.421, 83.008)

0.330	(-502.050,	73.605)	0.335	(-471.310,	64.700)
0.340	(-440.220,	56.308)	0.345	(-408.801,	48.446)
0.350	(-377.075,	41.131)	0.355	(-345.062,	34.377)
0.360	(-312.786,	28.196)	0.365	(-280.270,	22.602)
0.370	(-247.537,	17.606)	0.375	(-214.613,	13.217)
0.380	(-181.521,	9.445)	0.385	(-148.288,	6.298)
0.390	(-114.938,	3.781)	0.395	(-81.498,	1.900)
0.400	(-47.994,	0.659)	0.405	(-14.452,	0.060)
0.410	(19.101,	0.104)	0.415	(52.639,	0.792)
0.420	(86.136,	2.122)	0.425	(119.565,	4.092)
0.430	(152.900,	6.696)	0.435	(186.115,	9.931)
0.440	(219.185,	13.789)	0.445	(252.084,	18.262)
0.450	(284.788,	23.342)	0.455	(317.273,	29.018)
0.460	(349.514,	35.279)	0.465	(381.488,	42.112)
0.470	(413.173,	49.503)	0.475	(444.548,	57.439)
0.480	(475.590,	65.903)	0.485	(506.280,	74.879)
0.490	(536.599,	84.349)	0.495	(566.527,	94.295)
0.500	(596.047,	104.698)	0.505	(625.142,	115.538)
0.510	(653.797,	126.795)	0.515	(681.996,	138.447)
0.520	(709.726,	150.473)	0.525	(736.973,	162.850)
0.530	(763.726,	175.557)	0.535	(789.974,	188.570)
0.540	(815.706,	201.866)	0.545	(840.914,	215.421)
0.550	(865.590,	229.212)	0.555	(889.726,	243.215)
0.560	(913.318,	257.406)	0.565	(936.358,	271.761)
0.570	(958.845,	286.257)	0.575	(980.773,	300.868)
0.580	(1002.141,	315.572)	0.585	(1022.947,	330.345)
0.590	(1043.190,	345.164)	0.595	(1062.870,	360.005)
0.600	(1081.989,	374.845)	0.605	(1100.547,	389.663)
0.610	(1118.546,	404.435)	0.615	(1135.990,	419.140)
0.620	(1152.882,	433.757)	0.625	(1169.225,	448.264)
0.630	(1185.025,	462.642)	0.635	(1200.285,	476.869)
0.640	(1215.012,	490.928)	0.645	(1229.212,	504.797)
0.650	(1242.889,	518.460)	0.655	(1256.051,	531.898)
0.660	(1268.705,	545.094)	0.665	(1280.857,	558.031)
0.670	(1292.515,	570.693)	0.675	(1303.685,	583.064)
0.680	(1314.376,	595.129)	0.685	(1324.594,	606.874)
0.690	(1334.348,	618.285)	0.695	(1343.644,	629.348)
0.700	(1352.491,	640.051)	0.705	(1360.896,	650.381)
0.710	(1368.866,	660.328)	0.715	(1376.408,	669.879)
0.720	(1383.530,	679.025)	0.725	(1390.238,	687.756)
0.730	(1396.540,	696.063)	0.735	(1402.441,	703.936)
0.740	(1407.949,	711.368)	0.745	(1413.069,	718.350)

0.750	(1417.806, 724.877)	0.755	(1422.166, 730.941)
0.760	(1426.155, 736.536)	0.765	(1429.776, 741.657)
0.770	(1433.035, 746.298)	0.775	(1435.935, 750.455)
0.780	(1438.480, 754.125)	0.785	(1440.672, 757.303)
0.790	(1442.516, 759.986)	0.795	(1444.012, 762.172)
0.800	(1445.164, 763.859)	0.805	(1445.972, 765.045)
0.810	(1446.437, 765.730)	0.815	(1446.561, 765.911)
0.820	(1446.342, 765.590)	0.825	(1445.782, 764.767)
0.830	(1444.879, 763.442)	0.835	(1443.632, 761.616)
0.840	(1442.040, 759.292)	0.845	(1440.100, 756.471)
0.850	(1437.810, 753.157)	0.855	(1435.167, 749.352)
0.860	(1432.168, 745.060)	0.865	(1428.809, 740.286)
0.870	(1425.087, 735.033)	0.875	(1420.995, 729.307)
0.880	(1416.531, 723.115)	0.885	(1411.688, 716.461)
0.890	(1406.462, 709.353)	0.895	(1400.846, 701.798)
0.900	(1394.834, 693.804)	0.905	(1388.420, 685.379)
0.910	(1381.598, 676.532)	0.915	(1374.360, 667.273)
0.920	(1366.700, 657.610)	0.925	(1358.611, 647.557)
0.930	(1350.084, 637.122)	0.935	(1341.114, 626.318)
0.940	(1331.691, 615.157)	0.945	(1321.810, 603.653)
0.950	(1311.461, 591.818)	0.955	(1300.638, 579.666)
0.960	(1289.333, 567.213)	0.965	(1277.540, 554.473)
0.970	(1265.249, 541.463)	0.975	(1252.455, 528.198)
0.980	(1239.151, 514.696)	0.985	(1225.329, 500.974)
0.990	(1210.985, 487.050)	0.995	(1196.110, 472.943)
1.000	(1180.701, 458.672)	1.005	(1164.751, 444.256)
1.010	(1148.256, 429.717)	1.015	(1131.212, 415.073)
1.020	(1113.614, 400.347)	1.025	(1095.460, 385.560)
1.030	(1076.747, 370.734)	1.035	(1057.473, 355.891)
1.040	(1037.637, 341.054)	1.045	(1017.238, 326.246)
1.050	(996.276, 311.490)	1.055	(974.753, 296.809)
1.060	(952.669, 282.227)	1.065	(930.029, 267.769)
1.070	(906.835, 253.456)	1.075	(883.092, 239.315)
1.080	(858.806, 225.368)	1.085	(833.982, 211.640)
1.090	(808.628, 198.154)	1.095	(782.752, 184.935)
1.100	(756.363, 172.004)	1.105	(729.472, 159.386)
1.110	(702.090, 147.104)	1.115	(674.229, 135.180)
1.120	(645.902, 123.035)	1.125	(617.124, 112.492)
1.130	(587.909, 101.771)	1.135	(558.274, 91.492)
1.140	(528.236, 81.676)	1.145	(497.813, 72.342)
1.150	(467.023, 63.506)	1.155	(435.886, 55.187)
1.160	(404.424, 47.400)	1.165	(372.656, 40.162)

```
1.170  (340.605,   33.486)     1.175  (308.295,   27.386)
1.180  (275.747,   21.874)     1.185  (242.986,   16.961)
1.190  (210.037,   12.657)     1.195  (176.925,    8.972)
1.200  (143.673,    5.911)     1.205  (110.310,    3.482)
1.210  ( 76.859,    1.690)     1.215  ( 43.349,    0.537)
1.220  (  9.804,    0.027)     1.225  (-23.749,    0.161)
1.230  (-57.283,    0.938)     1.235  (-90.772,    2.357)
1.240  (-124.189,    4.415)     1.245  (-157.509,    7.107)
1.250  (-190.706,   10.428)     1.255  (-223.754,   14.372)
1.260  (-256.628,   18.930)     1.265  (-289.303,   24.093)
1.270  (-321.755,   29.851)     1.275  (-353.960,   36.191)
1.280  (-385.896,   43.103)     1.285  (-417.539,   50.571)
1.290  (-448.869,   58.581)     1.295  (-479.864,   67.117)
1.300  (-510.504,   76.162)     1.305  (-540.769,   85.699)
1.310  (-570.642,   95.710)     1.315  (-600.104,  106.174)
1.320  (-629.139,  117.073)     1.325  (-657.732,  128.386)
1.330  (-685.867,  140.091)     1.335  (-713.530,  152.167)
1.340  (-740.710,  164.592)     1.345  (-767.393,  177.342)
1.350  (-793.570,  190.396)     1.355  (-819.230,  203.729)
1.360  (-844.365,  217.318)     1.365  (-868.966,  231.140)
1.370  (-893.028,  245.171)     1.375  (-916.543,  259.386)
1.380  (-939.507,  273.762)     1.385  (-961.916,  288.275)
1.390  (-983.767,  302.901)     1.395  (-1005.057,  317.616)
1.400  (-1025.785,  332.396)     1.405  (-1045.950,  347.219)
1.410  (-1065.553,  362.061)     1.415  (-1084.593,  376.900)
1.420  (-1103.074,  391.713)     1.425  (-1120.996,  406.477)
1.430  (-1138.363,  421.171)     1.435  (-1155.179,  435.774)
1.440  (-1171.447,  450.264)     1.445  (-1187.171,  464.622)
1.450  (-1202.357,  478.828)     1.455  (-1217.011,  492.861)
1.460  (-1231.138,  506.703)     1.465  (-1244.743,  520.336)
1.470  (-1257.835,  533.742)     1.475  (-1270.418,  546.903)
1.480  (-1282.502,  559.803)     1.485  (-1294.091,  572.425)
1.490  (-1305.195,  584.755)     1.495  (-1315.820,  596.776)
1.500  (-1325.973,  608.476)     1.505  (-1335.663,  619.839)
1.510  (-1344.897,  630.853)     1.515  (-1353.682,  641.505)
1.520  (-1362.026,  651.782)     1.525  (-1369.936,  661.675)
1.530  (-1377.420,  671.171)     1.535  (-1384.484,  680.260)
1.540  (-1391.136,  688.933)     1.545  (-1397.381,  697.180)
1.550  (-1403.228,  704.992)     1.555  (-1408.681,  712.362)
1.560  (-1413.748,  719.282)     1.565  (-1418.432,  725.745)
1.570  (-1422.741,  731.744)     1.575  (-1426.678,  737.274)
1.580  (-1430.249,  742.328)     1.585  (-1433.458,  746.903)
```

1.590	(-1436.309, 750.993)	1.595	(-1438.805, 754.594)
1.600	(-1440.949, 757.704)	1.605	(-1442.744, 760.319)
1.610	(-1444.192, 762.436)	1.615	(-1445.296, 764.053)
1.620	(-1446.057, 765.170)	1.625	(-1446.475, 765.785)
1.630	(-1446.551, 765.897)	1.635	(-1446.285, 765.506)
1.640	(-1445.678, 764.613)	1.645	(-1444.727, 763.219)
1.650	(-1443.432, 761.324)	1.655	(-1441.792, 758.931)
1.660	(-1439.804, 756.042)	1.665	(-1437.465, 752.659)
1.670	(-1434.773, 748.786)	1.675	(-1431.724, 744.427)
1.680	(-1428.315, 739.586)	1.685	(-1424.542, 734.268)
1.690	(-1420.399, 728.477)	1.695	(-1415.883, 722.220)
1.700	(-1410.987, 715.503)	1.705	(-1405.707, 708.333)
1.710	(-1400.037, 700.717)	1.715	(-1393.970, 692.662)
1.720	(-1387.500, 684.178)	1.725	(-1380.620, 675.273)
1.730	(-1373.325, 665.958)	1.735	(-1365.605, 656.241)
1.740	(-1357.456, 646.133)	1.745	(-1348.868, 635.647)
1.750	(-1339.835, 624.793)	1.755	(-1330.350, 613.584)
1.760	(-1320.404, 602.032)	1.765	(-1309.990, 590.153)
1.770	(-1299.101, 577.959)	1.775	(-1287.729, 565.465)
1.780	(-1275.867, 552.687)	1.785	(-1263.507, 539.640)
1.790	(-1250.643, 526.341)	1.795	(-1237.267, 512.808)
1.800	(-1223.373, 499.056)	1.805	(-1208.955, 485.106)
1.810	(-1194.007, 470.975)	1.815	(-1178.523, 456.683)
1.820	(-1162.498, 442.249)	1.825	(-1145.928, 427.693)
1.830	(-1128.807, 413.037)	1.835	(-1111.132, 398.302)
1.840	(-1092.901, 383.508)	1.845	(-1074.110, 368.678)
1.850	(-1054.758, 353.835)	1.855	(-1034.844, 339.000)
1.860	(-1014.367, 324.198)	1.865	(-993.327, 309.451)
1.870	(-971.726, 294.782)	1.875	(-949.566, 280.216)
1.880	(-926.849, 265.776)	1.885	(-903.578, 251.486)
1.890	(-879.760, 237.371)	1.895	(-855.398, 223.453)
1.900	(-830.500, 209.757)	1.905	(-805.073, 196.306)
1.910	(-779.126, 183.125)	1.915	(-752.667, 170.237)
1.920	(-725.707, 157.664)	1.925	(-698.258, 145.430)
1.930	(-670.332, 133.557)	1.935	(-641.941, 122.067)
1.940	(-613.102, 110.981)	1.945	(-583.828, 100.320)
1.950	(-554.136, 90.104)	1.955	(-524.043, 80.354)
1.960	(-493.568, 71.087)	1.965	(-462.729, 62.322)
1.970	(-431.546, 54.076)	1.975	(-400.040, 46.364)
1.980	(-368.232, 39.203)	1.985	(-336.144, 32.606)
1.990	(-303.799, 26.587)	1.995	(-271.220, 21.157)
2.000	(-238.432, 16.328)		

8.4 모의실험

8.4.1 이론

전에 포물체(projectile)를 모의실험했을 때에는 시간에 따른 포물체의 위치를 그림으로 그린 후에 지우지 않아서 운동 경로를 알 수 있었고, 또한 지우지 않아도 그리 문제가 되지 않았다. 하지만 이번에는 상황이 틀리다. 흩흔들이는 포물체와는 달리 반주기 동안의 운동 경로를 계속 왔다갔다 하므로 운동 경로를 지우지 않으면 그림이 겹쳐지게 되는 문제점이 발생한다. 따라서 어떤 시간의 위치를 그린 후에는 흩흔들이를 지우고 h 의 시간이 흐린 뒤의 위치를 표시하여야 한다.

그리고 또 하나의 문제가 있다. 그림을 지우기 전에

```
for (j=1 ;j<300000; j++)
    ;
```

와 같은 문장을 삽입해서 그림을 표시하는 시간을 어느 정도 지속해 주어야 한다. 이유는 말로 하는 것보다 실제 프로그램의 실행 결과를 보면 더 잘 알 수 있다. 소스 코드에서 위의 문장들을 제거한 뒤 프로그램을 실행시켜 보아라.

마지막으로 자신의 컴퓨터의 처리 속도에 알맞게 j 의 최댓값과 h 를 적절히 조합해야 부드러운 결과를 얻을 수 있다. 한 가지 조언(?)을 한다면, j 의 최댓값과 h 의 값을 작게 설정할수록 실제 상황을 보다 더 사실적으로 모의실험하는 것이다.

프로그램에 새로운 것이 조금 추가된 것을 알 수 있다.

흩흔들이를 고정시키는 천정을 그리기 위해서 Rectangle 함수를 사용하였다. Rectangle 함수는 현재의 펜(pen)으로 사각형을 그리는 함수로서, 원형은 아래의 두 가지

```
BOOL Rectangle( int x1, int y1, int x2, int y2 );
BOOL Rectangle( LPCRECT lpRect );
```

가 가능하다. 첫 번째 원형에서 처음 두 개의 parameters 는 각각 사각형의 왼쪽 위 꼭짓점의 좌표를 지정하고, 그 다음 두 개의 parameters 는 각각 사각형의 오른쪽 아래의 꼭짓점의 좌표를 지정한다. 따라서 사각형의 폭(width)은 x2-x1 이 되고, 높이(height)는 y2-y1 이 된다. 참고로 사각형의 폭과 높이는 둘 다 2units 보다 크고 32767units 보다 작아야 한다. 만약 함수의 호출이 성공적이면 영이 아닌 값을 반환하고, 함수의 호출에 실패하면 영을 반환한다. 사각형의 내부(interior)는 현재의 브러시(brush)를 사용하여

채워지는데 소스 코드와 실행 결과를 보면 무슨 말인지 알 수 있을 것이다.

추를 그리는 데에는 Ellipse 함수를 사용하였다. 이 함수의 원형도 아래의 두 가지

```
BOOL Ellipse( int x1, int y1, int x2, int y2 );
BOOL Ellipse( LPCRECT lpRect );
```

가 가능하다. 첫 번째 원형의 parameters 에 의해 타원의 경계 사각형(bounding rectangle)이 만들어진다. 물론 이 경계 사각형은 화면에 출력되지 않는다. 타원을 그리는데 보조 역할을 한다고 생각하면 된다. 만약 경계 사각형의 폭이나 높이가 0 이면 타원은 그려지지 않는다.

8.4.2 소스 코드

```
// 훌흔들이 모의실험View.cpp : implementation of the CMyView class
//

#include "stdafx.h"
#include "훌흔들이 모의실험.h"

#include "훌흔들이 모의실험Doc.h"
#include "훌흔들이 모의실험View.h"

#include "math.h"

double func( double, double, double v );

#ifdef _DEBUG
#define new DEBUG_NEW
#undef THIS_FILE
static char THIS_FILE[] = __FILE__;
#endif

/////////////////////////////////////////////////////////////////////////////
// CMyView

IMPLEMENT_DYNCREATE(CMyView, CView)

BEGIN_MESSAGE_MAP(CMyView, CView)
    //{{AFX_MSG_MAP(CMyView)
```

```
        // NOTE - the ClassWizard will add and remove mapping macros here.
        //    DO NOT EDIT what you see in these blocks of generated code!
    //}}AFX_MSG_MAP
    // Standard printing commands
    ON_COMMAND(ID_FILE_PRINT, CView::OnFilePrint)
    ON_COMMAND(ID_FILE_PRINT_DIRECT, CView::OnFilePrint)
    ON_COMMAND(ID_FILE_PRINT_PREVIEW, CView::OnFilePrintPreview)
END_MESSAGE_MAP()

/////////////////////////////////////////////////////////////////////////////
// CMyView construction/destruction

CMyView::CMyView()
{
    // TODO: add construction code here

}

CMyView::~CMyView()
{
}

BOOL CMyView::PreCreateWindow(CREATESTRUCT& cs)
{
    // TODO: Modify the Window class or styles here by modifying
    //  the CREATESTRUCT cs

    return CView::PreCreateWindow(cs);
}

/////////////////////////////////////////////////////////////////////////////
// CMyView drawing

void CMyView::OnDraw(CDC* pDC)
{
    CMyDoc* pDoc = GetDocument();
    ASSERT_VALID(pDoc);

    CRect rect;
    GetClientRect(&rect);
    pDC->SetMapMode(MM_LOMETRIC);
    pDC->SetViewportOrg(rect.Width()/2, 800);
```

```
unsigned short int r=10;
double time, initialTime=0.0, maxTime=1.9, h=0.001;
double theta[60000]={-0.31*3.1415926535}, thetaPrime[60000]={0.0};
double k1, l1, k2, l2, k3, l3, k4, l4;
int i, j;

// 천정을 그린다
CBrush myBrush(HS_DIAGCROSS, RGB(0, 0, 0));
CBrush* pOldBrush;
pOldBrush = pDC->SelectObject(&myBrush);
pDC->Rectangle(-1500, 1800, 1500, 1750);
pDC->SelectObject(pOldBrush);

// 실을 그린다
pDC->MoveTo(0, 1749);
pDC->LineTo(int(1749.0*sin(theta[0])), int(1749.0*(1.0-cos(theta[0]))));

// 추를 그린다
CBrush my2Brush(RGB(0, 0, 0));
CBrush* pOld2Brush;
pOld2Brush = pDC->SelectObject(&my2Brush);
pDC->Ellipse(1749.0*sin(theta[0])-r, 1749.0*(1.0-cos(theta[0]))+r,
  1749.0*sin(theta[0])+r, 1749.0*(1.0-cos(theta[0]))-r);
pDC->SelectObject(pOld2Brush);

for (j=1; j<300000; j++)
    ;

// 실을 지운다
CPen myPen(PS_SOLID, 1, RGB(255, 255, 255));
CPen* pOldPen;
pOldPen = pDC->SelectObject(&myPen);
pDC->MoveTo(0, 1749);
pDC->LineTo(int(1749.0*sin(theta[0])), int(1749.0*(1.0-cos(theta[0]))));

// 추를 지운다
CBrush my3Brush(RGB(255, 255, 255));
CBrush* pOld3Brush;
pOld3Brush = pDC->SelectObject(&my3Brush);
pDC->Ellipse(1749.0*sin(theta[0])-r, 1749.0*(1.0-cos(theta[0]))+r,
  1749.0*sin(theta[0])+r, 1749.0*(1.0-cos(theta[0]))-r);
```

```
pDC->SelectObject(pOld3Brush);
pDC->SelectObject(pOldPen);

for (i=1, time=initialTime; time<(maxTime-h); i++, time+=h)
{
    k1 = h * thetaPrime[i-1];
    l1 = h * func( time, theta[i-1], thetaPrime[i-1] );
    k2 = h * (thetaPrime[i-1]+l1/2.0);
    l2 = h * func(time+h/2.0, theta[i-1]+k1/2.0, thetaPrime[i-1]+l1/2.0);
    k3 = h * (thetaPrime[i-1]+l2/2.0);
    l3 = h * func(time+h/2.0, theta[i-1]+k2/2.0, thetaPrime[i-1]+l2/2.0);
    k4 = h * (thetaPrime[i-1]+l3);
    l4 = h * func( time+h, theta[i-1]+k3, thetaPrime[i-1]+l3 );
    theta[i] = theta[i-1] + (1.0/6.0)*(k1+2.0*k2+2.0*k3+k4);
    thetaPrime[i] = thetaPrime[i-1] + (1.0/6.0)*(l1+2.0*l2+2.0*l3+l4);

    // 실을 그린다
    pDC->MoveTo(0, 1749);
    pDC->LineTo(int(1749.0*sin(theta[i])), int(1749.0*(1.0-cos(theta[i]))));

    // 추를 그린다
    CBrush myBrush(RGB(0, 0, 0));
    CBrush* pOldBrush;
    pOldBrush = pDC->SelectObject(&myBrush);
    pDC->Ellipse(1749.0*sin(theta[i])-r, 1749.0*(1.0-cos(theta[i]))+r,
      1749.0*sin(theta[i])+r, 1749.0*(1.0-cos(theta[i]))-r);
    pDC->SelectObject(pOldBrush);

    for (j=1 ;j<300000; j++)
        ;

    // 실을 지운다
    CPen myPen(PS_SOLID, 1, RGB(255, 255, 255));
    CPen* pOldPen;
    pOldPen = pDC->SelectObject(&myPen);
    pDC->MoveTo(0, 1749);
    pDC->LineTo(int(1749.0*sin(theta[i])), int(1749.0*(1.0-cos(theta[i]))));

    // 추를 지운다
    CBrush my2Brush(RGB(255, 255, 255));
    CBrush* pOld2Brush;
    pOld2Brush = pDC->SelectObject(&my2Brush);
```

```
        pDC->Ellipse(1749.0*sin(theta[i])-r, 1749.0*(1.0-cos(theta[i]))+r,
          1749.0*sin(theta[i])+r, 1749.0*(1.0-cos(theta[i]))-r);
        pDC->SelectObject(pOld2Brush);
        pDC->SelectObject(pOldPen);
    }

    k1 = h * thetaPrime[i-1];
    l1 = h * func( time, theta[i-1], thetaPrime[i-1] );
    k2 = h * (thetaPrime[i-1]+l1/2.0);
    l2 = h * func( time+h/2.0, theta[i-1]+k1/2.0, thetaPrime[i-1]+l1/2.0 );
    k3 = h * (thetaPrime[i-1]+l2/2.0);
    l3 = h * func( time+h/2.0, theta[i-1]+k2/2.0, thetaPrime[i-1]+l2/2.0 );
    k4 = h * (thetaPrime[i-1]+l3);
    l4 = h * func( time+h, theta[i-1]+k3, thetaPrime[i-1]+l3 );
    theta[i] = theta[i-1] + (1.0/6.0)*(k1+2.0*k2+2.0*k3+k4);
    thetaPrime[i] = thetaPrime[i-1] + (1.0/6.0)*(l1+2.0*l2+2.0*l3+l4);

    // 실을 그린다
    pDC->MoveTo(0, 1749);
    pDC->LineTo(int(1749.0*sin(theta[i])), int(1749.0*(1.0-cos(theta[i]))));

    // 추를 그린다
    CBrush my5Brush(RGB(0, 0, 0));
    CBrush* pOld5Brush;
    pOld5Brush = pDC->SelectObject(&my5Brush);
    pDC->Ellipse(1749.0*sin(theta[i])-r, 1749.0*(1.0-cos(theta[i]))+r,
      1749.0*sin(theta[i])+r, 1749.0*(1.0-cos(theta[i]))-r);
    pDC->SelectObject(pOld5Brush);
}

/////////////////////////////////////////////////////////////////////////////
// CMyView printing

BOOL CMyView::OnPreparePrinting(CPrintInfo* pInfo)
{
    // default preparation
    return DoPreparePrinting(pInfo);
}

void CMyView::OnBeginPrinting(CDC* /*pDC*/, CPrintInfo* /*pInfo*/)
{
    // TODO: add extra initialization before printing
```

```
}

void CMyView::OnEndPrinting(CDC* /*pDC*/, CPrintInfo* /*pInfo*/)
{
    // TODO: add cleanup after printing
}

/////////////////////////////////////////////////////////////////////////////
// CMyView diagnostics

#ifdef _DEBUG
void CMyView::AssertValid() const
{
    CView::AssertValid();
}

void CMyView::Dump(CDumpContext& dc) const
{
    CView::Dump(dc);
}

CMyDoc* CMyView::GetDocument() // non-debug version is inline
{
    ASSERT(m_pDocument->IsKindOf(RUNTIME_CLASS(CMyDoc)));
    return (CMyDoc*)m_pDocument;
}
#endif //_DEBUG

/////////////////////////////////////////////////////////////////////////////
// CMyView message handlers

double func( double t, double x, double v )
{
    double length=0.583;
    return -(9.8/length)*sin(x);
}
```

8.4.3 실행 결과

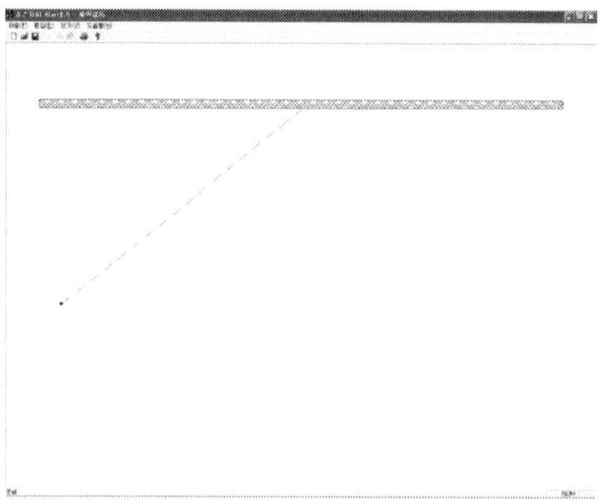

$t = 0.1$

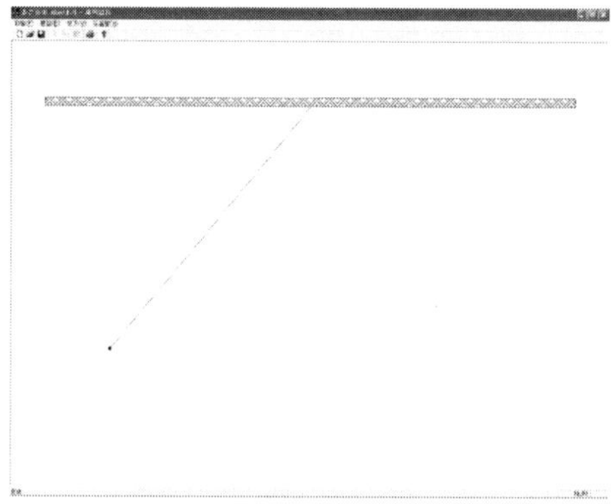

$t = 0.2$

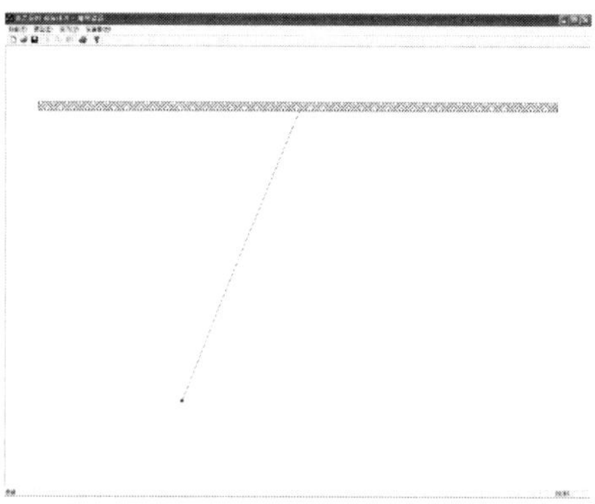

$t = 0.3$

$t = 0.4$

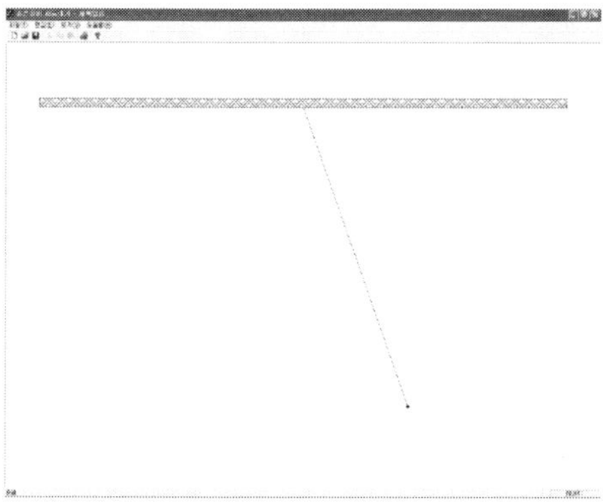

$t = 0.5$

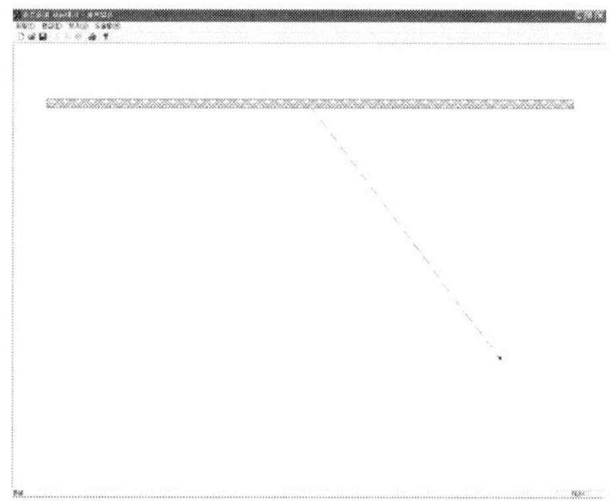

$t = 0.6$

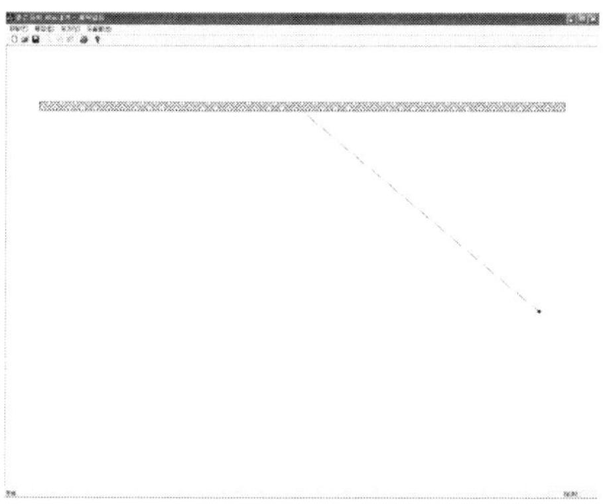

$t = 0.7$

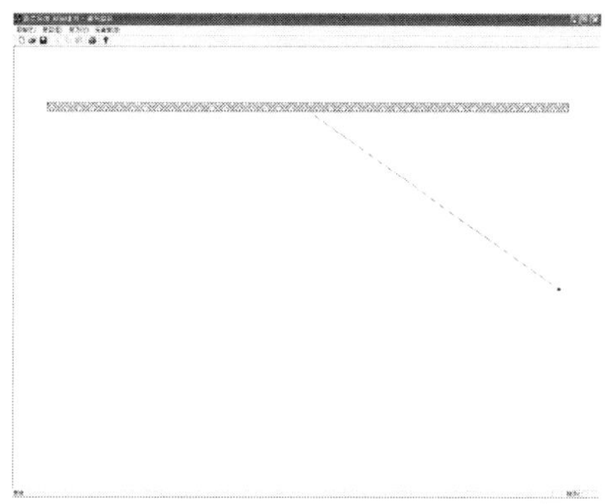

$t = 0.8$

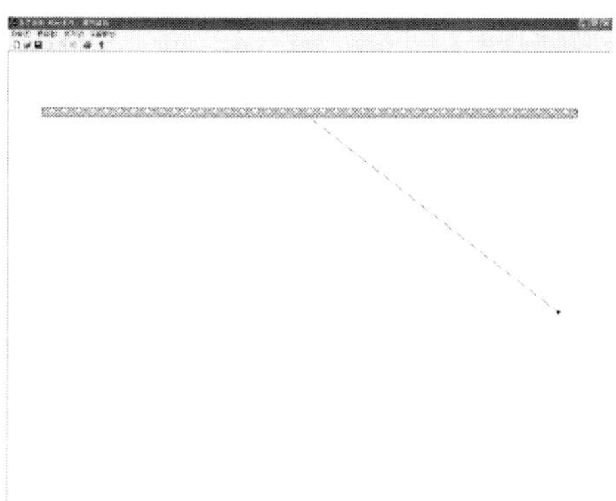

$t = 0.9$

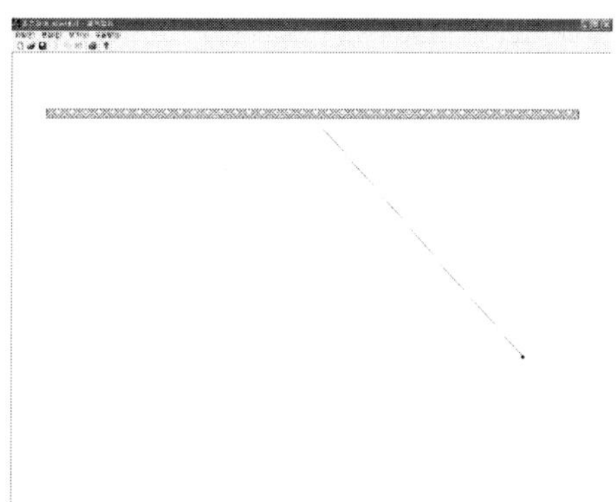

$t = 1.0$

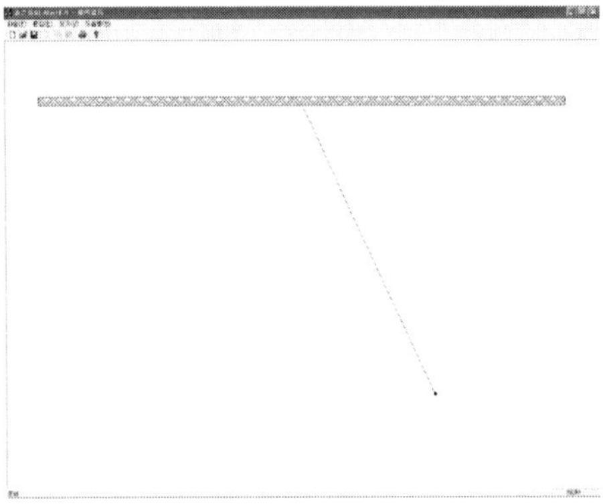

$t = 1.1$

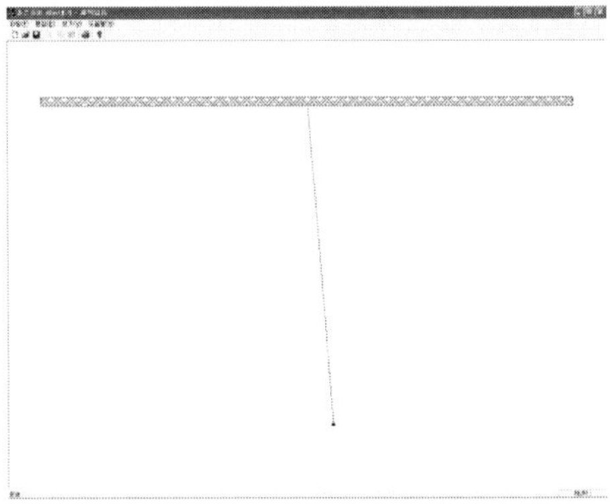

$t = 1.2$

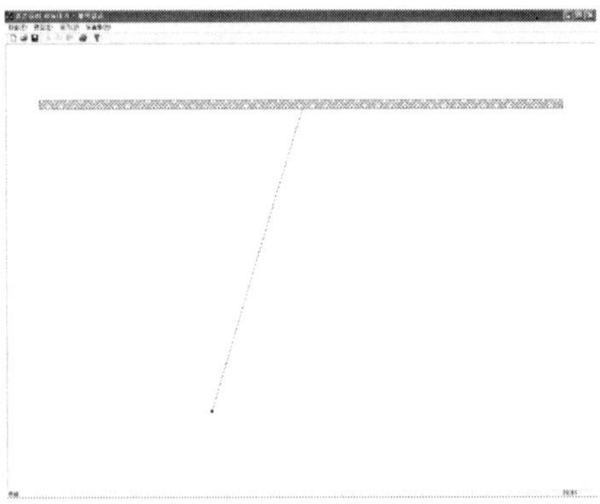

$t = 1.3$

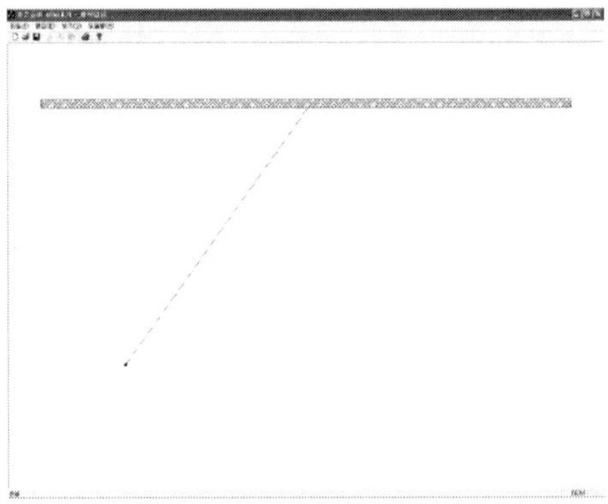

$t = 1.4$

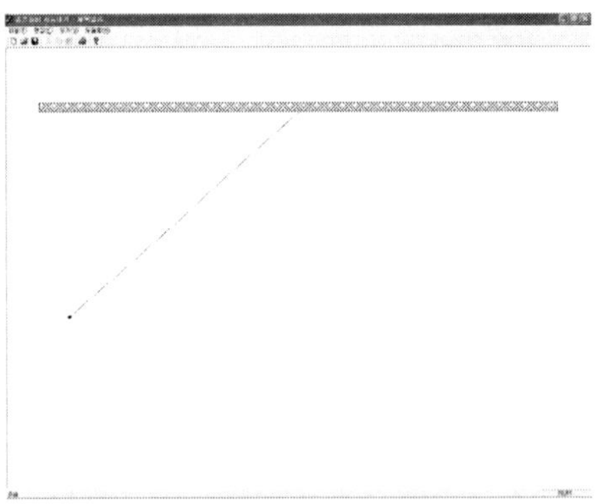

$t = 1.5$

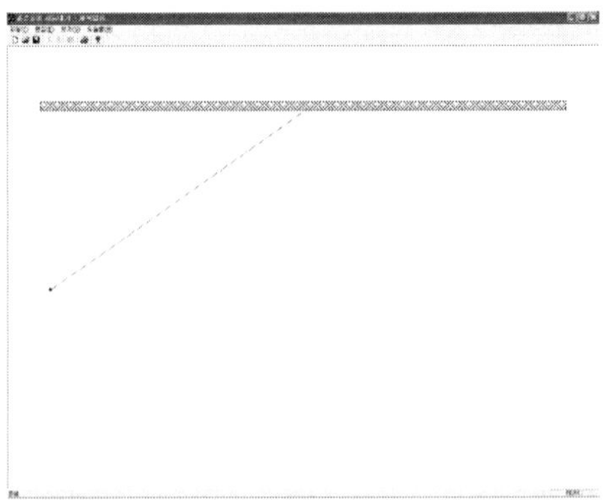

$t = 1.6$

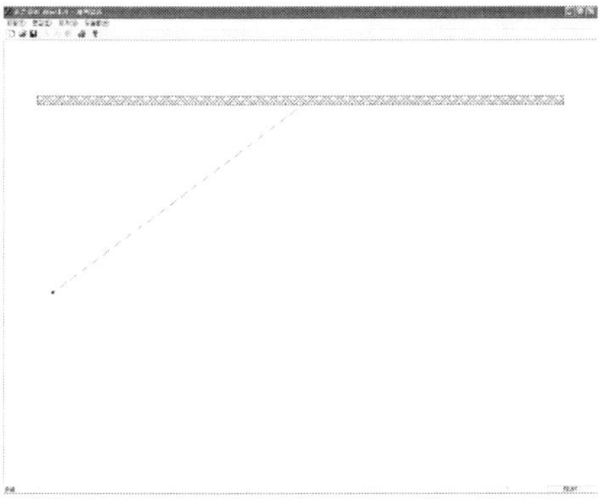

$t = 1.7$

$t = 1.8$

8.5 연습 문제

문항 1 겹흔들이(double pendulum)를 프로그램으로 구현하여라.

9 프라운호퍼(Fraunhofer) 회절

9.1 개론

만약 불투명한(opaque) 물체가 점광원(point light source)과 하얀 screen 사이에 놓이면, 물체에 의한 그림자는 기하광학(geometrical optics)의 예측을 벗어난다. 이렇게 기하광학의 예측을 벗어나는 현상에 붙여진 집합적 명칭이 회절(diffraction)이다. 회절은 빛뿐만 아니라 음파(sound wave)와 물질파를 포함한 모든 파동에 있어서 진행하는 파동앞엣선(wave front)의 일부가 차단되었을 때 발생하는 파동 현상이다.

호이겐스의 원리(Huygens' principle)를 사용하여 회절 현상의 본질적인 특징을 정성적으로(qualitatively) 설명할 수 있다. 호이겐스의 원리는 파동앞엣선의 각 점은 모든 방향으로 퍼져 나가는 이차파동의 파원처럼 행동한다고 가정하면 광파(light wave)의 진행을 예측할 수 있다는 것이다. 이 때 모든 이차파동의 포락면(envelope)은 새로운 파동앞엣선이 된다.

보다 정량적인(quantitative) 접근을 위해서는 프레넬-키르히호프(Fresnel-Kirchhoff)의 공식을 도입해야 하는데, 이 공식은 장애물(obstacle)과 구멍(aperture)에 의해 생긴 다양한 경우의 빛의 회절에 적용되는 공식이다. 자세한 이론을 언급하는 것은 이 책의 범위를 벗어나므로 자세한 것이 궁금한 독자는 광학 책을 참고하여라.

한편 물리학적 관점에서 간섭(interference)과 회절을 명확하게 구분할 수 없다는 것을 주의해야 한다. 다만 관례적으로 몇 개의 파가 중첩되어 나타나는 현상과 매우 많은 수의 파가 중첩되어 나타나는 현상을 각각 간섭과 회절로 구분한다. 그런데 이러한 구분도 절대적인 것은 아니다. 보기를 들어 나란한 두 반사면 사이에서 발생하는 반사파들의 중첩을 취급하는 경우에는 다중광속간섭이라 하고, 격자에 의한 경우에는 회절이라고 한다.

9.2 가리개 상의 위치와 복사조도(irradiance)와의 관계

9.2.1 이론

회절을 자세하게 취급할 때에 보통은 프라운호퍼(Fraunhofer) 회절과 프레넬(Fresnel) 회절로 구분한다. 프라운호퍼 회절은 프레넬 회절의 특수한 경우이다. 이 책에서는 수학적으로 훨씬 간단한 프라운호퍼 회절만 다룬다.

정성적(qualitative)으로 말한다면, 프라운호퍼 회절은 입사파동(incident wave)과 출사파동을 평면파동이라고 간주할 수 있을 때 발생한다. 이것은 파원과 회절되는 구멍 사이의 거리와 구멍과 관측점 사이의 거리가 입사파동과 출사파동의 곡률(curvature)을 무시할 수 있을 정도로 충분히 큰 경우이다. 아래의 그림

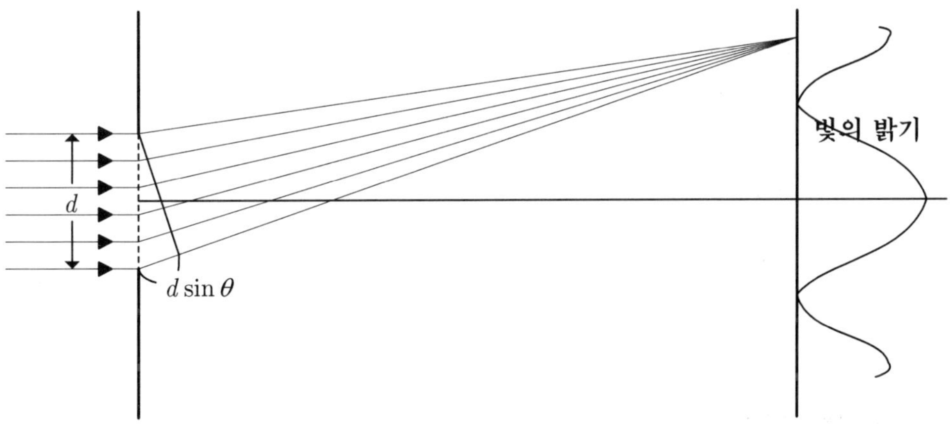

은 폭(width)이 좁은(narrow) 홑실틈(single slit)에 의한 프라운호퍼 회절을 나타낸다. 이 경우 복사조도(irradiance)는

$$I(\theta) = I(0)\left(\frac{\sin\beta}{\beta}\right)^2$$

이다. 여기에서 $\beta = \frac{kd\sin\theta}{2}$이다. k는 파수(wave numbe), d은 실틈의 폭, θ는 휘어진 각도이다.

프로그램을 보면, 실틈에서 가리개(screen)까지의 거리가 6m, 빛의 파장이 7×10^{-7}m, 실틈의 폭이 2×10^{-4}m 일 경우에 상대적인 복사조도를 구한다는 것을 알 수

있다.

9.2.2 소스 코드

```
#include <math.h>
#include <stdio.h>

void main( void )
{
    double y, theta, beta, irradiance;
    double distance=6.0, pi=3.1415926535, wavelength=7e-7, slitwidth=2e-4;

    printf( "₩n 위치가 %.4lf 일 때 상대적 복사조도는 %.20lf", 0.0, 1.0 );

    for (y=0.08/100.0; y<=0.08; y+=0.08/100.0)
    {
        theta = atan(y/distance);
        beta = (pi/wavelength) * slitwidth * sin(theta);
        irradiance = pow( sin(beta)/beta, 2.0 );
        printf( "₩n 위치가 %.4lf 일 때 상대적 복사조도는 %.20lf",
          y, irradiance );
    }

    printf( "₩n₩n₩n" );
}
```

9.2.3 실행 결과

```
 위치가 0.0000 일 때 상대적 복사조도는 1.00000000000000000000
 위치가 0.0008 일 때 상대적 복사조도는 0.99523469696146627000
 위치가 0.0016 일 때 상대적 복사조도는 0.98104764666636657000
 위치가 0.0024 일 때 상대적 복사조도는 0.95776209698777559000
 위치가 0.0032 일 때 상대적 복사조도는 0.92590581726586318000
 위치가 0.0040 일 때 상대적 복사조도는 0.88619504166772145000
 위치가 0.0048 일 때 상대적 복사조도는 0.83951279159631653000
 위치가 0.0056 일 때 상대적 복사조도는 0.78688234137122193000
 위치가 0.0064 일 때 상대적 복사조도는 0.72943675794863128000
 위치가 0.0072 일 때 상대적 복사조도는 0.66838557610648575000
```

위치가 0.0080 일 때 상대적 복사조도는 0.60497976045461987000
위치가 0.0088 일 때 상대적 복사조도는 0.54047615166923135000
위치가 0.0096 일 때 상대적 복사조도는 0.47610259511355330000
위치가 0.0104 일 때 상대적 복사조도는 0.41302490594319213000
위치가 0.0112 일 때 상대적 복사조도는 0.35231673815545117000
위치가 0.0120 일 때 상대적 복사조도는 0.29493329976764515000
위치가 0.0128 일 때 상대적 복사조도는 0.24168969785049801000
위치가 0.0136 일 때 상대적 복사조도는 0.19324451221751279000
위치가 0.0144 일 때 상대적 복사조도는 0.15008899287172744000
위치가 0.0152 일 때 상대적 복사조도는 0.11254206217150162000
위치가 0.0160 일 때 상대적 복사조도는 0.08075108671731347200
위치가 0.0168 일 때 상대적 복사조도는 0.05469817472589591500
위치가 0.0176 일 때 상대적 복사조도는 0.03421156025884875000
위치가 0.0184 일 때 상대적 복사조도는 0.01898146345972549400
위치가 0.0192 일 때 상대적 복사조도는 0.00857967221933064390
위치가 0.0200 일 때 상대적 복사조도는 0.00248198042570233010
위치가 0.0208 일 때 상대적 복사조도는 0.00009254467009655332
위치가 0.0216 일 때 상대적 복사조도는 0.00076918687803687502
위치가 0.0224 일 때 상대적 복사조도는 0.00384867507122426970
위치가 0.0232 일 때 상대적 복사조도는 0.00867105697462793560
위치가 0.0240 일 때 상대적 복사조도는 0.01460219856781639500
위치가 0.0248 일 때 상대적 복사조도는 0.02105378767550843800
위치가 0.0256 일 때 상대적 복사조도는 0.02750019587974156600
위치가 0.0264 일 때 상대적 복사조도는 0.03349174410076580200
위치가 0.0272 일 때 상대적 복사조도는 0.03866408122013567000
위치가 0.0280 일 때 상대적 복사조도는 0.04274355390282640100
위치가 0.0288 일 때 상대적 복사조도는 0.04554861213934337200
위치가 0.0296 일 때 상대적 복사조도는 0.04698745213439551500
위치가 0.0304 일 때 상대적 복사조도는 0.04705223979904912100
위치가 0.0312 일 때 상대적 복사조도는 0.04581037891526537600
위치가 0.0320 일 때 상대적 복사조도는 0.04339338377159374100
위치가 0.0328 일 때 상대적 복사조도는 0.03998398368459893400
위치가 0.0336 일 때 상대적 복사조도는 0.03580212461583195900
위치가 0.0344 일 때 상대적 복사조도는 0.03109054071980961800
위치가 0.0352 일 때 상대적 복사조도는 0.02610054709371267500
위치가 0.0360 일 때 상대적 복사조도는 0.02107865646387777800
위치가 0.0368 일 때 상대적 복사조도는 0.01625455035677750600
위치가 0.0376 일 때 상대적 복사조도는 0.01183084369594729500
위치가 0.0384 일 때 상대적 복사조도는 0.00797497566658508270
위치가 0.0392 일 때 상대적 복사조도는 0.00481344446855805440
위치가 0.0400 일 때 상대적 복사조도는 0.00242848479741706670
위치가 0.0408 일 때 상대적 복사조도는 0.00085717004349223432

위치가 0.0416 일 때 상대적 복사조도는 0.00009281145706008186
위치가 0.0424 일 때 상대적 복사조도는 0.00008842852891380589
위치가 0.0432 일 때 상대적 복사조도는 0.00076198248499537678
위치가 0.0440 일 때 상대적 복사조도는 0.00200300111281261940
위치가 0.0448 일 때 상대적 복사조도는 0.00368018015974294490
위치가 0.0456 일 때 상대적 복사조도는 0.00564952525852290170
위치가 0.0464 일 때 상대적 복사조도는 0.00776259868330505390
위치가 0.0472 일 때 상대적 복사조도는 0.00987445615507007160
위치가 0.0480 일 때 상대적 복사조도는 0.01185089841607273900
위치가 0.0488 일 때 상대적 복사조도는 0.01357471761046531200
위치가 0.0496 일 때 상대적 복사조도는 0.01495068624798021600
위치가 0.0504 일 때 상대적 복사조도는 0.01590911285526670400
위치가 0.0512 일 때 상대적 복사조도는 0.01640786926044338800
위치가 0.0520 일 때 상대적 복사조도는 0.01643287569922144100
위치가 0.0528 일 때 상대적 복사조도는 0.01599710762548034500
위치가 0.0536 일 때 상대적 복사조도는 0.01513825864972592100
위치가 0.0544 일 때 상대적 복사조도는 0.01391525431385835600
위치가 0.0552 일 때 상대적 복사조도는 0.01240385897228503200
위치가 0.0560 일 때 상대적 복사조도는 0.01069165114767888100
위치가 0.0568 일 때 상대적 복사조도는 0.00887266040794254010
위치가 0.0576 일 때 상대적 복사조도는 0.00704196091106856770
위치가 0.0584 일 때 상대적 복사조도는 0.00529050390273598770
위치가 0.0592 일 때 상대적 복사조도는 0.00370044495687178210
위치가 0.0600 일 때 상대적 복사조도는 0.00234118357035566650
위치가 0.0608 일 때 상대적 복사조도는 0.00126628530609993210
위치가 0.0616 일 때 상대적 복사조도는 0.00051140282762159657
위치가 0.0624 일 때 상대적 복사조도는 0.00009325489039586327
위치가 0.0632 일 때 상대적 복사조도는 0.00000966470399937837
위치가 0.0640 일 때 상대적 복사조도는 0.00024060399899921794
위치가 0.0648 일 때 상대적 복사조도는 0.00075013931653022036
위치가 0.0656 일 때 상대적 복사조도는 0.00148913480198763970
위치가 0.0664 일 때 상대적 복사조도는 0.00239853296338121080
위치가 0.0672 일 때 상대적 복사조도는 0.00341301273225634670
위치가 0.0680 일 때 상대적 복사조도는 0.00446481342611855600
위치가 0.0688 일 때 상대적 복사조도는 0.00548751393230692900
위치가 0.0696 일 때 상대적 복사조도는 0.00641956810071959810
위치가 0.0704 일 때 상대적 복사조도는 0.00720741889180621320
위치가 0.0712 일 때 상대적 복사조도는 0.00780804375478529650
위치가 0.0720 일 때 상대적 복사조도는 0.00819082011532381960
위치가 0.0728 일 때 상대적 복사조도는 0.00833864057730510960
위치가 0.0736 일 때 상대적 복사조도는 0.00824825019468885050
위치가 0.0744 일 때 상대적 복사조도는 0.00792982063453766260

```
위치가 0.0752 일 때 상대적 복사조도는 0.0074058160214523511O
위치가 0.0760 일 때 상대적 복사조도는 0.0067092407304630373O
위치가 0.0768 일 때 상대적 복사조도는 0.0058813886921836398O
위치가 0.0776 일 때 상대적 복사조도는 0.0049692355882717584O
위치가 0.0784 일 때 상대적 복사조도는 0.0040226287835806555O
위치가 0.0792 일 때 상대적 복사조도는 0.0030914345689483525O
위치가 0.0800 일 때 상대적 복사조도는 0.0022227983530019287O
```

9.3 가리개 상의 위치에 대한 복사조도의 그래프

9.3.1 이론

수평축은 가리개(screen)에서 $\theta = 0$인 지점을 중심으로 위치를 cm 단위로 나타낸다. 위치 설정은 실제 상황과 완전히 동일하다.

상대적 복사조도는 $\theta = 0$인 곳에서 최댓값 1 을 갖는다. n이 모든 자연수일 때 $\beta = \pm n\pi$인 곳에서 최솟값 0 을 갖는다.

프로그램의 실행 결과를 살펴보면, 상대적 복사조도가 처음으로 0 이 되고 나서는 그 이후의 최댓값들이 1 보다 훨씬 작다는 것을 알 수 있다.

9.3.2 소스 코드

```
// 복사조도View.cpp : implementation of the CMyView class
//

#include "stdafx.h"
#include "복사조도.h"

#include "복사조도Doc.h"
#include "복사조도View.h"

#include <math.h>

#ifdef _DEBUG
#define new DEBUG_NEW
```

```
#undef THIS_FILE
static char THIS_FILE[] = __FILE__;
#endif

/////////////////////////////////////////////////////////////////////////////
// CMyView

IMPLEMENT_DYNCREATE(CMyView, CView)

BEGIN_MESSAGE_MAP(CMyView, CView)
    //{{AFX_MSG_MAP(CMyView)
        // NOTE - the ClassWizard will add and remove mapping macros here.
        //    DO NOT EDIT what you see in these blocks of generated code!
    //}}AFX_MSG_MAP
    // Standard printing commands
    ON_COMMAND(ID_FILE_PRINT, CView::OnFilePrint)
    ON_COMMAND(ID_FILE_PRINT_DIRECT, CView::OnFilePrint)
    ON_COMMAND(ID_FILE_PRINT_PREVIEW, CView::OnFilePrintPreview)
END_MESSAGE_MAP()

/////////////////////////////////////////////////////////////////////////////
// CMyView construction/destruction

CMyView::CMyView()
{
    // TODO: add construction code here

}

CMyView::~CMyView()
{
}

BOOL CMyView::PreCreateWindow(CREATESTRUCT& cs)
{
    // TODO: Modify the Window class or styles here by modifying
    //  the CREATESTRUCT cs

    return CView::PreCreateWindow(cs);
}

/////////////////////////////////////////////////////////////////////////////
```

```
// CMyView drawing

void CMyView::OnDraw(CDC* pDC)
{
    CMyDoc* pDoc = GetDocument();
    ASSERT_VALID(pDoc);

    CRect rect;
    GetClientRect(&rect);
    pDC->SetMapMode(MM_LOMETRIC);
    pDC->SetViewportOrg(rect.Width()/2, 800);

    char buffer[1];
    double y, theta, beta, irradiance;
    double distance=6.0, pi=3.1415926535, wavelength=7e-7, widthSlit=2e-4;
    signed short int position, i;

    pDC->MoveTo(-1500, 0);
    pDC->LineTo(1500, 0);
    pDC->MoveTo(0, -100);
    pDC->LineTo(0, 1850);

    position = -15;
    pDC->SetTextAlign(TA_CENTER+TA_TOP);

    for (i=-15; i<15; i++)
    {
        sprintf(buffer, "%d", position);
        pDC->TextOut(100*i, -2, buffer);
        position += 1;
    }

    for (y=-0.15; y<=0.15; y+=0.3/3000.0)
    {
        theta = atan(y/distance);
        beta = (pi/wavelength) * widthSlit*sin(theta);
        irradiance = pow( sin(beta)/beta, 2.0 );
        pDC->SetPixel(int(10000.0*y), int(1800.0*irradiance), RGB(255,0,0));
    }
}

//////////////////////////////////////////////////////////////////////////////
```

```
// CMyView printing

BOOL CMyView::OnPreparePrinting(CPrintInfo* pInfo)
{
    // default preparation
    return DoPreparePrinting(pInfo);
}

void CMyView::OnBeginPrinting(CDC* /*pDC*/, CPrintInfo* /*pInfo*/)
{
    // TODO: add extra initialization before printing
}

void CMyView::OnEndPrinting(CDC* /*pDC*/, CPrintInfo* /*pInfo*/)
{
    // TODO: add cleanup after printing
}

/////////////////////////////////////////////////////////////////////////////
// CMyView diagnostics

#ifdef _DEBUG
void CMyView::AssertValid() const
{
    CView::AssertValid();
}

void CMyView::Dump(CDumpContext& dc) const
{
    CView::Dump(dc);
}

CMyDoc* CMyView::GetDocument() // non-debug version is inline
{
    ASSERT(m_pDocument->IsKindOf(RUNTIME_CLASS(CMyDoc)));
    return (CMyDoc*)m_pDocument;
}
#endif //_DEBUG

/////////////////////////////////////////////////////////////////////////////
// CMyView message handlers
```

9.3.3 실행 결과

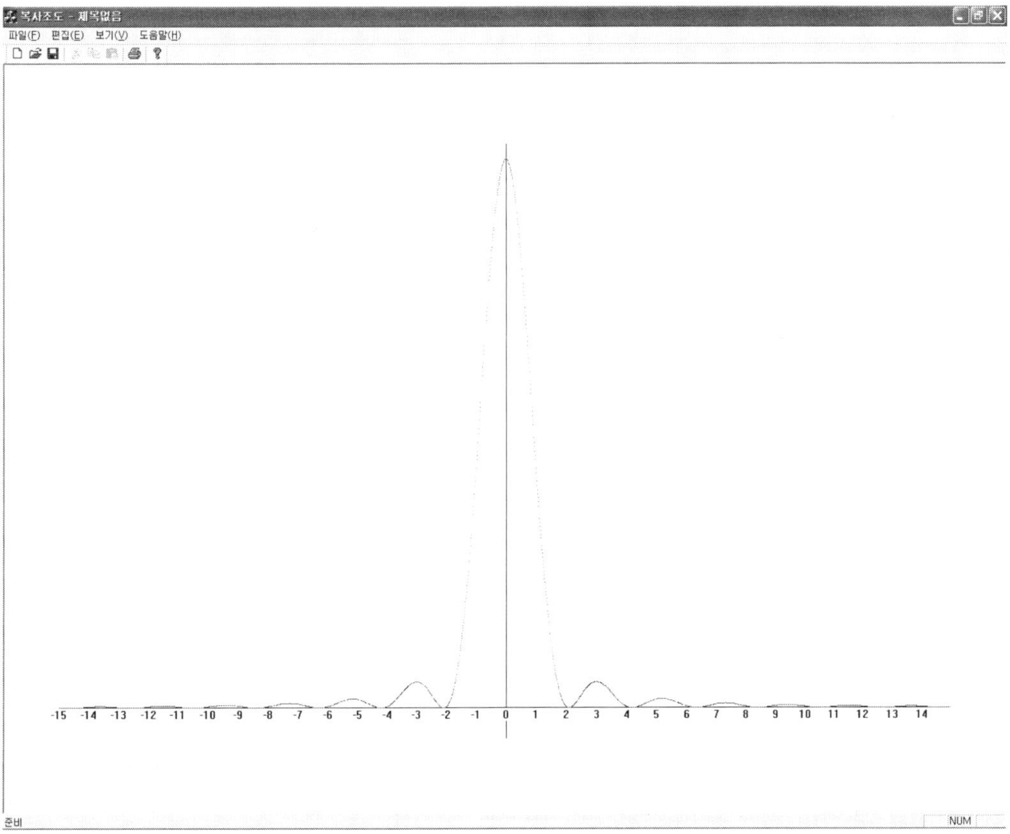

9.4 연습 문제

문항 1 상대적 복사조도의 그래프를 β에 대한 함수로 그려라.

문항 2 겹실틈(double slit)에 의한 프라운호퍼 회절무늬를 프로그램으로 구현하여라.

10 LCR 직렬회로

10.1 시간과 전하 및 전류와의 관계

10.1.1 이론

LCR 직렬회로는

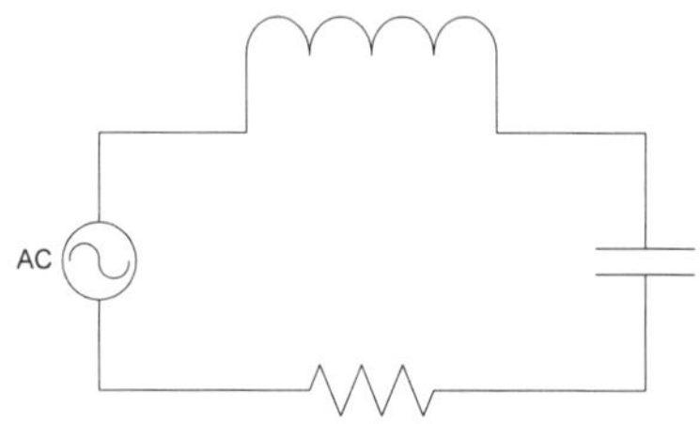

처럼 유도기(inductor), 축전기(capacitor), 저항기(resistor)를 직렬로 연결한 회로를 말한다.

우리는 청취하기를 원하는 라디오 방송을 선택하기 위하여 라디오의 knob 를 돌린다. 이것을 동조(tuning)라고 한다. 라디오의 knob 는 위의 그림과 같은 LCR 회로에서 축전기의 전기용량이나 유도기의 인덕턴스를 바꾸어서 정상상태전류(steady state current)의 진폭이 최대가 되도록 한다.

그림에는 교류전원(AC power source)이 연결되어 있으나 문제를 단순화시키기 위해 이 chapter 에서는 교류전원이 연결되어 있지 않은 회로를 다룰 것이다.

처음에 축전기에 전하 Q_0가 저장되어 있고 $t = 0$일 때 스위치를 닫는다. 위의 그림에서 축전기를 향하여 전류가 흐를 때 전하가 증가하도록 Q의 부호를 정하자.

키르히호프(Kirchhoff's law)의 법칙에 의하여

$$L\frac{dI}{dt}+\frac{Q}{C}+IR=0 \qquad [16]$$

을 얻을 수 있다.

그런데 $I=\frac{dQ}{dt}$이므로

$$L\frac{d^2Q}{dt^2}+\frac{Q}{C}+R\frac{dQ}{dt}=0$$

이다.

위 식을 약간 변형하여

$$\frac{d^2Q}{dt^2}=-\frac{Q}{LC}-\frac{R}{L}\frac{dQ}{dt}$$

과 같이 쓸 수 있다.

이계미분방정식(second order differential equation)을 풀기 위한 Runge-Kutta 의 방법을 사용하여 위의 방정식을 풀면, 전하와 전류값을 구할 수 있다. 물론 초기조건(initial condition)이 필요하다.

아래의 프로그램은 $L=0.164\text{H}$, $C=24\mu\text{F}$, $R=42.8\Omega$인 LCR 직렬회로에서 초기 전하가 $Q_0=0.58\text{C}$, 초기 전류가 $I_0=0\text{A}$일 때 시간과 전하 및 전류와의 관계를 구하여 본 것이다.

10.1.2 소스 코드

```
#include "stdio.h"

double function( double t, double q, double i );

void main( void )
{
    double time, initialTime=0.0, maxTime=0.036, h=0.00004;
    double charge=0.58, current=0.0;
    double k1, l1, k2, l2, k3, l3, k4, l4;
```

```
    printf( "₩n" );

    for (int i=0; i<2; i++)
        printf( "  시간        전하          전류          " );

    printf( "₩n " );

    for (i=0; i<72; i++)
        printf( "=" );

    printf("₩n %7.5lf  %10.6lf  %12.6lf      ", initialTime, charge, current);

    for (i=1, time=initialTime; time<(maxTime-h); i++, time+=h)
    {
        k1 = h * current;
        l1 = h * function( time, charge, current );
        k2 = h * (current+l1/2.0);
        l2 = h * function( time+h/2.0, charge+k1/2.0, current+l1/2.0 );
        k3 = h * (current+l2/2.0);
        l3 = h * function( time+h/2.0, charge+k2/2.0, current+l2/2.0 );
        k4 = h * (current+l3);
        l4 = h * function( time+h, charge+k3, current+l3 );
        charge = charge + (1.0/6.0)*(k1+2.0*k2+2.0*k3+k4);
        current = current + (1.0/6.0)*(l1+2.0*l2+2.0*l3+l4);
        printf( " %7.5lf  %10.6lf  %12.6lf      ", time+h, charge, current );

        if ( (i+1)%2==0 )
            printf( "₩n" );
    }

    printf( "₩n₩n₩n" );
}

double function( double t, double q, double i )
{
    double inductance=0.164, capacitance=0.000024, resistance=42.8;
    return -q/(inductance*capacitance)-(resistance*i/inductance);
}
```

10.1.3 실행 결과

시간	전하	전류	시간	전하	전류
0.00000	0.580000	0.000000	0.00004	0.579883	-5.863253
0.00008	0.579532	-11.663247	0.00012	0.578950	-17.398293
0.00016	0.578141	-23.066747	0.00020	0.577106	-28.667008
0.00024	0.575848	-34.197519	0.00028	0.574371	-39.656769
0.00032	0.572677	-45.043290	0.00036	0.570769	-50.355658
0.00040	0.568649	-55.592497	0.00044	0.566322	-60.752472
0.00048	0.563790	-65.834296	0.00052	0.561057	-70.836724
0.00056	0.558124	-75.758559	0.00060	0.554997	-80.598647
0.00064	0.551678	-85.355880	0.00068	0.548170	-90.029194
0.00072	0.544476	-94.617572	0.00076	0.540601	-99.120040
0.00080	0.536548	-103.535668	0.00084	0.532320	-107.863575
0.00088	0.527920	-112.102920	0.00092	0.523353	-116.252909
0.00096	0.518621	-120.312791	0.00100	0.513729	-124.281861
0.00104	0.508680	-128.159457	0.00108	0.503477	-131.944960
0.00112	0.498125	-135.637796	0.00116	0.492627	-139.237435
0.00120	0.486988	-142.743388	0.00124	0.481209	-146.155211
0.00128	0.475296	-149.472501	0.00132	0.469253	-152.694900
0.00136	0.463082	-155.822088	0.00140	0.456788	-158.853790
0.00144	0.450375	-161.789773	0.00148	0.443846	-164.629842
0.00152	0.437206	-167.373845	0.00156	0.430458	-170.021671
0.00160	0.423605	-172.573247	0.00164	0.416653	-175.028542
0.00168	0.409604	-177.387561	0.00172	0.402463	-179.650351
0.00176	0.395234	-181.816997	0.00180	0.387919	-183.887620
0.00184	0.380524	-185.862381	0.00188	0.373052	-187.741476
0.00192	0.365506	-189.525138	0.00196	0.357891	-191.213639
0.00200	0.350210	-192.807283	0.00204	0.342468	-194.306410
0.00208	0.334667	-195.711397	0.00212	0.326812	-197.022653
0.00216	0.318906	-198.240620	0.00220	0.310954	-199.365775
0.00224	0.302958	-200.398627	0.00228	0.294923	-201.339716
0.00232	0.286852	-202.189616	0.00236	0.278749	-202.948929
0.00240	0.270618	-203.618289	0.00244	0.262461	-204.198360
0.00248	0.254283	-204.689834	0.00252	0.246087	-205.093433
0.00256	0.237877	-205.409905	0.00260	0.229655	-205.640028
0.00264	0.221427	-205.784606	0.00268	0.213194	-205.844467
0.00272	0.204960	-205.820469	0.00276	0.196729	-205.713490
0.00280	0.188504	-205.524438	0.00284	0.180288	-205.254239

0.00288	0.172085	-204.903846	0.00292	0.163897	-204.474234
0.00296	0.155728	-203.966399	0.00300	0.147581	-203.381358
0.00304	0.139458	-202.720151	0.00308	0.131364	-201.983834
0.00312	0.123301	-201.173487	0.00316	0.115271	-200.290205
0.00320	0.107278	-199.335104	0.00324	0.099325	-198.309314
0.00328	0.091415	-197.213986	0.00332	0.083549	-196.050283
0.00336	0.075732	-194.819388	0.00340	0.067964	-193.522494
0.00344	0.060251	-192.160813	0.00348	0.052592	-190.735567
0.00352	0.044993	-189.247993	0.00356	0.037453	-187.699339
0.00360	0.029977	-186.090867	0.00364	0.022567	-184.423848
0.00368	0.015224	-182.699564	0.00372	0.007952	-180.919306
0.00376	0.000751	-179.084377	0.00380	-0.006374	-177.196085
0.00384	-0.013424	-175.255750	0.00388	-0.020394	-173.264694
0.00392	-0.027284	-171.224251	0.00396	-0.034091	-169.135759
0.00400	-0.040814	-167.000561	0.00404	-0.047451	-164.820005
0.00408	-0.053999	-162.595444	0.00412	-0.060458	-160.328235
0.00416	-0.066825	-158.019738	0.00420	-0.073099	-155.671314
0.00424	-0.079278	-153.284328	0.00428	-0.085361	-150.860146
0.00432	-0.091347	-148.400134	0.00436	-0.097233	-145.905660
0.00440	-0.103019	-143.378089	0.00444	-0.108703	-140.818787
0.00448	-0.114284	-138.229120	0.00452	-0.119761	-135.610448
0.00456	-0.125132	-132.964134	0.00460	-0.130397	-130.291533
0.00464	-0.135555	-127.594000	0.00468	-0.140605	-124.872884
0.00472	-0.145545	-122.129530	0.00476	-0.150375	-119.365279
0.00480	-0.155094	-116.581465	0.00484	-0.159701	-113.779418
0.00488	-0.164196	-110.960460	0.00492	-0.168578	-108.125906
0.00496	-0.172846	-105.277065	0.00500	-0.176999	-102.415237
0.00504	-0.181039	-99.541713	0.00508	-0.184963	-96.657779
0.00512	-0.188771	-93.764706	0.00516	-0.192464	-90.863762
0.00520	-0.196040	-87.956200	0.00524	-0.199500	-85.043265
0.00528	-0.202844	-82.126190	0.00532	-0.206070	-79.206198
0.00536	-0.209180	-76.284501	0.00540	-0.212173	-73.362297
0.00544	-0.215049	-70.440774	0.00548	-0.217808	-67.521105
0.00552	-0.220451	-64.604452	0.00556	-0.222977	-61.691964
0.00560	-0.225386	-58.784774	0.00564	-0.227680	-55.884003
0.00568	-0.229857	-52.990758	0.00572	-0.231919	-50.106130
0.00576	-0.233866	-47.231196	0.00580	-0.235698	-44.367019
0.00584	-0.237415	-41.514645	0.00588	-0.239019	-38.675104
0.00592	-0.240509	-35.849411	0.00596	-0.241887	-33.038567
0.00600	-0.243153	-30.243552	0.00604	-0.244307	-27.465332
0.00608	-0.245350	-24.704858	0.00612	-0.246283	-21.963060
0.00616	-0.247107	-19.240853	0.00620	-0.247823	-16.539136

0.00624	-0.248431	-13.858787	0.00628	-0.248932	-11.200668
0.00632	-0.249327	-8.565624	0.00636	-0.249618	-5.954481
0.00640	-0.249804	-3.368045	0.00644	-0.249887	-0.807108
0.00648	-0.249869	1.727562	0.00652	-0.249749	4.235211
0.00656	-0.249530	6.715106	0.00660	-0.249213	9.166533
0.00664	-0.248797	11.588796	0.00668	-0.248286	13.981218
0.00672	-0.247679	16.343141	0.00676	-0.246979	18.673928
0.00680	-0.246186	20.972959	0.00684	-0.245301	23.239634
0.00688	-0.244327	25.473373	0.00692	-0.243264	27.673614
0.00696	-0.242114	29.839816	0.00700	-0.240877	31.971456
0.00704	-0.239556	34.068031	0.00708	-0.238152	36.129057
0.00712	-0.236667	38.154071	0.00716	-0.235101	40.142626
0.00720	-0.233456	42.094299	0.00724	-0.231733	44.008681
0.00728	-0.229935	45.885388	0.00732	-0.228063	47.724050
0.00736	-0.226118	49.524320	0.00740	-0.224102	51.285868
0.00744	-0.222016	53.008384	0.00748	-0.219862	54.691577
0.00752	-0.217641	56.335175	0.00756	-0.215355	57.938923
0.00760	-0.213006	59.502588	0.00764	-0.210596	61.025953
0.00768	-0.208125	62.508822	0.00772	-0.205595	63.951014
0.00776	-0.203009	65.352368	0.00780	-0.200368	66.712744
0.00784	-0.197673	68.032015	0.00788	-0.194926	69.310075
0.00792	-0.192129	70.546836	0.00796	-0.189283	71.742226
0.00800	-0.186390	72.896191	0.00804	-0.183451	74.008695
0.00808	-0.180470	75.079719	0.00812	-0.177446	76.109260
0.00816	-0.174381	77.097333	0.00820	-0.171278	78.043968
0.00824	-0.168138	78.949214	0.00828	-0.164963	79.813134
0.00832	-0.161754	80.635808	0.00836	-0.158513	81.417332
0.00840	-0.155241	82.157816	0.00844	-0.151941	82.857388
0.00848	-0.148613	83.516190	0.00852	-0.145260	84.134378
0.00856	-0.141883	84.712124	0.00860	-0.138483	85.249616
0.00864	-0.135063	85.747052	0.00868	-0.131624	86.204649
0.00872	-0.128168	86.622635	0.00876	-0.124695	87.001252
0.00880	-0.121208	87.340756	0.00884	-0.117708	87.641416
0.00888	-0.114197	87.903513	0.00892	-0.110676	88.127343
0.00896	-0.107147	88.313211	0.00900	-0.103612	88.461438
0.00904	-0.100071	88.572354	0.00908	-0.096527	88.646301
0.00912	-0.092980	88.683634	0.00916	-0.089432	88.684718
0.00920	-0.085886	88.649928	0.00924	-0.082341	88.579652
0.00928	-0.078800	88.474286	0.00932	-0.075263	88.334238
0.00936	-0.071733	88.159923	0.00940	-0.068211	87.951769
0.00944	-0.064698	87.710212	0.00948	-0.061195	87.435694
0.00952	-0.057703	87.128671	0.00956	-0.054225	86.789603

0.00960	-0.050760	86.418961	0.00964	-0.047312	86.017222
0.00968	-0.043880	85.584871	0.00972	-0.040465	85.122402
0.00976	-0.037070	84.630315	0.00980	-0.033695	84.109115
0.00984	-0.030342	83.559315	0.00988	-0.027011	82.981436
0.00992	-0.023704	82.376002	0.00996	-0.020421	81.743545
0.01000	-0.017165	81.084601	0.01004	-0.013935	80.399710
0.01008	-0.010733	79.689421	0.01012	-0.007560	78.954283
0.01016	-0.004417	78.194852	0.01020	-0.001305	77.411687
0.01024	0.001776	76.605352	0.01028	0.004823	75.776414
0.01032	0.007838	74.925441	0.01036	0.010817	74.053007
0.01040	0.013762	73.159688	0.01044	0.016670	72.246062
0.01048	0.019541	71.312709	0.01052	0.022375	70.360212
0.01056	0.025170	69.389154	0.01060	0.027925	68.400121
0.01064	0.030641	67.393700	0.01068	0.033317	66.370477
0.01072	0.035951	65.331042	0.01076	0.038543	64.275982
0.01080	0.041093	63.205888	0.01084	0.043599	62.121347
0.01088	0.046062	61.022948	0.01092	0.048481	59.911280
0.01096	0.050855	58.786930	0.01100	0.053184	57.650483
0.01104	0.055467	56.502526	0.01108	0.057704	55.343642
0.01112	0.059894	54.174412	0.01116	0.062038	52.995419
0.01120	0.064134	51.807238	0.01124	0.066182	50.610447
0.01128	0.068182	49.405618	0.01132	0.070134	48.193323
0.01136	0.072038	46.974129	0.01140	0.073892	45.748601
0.01144	0.075698	44.517300	0.01148	0.077454	43.280784
0.01152	0.079160	42.039607	0.01156	0.080817	40.794320
0.01160	0.082423	39.545468	0.01164	0.083980	38.293595
0.01168	0.085487	37.039236	0.01172	0.086943	35.782926
0.01176	0.088350	34.525192	0.01180	0.089705	33.266559
0.01184	0.091011	32.007544	0.01188	0.092266	30.748660
0.01192	0.093471	29.490416	0.01196	0.094625	28.233313
0.01200	0.095729	26.977847	0.01204	0.096783	25.724510
0.01208	0.097787	24.473787	0.01212	0.098741	23.226155
0.01216	0.099646	21.982087	0.01220	0.100500	20.742050
0.01224	0.101305	19.506502	0.01228	0.102061	18.275898
0.01232	0.102767	17.050682	0.01236	0.103425	15.831295
0.01240	0.104034	14.618170	0.01244	0.104594	13.411731
0.01248	0.105107	12.212397	0.01252	0.105571	11.020580
0.01256	0.105988	9.836683	0.01260	0.106358	8.661102
0.01264	0.106682	7.494227	0.01268	0.106958	6.336440
0.01272	0.107189	5.188113	0.01276	0.107373	4.049614
0.01280	0.107513	2.921300	0.01284	0.107607	1.803522
0.01288	0.107657	0.696623	0.01292	0.107663	-0.399064

0.01296	0.107625	-1.483210	0.01300	0.107544	-2.555499
0.01304	0.107421	-3.615618	0.01308	0.107255	-4.663266
0.01312	0.107048	-5.698149	0.01316	0.106800	-6.719981
0.01320	0.106511	-7.728484	0.01324	0.106182	-8.723389
0.01328	0.105813	-9.704435	0.01332	0.105405	-10.671368
0.01336	0.104960	-11.623945	0.01340	0.104476	-12.561929
0.01344	0.103955	-13.485092	0.01348	0.103397	-14.393216
0.01352	0.102804	-15.286089	0.01356	0.102174	-16.163508
0.01360	0.101511	-17.025280	0.01364	0.100813	-17.871217
0.01368	0.100081	-18.701143	0.01372	0.099317	-19.514888
0.01376	0.098520	-20.312292	0.01380	0.097692	-21.093200
0.01384	0.096833	-21.857470	0.01388	0.095944	-22.604964
0.01392	0.095025	-23.335555	0.01396	0.094077	-24.049122
0.01400	0.093101	-24.745555	0.01404	0.092098	-25.424748
0.01408	0.091067	-26.086607	0.01412	0.090011	-26.731045
0.01416	0.088929	-27.357980	0.01420	0.087822	-27.967342
0.01424	0.086692	-28.559067	0.01428	0.085538	-29.133098
0.01432	0.084362	-29.689387	0.01436	0.083163	-30.227894
0.01440	0.081944	-30.748585	0.01444	0.080703	-31.251434
0.01448	0.079444	-31.736425	0.01452	0.078165	-32.203545
0.01456	0.076868	-32.652793	0.01460	0.075553	-33.084171
0.01464	0.074221	-33.497690	0.01468	0.072873	-33.893370
0.01472	0.071510	-34.271235	0.01476	0.070132	-34.631318
0.01480	0.068740	-34.973657	0.01484	0.067334	-35.298299
0.01488	0.065916	-35.605295	0.01492	0.064486	-35.894706
0.01496	0.063045	-36.166596	0.01500	0.061593	-36.421038
0.01504	0.060131	-36.658109	0.01508	0.058660	-36.877895
0.01512	0.057181	-37.080486	0.01516	0.055694	-37.265979
0.01520	0.054200	-37.434476	0.01524	0.052700	-37.586085
0.01528	0.051193	-37.720922	0.01532	0.049682	-37.839104
0.01536	0.048167	-37.940758	0.01540	0.046647	-38.026014
0.01544	0.045125	-38.095008	0.01548	0.043600	-38.147881
0.01552	0.042073	-38.184779	0.01556	0.040545	-38.205852
0.01560	0.039017	-38.211257	0.01564	0.037489	-38.201154
0.01568	0.035961	-38.175709	0.01572	0.034435	-38.135090
0.01576	0.032910	-38.079472	0.01580	0.031388	-38.009034
0.01584	0.029870	-37.923957	0.01588	0.028355	-37.824428
0.01592	0.026844	-37.710637	0.01596	0.025338	-37.582778
0.01600	0.023838	-37.441050	0.01604	0.022343	-37.285654
0.01608	0.020855	-37.116793	0.01612	0.019374	-36.934677
0.01616	0.017900	-36.739517	0.01620	0.016435	-36.531527
0.01624	0.014978	-36.310925	0.01628	0.013530	-36.077930

0.01632	0.012092	-35.832765	0.01636	0.010664	-35.575657
0.01640	0.009246	-35.306833	0.01644	0.007839	-35.026523
0.01648	0.006444	-34.734960	0.01652	0.005061	-34.432379
0.01656	0.003690	-34.119017	0.01660	0.002331	-33.795112
0.01664	0.000986	-33.460904	0.01668	-0.000345	-33.116637
0.01672	-0.001663	-32.762553	0.01676	-0.002966	-32.398897
0.01680	-0.004255	-32.025917	0.01684	-0.005528	-31.643860
0.01688	-0.006786	-31.252974	0.01692	-0.008028	-30.853509
0.01696	-0.009254	-30.445717	0.01700	-0.010464	-30.029847
0.01704	-0.011657	-29.606153	0.01708	-0.012832	-29.174887
0.01712	-0.013991	-28.736302	0.01716	-0.015131	-28.290651
0.01720	-0.016254	-27.838189	0.01724	-0.017358	-27.379167
0.01728	-0.018444	-26.913841	0.01732	-0.019511	-26.442464
0.01736	-0.020559	-25.965290	0.01740	-0.021588	-25.482571
0.01744	-0.022598	-24.994560	0.01748	-0.023588	-24.501510
0.01752	-0.024558	-24.003673	0.01756	-0.025508	-23.501299
0.01760	-0.026438	-22.994638	0.01764	-0.027348	-22.483941
0.01768	-0.028237	-21.969455	0.01772	-0.029105	-21.451427
0.01776	-0.029953	-20.930105	0.01780	-0.030779	-20.405734
0.01784	-0.031585	-19.878556	0.01788	-0.032370	-19.348814
0.01792	-0.033133	-18.816749	0.01796	-0.033875	-18.282601
0.01800	-0.034596	-17.746606	0.01804	-0.035295	-17.209002
0.01808	-0.035972	-16.670021	0.01812	-0.036628	-16.129897
0.01816	-0.037263	-15.588859	0.01820	-0.037875	-15.047135
0.01824	-0.038466	-14.504953	0.01828	-0.039036	-13.962536
0.01832	-0.039583	-13.420105	0.01836	-0.040109	-12.877881
0.01840	-0.040614	-12.336080	0.01844	-0.041096	-11.794917
0.01848	-0.041557	-11.254604	0.01852	-0.041997	-10.715352
0.01856	-0.042415	-10.177366	0.01860	-0.042811	-9.640851
0.01864	-0.043186	-9.106010	0.01868	-0.043539	-8.573041
0.01872	-0.043872	-8.042139	0.01876	-0.044183	-7.513499
0.01880	-0.044473	-6.987310	0.01884	-0.044742	-6.463760
0.01888	-0.044990	-5.943033	0.01892	-0.045217	-5.425311
0.01896	-0.045424	-4.910771	0.01900	-0.045610	-4.399589
0.01904	-0.045776	-3.891936	0.01908	-0.045922	-3.387981
0.01912	-0.046047	-2.887889	0.01916	-0.046153	-2.391824
0.01920	-0.046239	-1.899942	0.01924	-0.046305	-1.412400
0.01928	-0.046352	-0.929350	0.01932	-0.046379	-0.450941
0.01936	-0.046388	0.022683	0.01940	-0.046377	0.491379
0.01944	-0.046348	0.955009	0.01948	-0.046301	1.413438
0.01952	-0.046235	1.866535	0.01956	-0.046152	2.314172
0.01960	-0.046050	2.756225	0.01964	-0.045931	3.192572

0.01968	-0.045795	3.623097	0.01972	-0.045642	4.047686
0.01976	-0.045471	4.466229	0.01980	-0.045284	4.878620
0.01984	-0.045081	5.284755	0.01988	-0.044862	5.684536
0.01992	-0.044626	6.077866	0.01996	-0.044376	6.464654
0.02000	-0.044109	6.844811	0.02004	-0.043828	7.218252
0.02008	-0.043532	7.584897	0.02012	-0.043221	7.944666
0.02016	-0.042897	8.297487	0.02020	-0.042558	8.643289
0.02024	-0.042205	8.982005	0.02028	-0.041839	9.313571
0.02032	-0.041460	9.637927	0.02036	-0.041068	9.955018
0.02040	-0.040664	10.264790	0.02044	-0.040247	10.567195
0.02048	-0.039819	10.862186	0.02052	-0.039378	11.149721
0.02056	-0.038927	11.429762	0.02060	-0.038464	11.702273
0.02064	-0.037991	11.967221	0.02068	-0.037507	12.224579
0.02072	-0.037013	12.474321	0.02076	-0.036509	12.716425
0.02080	-0.035996	12.950873	0.02084	-0.035473	13.177649
0.02088	-0.034941	13.396741	0.02092	-0.034401	13.608141
0.02096	-0.033853	13.811843	0.02100	-0.033296	14.007844
0.02104	-0.032732	14.196145	0.02108	-0.032161	14.376750
0.02112	-0.031582	14.549666	0.02116	-0.030997	14.714903
0.02120	-0.030405	14.872473	0.02124	-0.029807	15.022393
0.02128	-0.029204	15.164682	0.02132	-0.028594	15.299361
0.02136	-0.027980	15.426454	0.02140	-0.027360	15.545989
0.02144	-0.026736	15.657997	0.02148	-0.026108	15.762510
0.02152	-0.025475	15.859563	0.02156	-0.024839	15.949196
0.02160	-0.024199	16.031448	0.02164	-0.023557	16.106363
0.02168	-0.022911	16.173987	0.02172	-0.022263	16.234369
0.02176	-0.021612	16.287559	0.02180	-0.020960	16.333610
0.02184	-0.020306	16.372578	0.02188	-0.019650	16.404520
0.02192	-0.018993	16.429498	0.02196	-0.018336	16.447572
0.02200	-0.017678	16.458807	0.02204	-0.017019	16.463271
0.02208	-0.016361	16.461030	0.02212	-0.015703	16.452157
0.02216	-0.015045	16.436722	0.02220	-0.014388	16.414802
0.02224	-0.013732	16.386471	0.02228	-0.013077	16.351808
0.02232	-0.012424	16.310893	0.02236	-0.011772	16.263807
0.02240	-0.011123	16.210633	0.02244	-0.010475	16.151457
0.02248	-0.009830	16.086363	0.02252	-0.009188	16.015441
0.02256	-0.008549	15.938779	0.02260	-0.007913	15.856467
0.02264	-0.007281	15.768599	0.02268	-0.006652	15.675266
0.02272	-0.006027	15.576564	0.02276	-0.005406	15.472589
0.02280	-0.004789	15.363436	0.02284	-0.004177	15.249204
0.02288	-0.003569	15.129992	0.02292	-0.002967	15.005900
0.02296	-0.002369	14.877029	0.02300	-0.001776	14.743480

0.02304	-0.001189	14.605355	0.02308	-0.000608	14.462760
0.02312	-0.000033	14.315796	0.02316	0.000537	14.164570
0.02320	0.001101	14.009186	0.02324	0.001658	13.849752
0.02328	0.002209	13.686372	0.02332	0.002753	13.519154
0.02336	0.003290	13.348206	0.02340	0.003820	13.173636
0.02344	0.004344	12.995552	0.02348	0.004860	12.814061
0.02352	0.005369	12.629274	0.02356	0.005870	12.441299
0.02360	0.006364	12.250245	0.02364	0.006850	12.056221
0.02368	0.007329	11.859337	0.02372	0.007799	11.659702
0.02376	0.008261	11.457425	0.02380	0.008716	11.252615
0.02384	0.009162	11.045382	0.02388	0.009599	10.835835
0.02392	0.010028	10.624082	0.02396	0.010449	10.410232
0.02400	0.010861	10.194393	0.02404	0.011265	9.976673
0.02408	0.011659	9.757180	0.02412	0.012045	9.536021
0.02416	0.012422	9.313302	0.02420	0.012790	9.089130
0.02424	0.013149	8.863610	0.02428	0.013499	8.636848
0.02432	0.013840	8.408949	0.02436	0.014172	8.180016
0.02440	0.014495	7.950152	0.02444	0.014808	7.719461
0.02448	0.015112	7.488043	0.02452	0.015407	7.256001
0.02456	0.015693	7.023435	0.02460	0.015969	6.790443
0.02464	0.016236	6.557125	0.02468	0.016493	6.323579
0.02472	0.016742	6.089901	0.02476	0.016981	5.856187
0.02480	0.017210	5.622531	0.02484	0.017430	5.389029
0.02488	0.017641	5.155772	0.02492	0.017843	4.922853
0.02496	0.018035	4.690362	0.02500	0.018218	4.458389
0.02504	0.018392	4.227021	0.02508	0.018556	3.996347
0.02512	0.018712	3.766453	0.02516	0.018858	3.537423
0.02520	0.018995	3.309340	0.02524	0.019122	3.082289
0.02528	0.019241	2.856348	0.02532	0.019351	2.631599
0.02536	0.019452	2.408120	0.02540	0.019544	2.185988
0.02544	0.019627	1.965278	0.02548	0.019701	1.746066
0.02552	0.019766	1.528424	0.02556	0.019823	1.312424
0.02560	0.019871	1.098137	0.02564	0.019911	0.885631
0.02568	0.019942	0.674974	0.02572	0.019965	0.466231
0.02576	0.019980	0.259468	0.02580	0.019986	0.054746
0.02584	0.019984	-0.147871	0.02588	0.019974	-0.348325
0.02592	0.019956	-0.546556	0.02596	0.019930	-0.742507
0.02600	0.019897	-0.936123	0.02604	0.019855	-1.127350
0.02608	0.019807	-1.316135	0.02612	0.019750	-1.502428
0.02616	0.019686	-1.686178	0.02620	0.019615	-1.867339
0.02624	0.019537	-2.045863	0.02628	0.019452	-2.221706
0.02632	0.019359	-2.394824	0.02636	0.019260	-2.565176

0.02640	0.019154	-2.732722	0.02644	0.019042	-2.897423
0.02648	0.018922	-3.059241	0.02652	0.018797	-3.218143
0.02656	0.018665	-3.374092	0.02660	0.018527	-3.527058
0.02664	0.018383	-3.677009	0.02668	0.018233	-3.823916
0.02672	0.018077	-3.967751	0.02676	0.017916	-4.108488
0.02680	0.017748	-4.246102	0.02684	0.017576	-4.380570
0.02688	0.017398	-4.511871	0.02692	0.017215	-4.639983
0.02696	0.017027	-4.764888	0.02700	0.016834	-4.886570
0.02704	0.016636	-5.005012	0.02708	0.016433	-5.120200
0.02712	0.016226	-5.232121	0.02716	0.016015	-5.340764
0.02720	0.015799	-5.446120	0.02724	0.015579	-5.548179
0.02728	0.015355	-5.646934	0.02732	0.015128	-5.742381
0.02736	0.014896	-5.834514	0.02740	0.014661	-5.923331
0.02744	0.014422	-6.008831	0.02748	0.014180	-6.091013
0.02752	0.013935	-6.169878	0.02756	0.013687	-6.245429
0.02760	0.013435	-6.317671	0.02764	0.013181	-6.386607
0.02768	0.012924	-6.452245	0.02772	0.012665	-6.514592
0.02776	0.012403	-6.573658	0.02780	0.012139	-6.629452
0.02784	0.011873	-6.681985	0.02788	0.011605	-6.731271
0.02792	0.011335	-6.777323	0.02796	0.011063	-6.820157
0.02800	0.010789	-6.859787	0.02804	0.010514	-6.896233
0.02808	0.010237	-6.929511	0.02812	0.009960	-6.959641
0.02816	0.009681	-6.986644	0.02820	0.009401	-7.010542
0.02824	0.009120	-7.031356	0.02828	0.008838	-7.049111
0.02832	0.008556	-7.063831	0.02836	0.008273	-7.075542
0.02840	0.007990	-7.084270	0.02844	0.007706	-7.090042
0.02848	0.007423	-7.092888	0.02852	0.007139	-7.092836
0.02856	0.006855	-7.089916	0.02860	0.006572	-7.084160
0.02864	0.006289	-7.075598	0.02868	0.006006	-7.064265
0.02872	0.005724	-7.050192	0.02876	0.005442	-7.033415
0.02880	0.005161	-7.013968	0.02884	0.004881	-6.991886
0.02888	0.004602	-6.967207	0.02892	0.004323	-6.939966
0.02896	0.004046	-6.910202	0.02900	0.003771	-6.877953
0.02904	0.003496	-6.843257	0.02908	0.003223	-6.806154
0.02912	0.002952	-6.766685	0.02916	0.002682	-6.724889
0.02920	0.002414	-6.680807	0.02924	0.002148	-6.634482
0.02928	0.001883	-6.585955	0.02932	0.001621	-6.535269
0.02936	0.001360	-6.482466	0.02940	0.001102	-6.427591
0.02944	0.000846	-6.370686	0.02948	0.000592	-6.311796
0.02952	0.000341	-6.250965	0.02956	0.000092	-6.188238
0.02960	-0.000154	-6.123661	0.02964	-0.000397	-6.057277
0.02968	-0.000638	-5.989134	0.02972	-0.000877	-5.919276

0.02976	-0.001112	-5.847750	0.02980	-0.001344	-5.774602
0.02984	-0.001574	-5.699879	0.02988	-0.001800	-5.623627
0.02992	-0.002024	-5.545892	0.02996	-0.002244	-5.466723
0.03000	-0.002461	-5.386164	0.03004	-0.002675	-5.304265
0.03008	-0.002885	-5.221071	0.03012	-0.003093	-5.136629
0.03016	-0.003296	-5.050987	0.03020	-0.003497	-4.964193
0.03024	-0.003693	-4.876292	0.03028	-0.003887	-4.787332
0.03032	-0.004076	-4.697360	0.03036	-0.004262	-4.606423
0.03040	-0.004445	-4.514568	0.03044	-0.004624	-4.421840
0.03048	-0.004799	-4.328288	0.03052	-0.004970	-4.233957
0.03056	-0.005137	-4.138893	0.03060	-0.005301	-4.043143
0.03064	-0.005461	-3.946753	0.03068	-0.005617	-3.849767
0.03072	-0.005769	-3.752232	0.03076	-0.005917	-3.654192
0.03080	-0.006061	-3.555693	0.03084	-0.006201	-3.456779
0.03088	-0.006338	-3.357494	0.03092	-0.006470	-3.257883
0.03096	-0.006598	-3.157989	0.03100	-0.006723	-3.057855
0.03104	-0.006843	-2.957524	0.03108	-0.006959	-2.857039
0.03112	-0.007071	-2.756443	0.03116	-0.007180	-2.655776
0.03120	-0.007284	-2.555081	0.03124	-0.007384	-2.454399
0.03128	-0.007480	-2.353769	0.03132	-0.007572	-2.253233
0.03136	-0.007660	-2.152829	0.03140	-0.007745	-2.052598
0.03144	-0.007825	-1.952578	0.03148	-0.007901	-1.852806
0.03152	-0.007973	-1.753322	0.03156	-0.008041	-1.654161
0.03160	-0.008105	-1.555362	0.03164	-0.008166	-1.456959
0.03168	-0.008222	-1.358990	0.03172	-0.008274	-1.261488
0.03176	-0.008323	-1.164488	0.03180	-0.008367	-1.068025
0.03184	-0.008408	-0.972132	0.03188	-0.008445	-0.876842
0.03192	-0.008478	-0.782186	0.03196	-0.008508	-0.688197
0.03200	-0.008533	-0.594906	0.03204	-0.008555	-0.502344
0.03208	-0.008574	-0.410539	0.03212	-0.008588	-0.319522
0.03216	-0.008599	-0.229320	0.03220	-0.008607	-0.139963
0.03224	-0.008610	-0.051477	0.03228	-0.008611	0.036111
0.03232	-0.008608	0.122775	0.03236	-0.008601	0.208489
0.03240	-0.008591	0.293229	0.03244	-0.008577	0.376970
0.03248	-0.008561	0.459689	0.03252	-0.008541	0.541363
0.03256	-0.008517	0.621970	0.03260	-0.008491	0.701489
0.03264	-0.008461	0.779898	0.03268	-0.008429	0.857177
0.03272	-0.008393	0.933308	0.03276	-0.008354	1.008270
0.03280	-0.008312	1.082046	0.03284	-0.008267	1.154618
0.03288	-0.008220	1.225970	0.03292	-0.008169	1.296085
0.03296	-0.008116	1.364948	0.03300	-0.008060	1.432544
0.03304	-0.008001	1.498859	0.03308	-0.007940	1.563878

0.03312	-0.007876	1.627591	0.03316	-0.007810	1.689983
0.03320	-0.007741	1.751044	0.03324	-0.007670	1.810763
0.03328	-0.007596	1.869130	0.03332	-0.007520	1.926134
0.03336	-0.007442	1.981768	0.03340	-0.007362	2.036022
0.03344	-0.007279	2.088890	0.03348	-0.007195	2.140364
0.03352	-0.007108	2.190438	0.03356	-0.007020	2.239107
0.03360	-0.006929	2.286364	0.03364	-0.006837	2.332206
0.03368	-0.006743	2.376629	0.03372	-0.006647	2.419630
0.03376	-0.006549	2.461206	0.03380	-0.006450	2.501354
0.03384	-0.006349	2.540075	0.03388	-0.006247	2.577366
0.03392	-0.006143	2.613227	0.03396	-0.006038	2.647659
0.03400	-0.005931	2.680664	0.03404	-0.005823	2.712241
0.03408	-0.005714	2.742394	0.03412	-0.005604	2.771124
0.03416	-0.005492	2.798436	0.03420	-0.005380	2.824332
0.03424	-0.005266	2.848818	0.03428	-0.005152	2.871897
0.03432	-0.005037	2.893575	0.03436	-0.004921	2.913858
0.03440	-0.004804	2.932752	0.03444	-0.004686	2.950264
0.03448	-0.004568	2.966401	0.03452	-0.004449	2.981171
0.03456	-0.004329	2.994582	0.03460	-0.004209	3.006643
0.03464	-0.004089	3.017362	0.03468	-0.003968	3.026751
0.03472	-0.003846	3.034817	0.03476	-0.003725	3.041573
0.03480	-0.003603	3.047029	0.03484	-0.003481	3.051196
0.03488	-0.003359	3.054086	0.03492	-0.003237	3.055711
0.03496	-0.003115	3.056083	0.03500	-0.002992	3.055216
0.03504	-0.002870	3.053122	0.03508	-0.002748	3.049815
0.03512	-0.002626	3.045309	0.03516	-0.002505	3.039619
0.03520	-0.002383	3.032759	0.03524	-0.002262	3.024743
0.03528	-0.002141	3.015588	0.03532	-0.002021	3.005308
0.03536	-0.001901	2.993920	0.03540	-0.001781	2.981439
0.03544	-0.001662	2.967883	0.03548	-0.001544	2.953267
0.03552	-0.001426	2.937608	0.03556	-0.001309	2.920924
0.03560	-0.001192	2.903233	0.03564	-0.001077	2.884551
0.03568	-0.000962	2.864896	0.03572	-0.000847	2.844288
0.03576	-0.000734	2.822743	0.03580	-0.000622	2.800280
0.03584	-0.000510	2.776919	0.03588	-0.000399	2.752676
0.03592	-0.000290	2.727573	0.03596	-0.000181	2.701627
0.03600	-0.000074	2.674859			

10.2 시간에 대한 전하 및 전류의 그래프

10.2.1 이론

저항이 작을 경우에는 전하와 전류가 거의 $\frac{1}{\sqrt{LC}}$의 진동수로 진동하는데 최댓값은 줄어든다. 이 관계를 에너지의 관점에서 살펴보자.

[16]의 양변에 I를 곱하면

$$IL\frac{dI}{dt} + I\frac{Q}{C} + I^2R = 0$$

이다.

위의 식에서 첫째항은 유도기 양단의 전압에 전류를 곱한 것으로 유도기로 유입되거나 유출되는 에너지의 비율, 즉 유도기가 갖는 자기에너지(magnetic energy)의 변화율 $\frac{d}{dt}\left[\frac{1}{2}LI^2\right]$이고, 둘째항은 축전기의 전기에너지(electric energy)의 변화율이며, 마지막 항은 저항기에서 열로 소모되는 에너지의 비율이다.

이 회로에서 전체 에너지는 저항 때문에 점점 줄어든다.

10.2.2 소스 코드

```
// LCR 직렬회로의 전하와 전류View.cpp : implementation of the CLCRView class
//

#include "stdafx.h"
#include "LCR 직렬회로의 전하와 전류.h"

#include "LCR 직렬회로의 전하와 전류Doc.h"
#include "LCR 직렬회로의 전하와 전류View.h"

#include "math.h"

double function( double, double, double );
```

```
#ifdef _DEBUG
#define new DEBUG_NEW
#undef THIS_FILE
static char THIS_FILE[] = __FILE__;
#endif

//////////////////////////////////////////////////////////////////////////////
// CLCRView

IMPLEMENT_DYNCREATE(CLCRView, CView)

BEGIN_MESSAGE_MAP(CLCRView, CView)
    //{{AFX_MSG_MAP(CLCRView)
        // NOTE - the ClassWizard will add and remove mapping macros here.
        //    DO NOT EDIT what you see in these blocks of generated code!
    //}}AFX_MSG_MAP
    // Standard printing commands
    ON_COMMAND(ID_FILE_PRINT, CView::OnFilePrint)
    ON_COMMAND(ID_FILE_PRINT_DIRECT, CView::OnFilePrint)
    ON_COMMAND(ID_FILE_PRINT_PREVIEW, CView::OnFilePrintPreview)
END_MESSAGE_MAP()

//////////////////////////////////////////////////////////////////////////////
// CLCRView construction/destruction

CLCRView::CLCRView()
{
    // TODO: add construction code here

}

CLCRView::~CLCRView()
{
}

BOOL CLCRView::PreCreateWindow(CREATESTRUCT& cs)
{
    // TODO: Modify the Window class or styles here by modifying
    //  the CREATESTRUCT cs

    return CView::PreCreateWindow(cs);
```

```
}

///////////////////////////////////////////////////////////////////////////
// CLCRView drawing

void CLCRView::OnDraw(CDC* pDC)
{
    CLCRDoc* pDoc = GetDocument();
    ASSERT_VALID(pDoc);

    CRect rect;
    GetClientRect(&rect);
    pDC->SetMapMode(MM_LOMETRIC);
    pDC->SetViewportOrg(100, 800);

    char buffer[1];
    double time, initialTime=0.0, maxTime=0.028, h=1.0/100000.0;
    double charge=0.58, current=0.0;
    double k1, l1, k2, l2, k3, l3, k4, l4;

    pDC->MoveTo(0, 1800);
    pDC->LineTo(0, 1000);
    pDC->MoveTo(0, 1400);
    pDC->LineTo(3000, 1400);

    pDC->MoveTo(0, 800);
    pDC->LineTo(0, 0);
    pDC->MoveTo(0, 400);
    pDC->LineTo(3000, 400);

    double coordinate=0.0;
    pDC->SetTextAlign(TA_CENTER+TA_TOP);

    for (int i=0; i<10; i++)
    {
        sprintf(buffer, "%5.3lf", coordinate);
        pDC->TextOut(300*i, 1398, buffer);
        pDC->TextOut(300*i, 398, buffer);
        coordinate += 0.003;
    }

    coordinate = -0.6;
```

```
    pDC->SetTextAlign(TA_RIGHT+TA_BASELINE);

    for (i=0; i<7; i++)
    {
        sprintf(buffer, "%4.1lf", coordinate);
        pDC->TextOut(-2, 1040+120*i, buffer);
        coordinate += 0.2;
    }

    int coordinate2 = -200;

    for (i=0; i<5; i++)
    {
        sprintf(buffer, "%3d", coordinate2);
        pDC->TextOut(-2, 100+150*i, buffer);
        coordinate2 += 100;
    }

    pDC->SetPixel(0, 1748, RGB(255, 0, 0));
    pDC->SetPixel(0, 400, RGB(255, 0, 0));

    for (time=initialTime; time<(maxTime-h); time+=h)
    {
        k1 = h * current;
        l1 = h * function( time, charge, current );
        k2 = h * (current+l1/2.0);
        l2 = h * function( time+h/2.0, charge+k1/2.0, current+l1/2.0 );
        k3 = h * (current+l2/2.0);
        l3 = h * function( time+h/2.0, charge+k2/2.0, current+l2/2.0 );
        k4 = h * (current+l3);
        l4 = h * function( time+h, charge+k3, current+l3 );
        charge = charge+(1.0/6.0)*(k1+2.0*k2+2.0*k3+k4);
        current = current+(1.0/6.0)*(l1+2.0*l2+2.0*l3+l4);
        pDC->SetPixel(int(100000.0*(time+h)), 1400+int(600.0*charge),
          RGB(255,0,0));
        pDC->SetPixel(int(100000.0*(time+h)), 400+int(1.5*current),
          RGB(255,0,0));
    }
}

/////////////////////////////////////////////////////////////////////////////
// CLCRView printing
```

```
BOOL CLCRView::OnPreparePrinting(CPrintInfo* pInfo)
{
    // default preparation
    return DoPreparePrinting(pInfo);
}

void CLCRView::OnBeginPrinting(CDC* /*pDC*/, CPrintInfo* /*pInfo*/)
{
    // TODO: add extra initialization before printing
}

void CLCRView::OnEndPrinting(CDC* /*pDC*/, CPrintInfo* /*pInfo*/)
{
    // TODO: add cleanup after printing
}

/////////////////////////////////////////////////////////////////////////////
// CLCRView diagnostics

#ifdef _DEBUG
void CLCRView::AssertValid() const
{
    CView::AssertValid();
}

void CLCRView::Dump(CDumpContext& dc) const
{
    CView::Dump(dc);
}

CLCRDoc* CLCRView::GetDocument() // non-debug version is inline
{
    ASSERT(m_pDocument->IsKindOf(RUNTIME_CLASS(CLCRDoc)));
    return (CLCRDoc*)m_pDocument;
}
#endif //_DEBUG

/////////////////////////////////////////////////////////////////////////////
// CLCRView message handlers

double function( double t, double q, double i )
```

```
{
    double inductance=0.164, capacitance=0.000024, resistance=42.8;
    return -q/(inductance*capacitance)-(resistance*i/inductance);
}
```

10.2.3 실행 결과

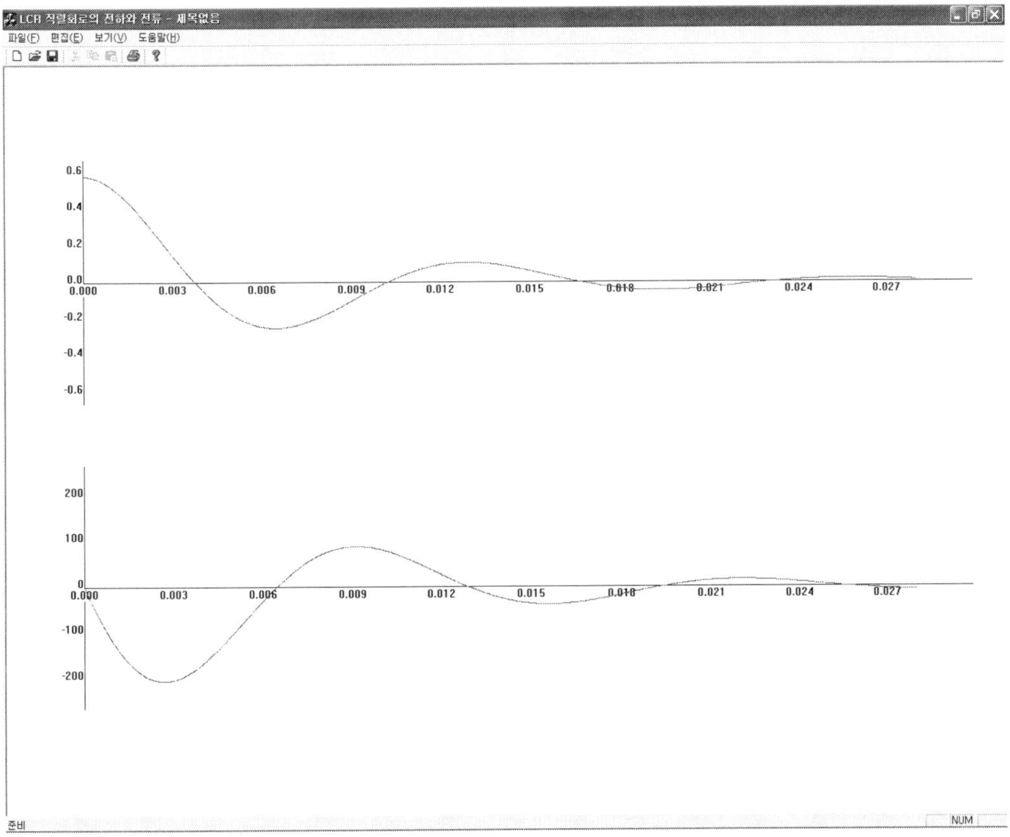

10.3 연습 문제

문항 1 저항이 증가하여 어떤 임계값에 이르면 진동이 일어나지 않게 된다. 저항이 임계값보다 큰 경우에 시간과 전하와의 관계를 조사하여라.

문항 2　LCR 병렬회로에 대해서 이 chapter의 예제를 반복하여라.

11 중심력(Central Force)

11.1 시간과 속도와의 관계

11.1.1 이론

어떤 입자(particle)에 작용하는 힘이 항상 고정된 점을 향하고 크기는 그 고정된 점으로부터의 거리만의 함수일 때 그 힘을 중심력(central force)이라 하며 그 고정점을 힘의 중심이라고 한다. 중심력은 이러한 경우 외에도 두 입자 사이에도 작용할 수 있는데 이 때의 중심력은 두 입자를 연결하는 선을 향한다. 따라서 힘의 중심에서 r만큼 떨어진 곳에 위치한 입자에 작용하는 중심력은

$$\mathbf{F}(\mathbf{r}) = F(\mathbf{r})\mathbf{e}_r$$

으로 나타낼 수 있다. 위에서 $\mathbf{e}_r$은 지름 단위벡터(radial unit vector)라고 한다.

힘의 중심에서 거리 r만큼 떨어진 곳에 위치한 질량 μ인 입자의 각운동량(angular momentum) L은

$$L = rp = r\mu v_\theta = r\mu(r\dot{\theta}) = \mu r^2\dot{\theta} = \text{일정} \qquad [17]$$

와 같이 보존되며 입자의 운동은 평면상에서 이루어진다. 특히 중심력이

$$\mathbf{F}(\mathbf{r}) = F(r)\mathbf{e}_r$$

와 같이 등방성(isotropy)이면, 대칭성으로 인하여 직교좌표계(rectangular coordinate system)보다 극좌표계(polar coordinate system)를 사용하면 편리하다. 이 경우 운동방정식은

$$F(r)\mathbf{e}_r = \mu(\ddot{r} - r\dot{\theta}^2)\mathbf{e}_r + \mu(r\ddot{\theta} + 2\dot{r}\dot{\theta})\mathbf{e}_\theta \qquad [18]$$

이 된다. 그리고 중심력이 등방성일 때 입자의 역학적 에너지는 일정하다. 즉 등방성 중심력장에서 운동하는 입자의 각운동량과 역학적 에너지는 둘 다 상수이다. 참고로

이 두 운동상수를 운동의 첫 적분이라고 하는데, 이 두 상수들을 사용하면 중심력 문제를 많은 부분 해결할 수 있다.

그러면 중심력장에서 입자의 운동이 극좌표 $r = ke^{\alpha\theta}$으로 주어질 때 이 입자의 속도를 구하여 보자.

극좌표계에서 속도는

$$\mathbf{v} = v_r\mathbf{e}_r + v_\theta\mathbf{e}_\theta = \dot{r}\mathbf{e}_r + r\dot{\theta}\mathbf{e}_\theta \qquad [19]$$

와 같이 지름속도(radial velocity) v_r과 각속도(angular velocity) v_θ으로 이루어진다. $\theta = \theta(t)$를 구하면 $\dot{\theta} = \dot{\theta}(t)$, $r = r(t)$, 그리고 $\dot{r} = \dot{r}(t)$를 얻을 수 있고 이 세 개의 식을 위의 식에 대입하여 속도의 두 성분을 구할 수 있다. $\theta = \theta(t)$ 는 각운동량보존(conservation of angular momentum)을 이용하여 구할 수 있다.

[17]으로부터

$$\dot{\theta} = \frac{L}{\mu r^2} = \frac{L}{\mu k^2 e^{2\alpha\theta}}$$

이다.

위의 식은

$$e^{2\alpha\theta}d\theta = \frac{L}{\mu k^2}dt$$

과 같이 변형된다.

$\theta(0) = 0$이면 위의 식은

$$\frac{1}{2\alpha}e^{2\alpha\theta} = \frac{L}{\mu k^2}t + \frac{1}{2\alpha}$$

과 같이 적분된다.

양변에 2α를 곱한 후에 자연대수를 취하면

$$2\alpha\theta - \ln 2\alpha\left(\frac{L}{\mu k^2}t + \frac{1}{2\alpha}\right)$$

이 된다. 그러므로

$$\theta = \frac{1}{2\alpha}\ln\left[\frac{2\alpha L}{\mu k^2}t + 1\right]$$

을 얻을 수 있다.

위의 식으로부터

$$\dot{\theta}(t) = \frac{L}{2\alpha Lt + \mu k^2}, \quad r(t) = \sqrt{\frac{2\alpha L}{\mu}t + k^2}, \quad \dot{r}(t) = \frac{\alpha L}{\sqrt{\mu(2\alpha Lt + \mu k^2)}}$$

이 얻어진다.

위 세 개의 식을 [19]에 대입하면, 속도의 지름성분(radial component)과 속도의 가로성분(transverse component)

$$v_r = \frac{\alpha L}{\sqrt{\mu(2\alpha Lt + \mu k^2)}}, \quad v_\theta = \frac{L}{2\alpha Lt + \mu k^2}\sqrt{\frac{2\alpha L}{\mu}t + k^2}$$

을 얻는다.

입자의 운동을 기술하기 위해 필요한 여러 상수들은 필자가 임의로 정하여 프로그램에 입력하였다.

11.1.2 소스 코드

```
#include <stdio.h>
#include <math.h>

void main( void )
{
    double time, initialTime=0.0, maxTime=12.6, h=0.05;
    double radiusPrime, radius, argPrime, radialVelo, angularVelo;
    double al=0.0017, angMom=1.2, mu=0.64, k=0.03;

    printf ( "\n" );

    for (unsigned short int i=0; i<2; i++)
        printf( "  시간      지름속도          각속도         " );
```

```
    printf ( " " );

    for(i=0; i<75; i++)
        printf( "%c", '=' );

    printf ( "  " );

    for (time=initialTime; time<maxTime+h; time=time+h)
    {
        radiusPrime = al*angMom / sqrt(mu*(2.0*al*angMom*time+mu*k*k));
        radius = sqrt( (2.0*al*angMom/mu)*time+k*k );
        argPrime = angMom / (2.0*al*angMom*time+mu*k*k);
        radialVelo = radiusPrime;
        angularVelo = radius * argPrime;
        printf( "%9.3lf %13.9lf %14.9lf  ", time, radialVelo, angularVelo );
    }

    printf( "₩n₩n₩n" );
}
```

11.1.3. 프로그램 실행 결과

```
  시간     지름속도         각속도          시간     지름속도          각속도
===========================================================================
  0.000  0.106250000   62.500000000    0.050   0.091304646   53.708615553
  0.100  0.081291031   47.818253480    0.150   0.073983004   43.519413989
  0.200  0.068347174   40.204220056    0.250   0.063829837   37.546963074
  0.300  0.060104076   35.355339059    0.350   0.056962799   33.507528871
  0.400  0.054267604   31.922119903    0.450   0.051922014   30.542361089
  0.500  0.049856445   29.327320763    0.550   0.048019278   28.246634143
  0.600  0.046371302   27.277236279    0.650   0.044882126   26.401250393
  0.700  0.043527782   25.604577825    0.750   0.042289081   24.875929755
  0.800  0.041150448   24.206145914    0.850   0.040099098   23.587704890
  0.900  0.039124421   23.014365447    0.950   0.038217529   22.480899350
  1.000  0.037370912   21.982889316    1.050   0.036578176   21.516574146
  1.100  0.035833838   21.078728524    1.150   0.035133167   20.666568692
  1.200  0.034472052   20.277677641    1.250   0.033846907   19.909945245
  1.300  0.033254584   19.561519911    1.350   0.032692308   19.230769231
  1.400  0.032157621   18.916247711    1.450   0.031648339   18.616670128
  1.500  0.031162512   18.330889378    1.550   0.030698393   18.057877963
```

1.600	0.030254411	17.796712420	1.650	0.029829152	17.546560159
1.700	0.029421336	17.306668275	1.750	0.029029802	17.076354009
1.800	0.028653494	16.854996562	1.850	0.028291451	16.642030043
1.900	0.027942794	16.436937387	1.950	0.027606717	16.239245062
2.000	0.027282481	16.048518469	2.050	0.026969408	15.864357924
2.100	0.026666872	15.686395128	2.150	0.026374293	15.514290071
2.200	0.026091138	15.347728295	2.250	0.025816911	15.186418481
2.300	0.025551154	15.030090301	2.350	0.025293437	14.878492516
2.400	0.025043365	14.731391275	2.450	0.024800567	14.588568597
2.500	0.024564696	14.449821016	2.550	0.024335429	14.314958358
2.600	0.024112464	14.183802646	2.650	0.023895518	14.056187115
2.700	0.023684324	13.931955314	2.750	0.023478633	13.810960308
2.800	0.023278209	13.693063938	2.850	0.023082831	13.578136165
2.900	0.022892293	13.466054464	2.950	0.022706396	13.356703274
3.000	0.022524955	13.249973500	3.050	0.022347795	13.145762051
3.100	0.022174751	13.043971426	3.150	0.022005666	12.944509327
3.200	0.021840390	12.847288309	3.250	0.021678783	12.752225458
3.300	0.021520712	12.659242089	3.350	0.021366048	12.568263478
3.400	0.021214672	12.479218606	3.450	0.021066468	12.392039927
3.500	0.020921327	12.306663154	3.550	0.020779146	12.223027057
3.600	0.020639825	12.141073279	3.650	0.020503268	12.060746168
3.700	0.020369387	11.981992614	3.750	0.020238095	11.904761905
3.800	0.020109309	11.829005585	3.850	0.019982951	11.754677333
3.900	0.019858946	11.681732838	3.950	0.019737220	11.610129691
4.000	0.019617706	11.539827279	4.050	0.019500337	11.470786694
4.100	0.019385050	11.402970633	4.150	0.019271784	11.336343322
4.200	0.019160480	11.270870433	4.250	0.019051082	11.206519010
4.300	0.018943538	11.143257398	4.350	0.018837794	11.081055179
4.400	0.018733801	11.019883113	4.450	0.018631512	10.959713076
4.500	0.018530881	10.900518005	4.550	0.018431862	10.842271853
4.600	0.018334414	10.784949535	4.650	0.018238496	10.728526886
4.700	0.018144067	10.672980614	4.750	0.018051090	10.618288266
4.800	0.017959528	10.564428184	4.850	0.017869345	10.511379472
4.900	0.017780507	10.459121961	4.950	0.017692982	10.407636178
5.000	0.017606736	10.356903312	5.050	0.017521739	10.306905191
5.100	0.017437961	10.257624248	5.150	0.017355374	10.209043501
5.200	0.017273949	10.161146524	5.250	0.017193660	10.113917426
5.300	0.017114479	10.067340828	5.350	0.017036383	10.021401844
5.400	0.016959346	9.976086056	5.450	0.016883345	9.931379501
5.500	0.016808357	9.887268649	5.550	0.016734359	9.843740387
5.600	0.016661329	9.800782003	5.650	0.016589248	9.758381169
5.700	0.016518094	9.716525929	5.750	0.016447848	9.675204681

5.800	0.016378490	9.634406166	5.850	0.016310003	9.594119456
5.900	0.016242368	9.554333937	5.950	0.016175567	9.515039304
6.000	0.016109583	9.476225545	6.050	0.016044401	9.437882930
6.100	0.015980003	9.400002005	6.150	0.015916375	9.362573578
6.200	0.015853501	9.325588712	6.250	0.015791366	9.289038713
6.300	0.015729956	9.252915127	6.350	0.015669257	9.217209727
6.400	0.015609255	9.181914504	6.450	0.015549937	9.147021666
6.500	0.015491290	9.112523624	6.550	0.015433302	9.078412990
6.600	0.015375960	9.044682566	6.650	0.015319253	9.011325341
6.700	0.015263169	8.978334484	6.750	0.015207696	8.945703337
6.800	0.015152823	8.913425410	6.850	0.015098540	8.881494377
6.900	0.015044837	8.849904068	6.950	0.014991702	8.818648466
7.000	0.014939127	8.787721702	7.050	0.014887101	8.757118051
7.100	0.014835614	8.726831925	7.150	0.014784658	8.696857871
7.200	0.014734224	8.667190566	7.250	0.014684302	8.637824814
7.300	0.014634884	8.608755539	7.350	0.014585962	8.579977788
7.400	0.014537527	8.551486720	7.450	0.014489572	8.523277605
7.500	0.014442088	8.495345825	7.550	0.014395068	8.467686865
7.600	0.014348504	8.440296311	7.650	0.014302389	8.413169852
7.700	0.014256716	8.386303269	7.750	0.014211477	8.359692440
7.800	0.014166667	8.333333333	7.850	0.014122277	8.307222004
7.900	0.014078303	8.281354596	7.950	0.014034736	8.255727334
8.000	0.013991572	8.230336524	8.050	0.013948804	8.205178555
8.100	0.013906425	8.180249888	8.150	0.013864430	8.155547060
8.200	0.013822813	8.131066684	8.250	0.013781569	8.106805439
8.300	0.013740692	8.082760076	8.350	0.013700177	8.058927413
8.400	0.013660017	8.035304332	8.450	0.013620209	8.011887778
8.500	0.013580747	7.988674761	8.550	0.013541626	7.965662348
8.600	0.013502841	7.942847668	8.650	0.013464387	7.920227903
8.700	0.013426261	7.897800295	8.750	0.013388456	7.875562138
8.800	0.013350968	7.853510780	8.850	0.013313794	7.831643621
8.900	0.013276929	7.809958110	8.950	0.013240368	7.788451745
9.000	0.013204108	7.767122075	9.050	0.013168143	7.745966692
9.100	0.013132472	7.724983237	9.150	0.013097088	7.704169392
9.200	0.013061989	7.683522885	9.250	0.013027171	7.663041486
9.300	0.012992629	7.642723006	9.350	0.012958361	7.622565297
9.400	0.012924363	7.602566249	9.450	0.012890630	7.582723791
9.500	0.012857161	7.563035892	9.550	0.012823951	7.543500554
9.600	0.012790997	7.524115818	9.650	0.012758296	7.504879758
9.700	0.012725844	7.485790484	9.750	0.012693638	7.466846139
9.800	0.012661676	7.448044897	9.850	0.012629954	7.429384965
9.900	0.012598470	7.410864584	9.950	0.012567219	7.392482022

```
10.000   0.012536200   7.374235577   10.050   0.012505410   7.356123579
10.100   0.012474845   7.338144385   10.150   0.012444504   7.320296378
10.200   0.012414383   7.302577973   10.250   0.012384479   7.284987607
10.300   0.012354790   7.267523747   10.350   0.012325314   7.250184882
10.400   0.012296048   7.232969529   10.450   0.012266990   7.215876229
10.500   0.012238136   7.198903547   10.550   0.012209485   7.182050069
10.600   0.012181034   7.165314408   10.650   0.012152782   7.148695196
10.700   0.012124725   7.132191091   10.750   0.012096861   7.115800769
10.800   0.012069189   7.099522928   10.850   0.012041706   7.083356289
10.900   0.012014409   7.067299590   10.950   0.011987298   7.051351592
11.000   0.011960369   7.035511072   11.050   0.011933621   7.019776831
11.100   0.011907051   7.004147684   11.150   0.011880658   6.988622466
11.200   0.011854440   6.973200031   11.250   0.011828395   6.957879250
11.300   0.011802520   6.942659011   11.350   0.011776815   6.927538219
11.400   0.011751277   6.912515795   11.450   0.011725904   6.897590679
11.500   0.011700695   6.882761823   11.550   0.011675648   6.868028197
11.600   0.011650761   6.853388788   11.650   0.011626032   6.838842594
11.700   0.011601461   6.824388630   11.750   0.011577044   6.810025927
11.800   0.011552781   6.795753528   11.850   0.011528670   6.781570490
11.900   0.011504709   6.767475885   11.950   0.011480897   6.753468797
12.000   0.011457232   6.739548325   12.050   0.011433713   6.725713580
12.100   0.011410338   6.711963685   12.150   0.011387106   6.698297777
12.200   0.011364016   6.684715004   12.250   0.011341065   6.671214526
12.300   0.011318252   6.657795516   12.350   0.011295577   6.644457158
12.400   0.011273038   6.631198647   12.450   0.011250633   6.618019190
12.500   0.011228361   6.604918004   12.550   0.011206220   6.591894317
12.600   0.011184211   6.578947368
```

11.2 시간에 대한 속도의 그래프

11.2.1 이론

프로그램의 실행 결과를 보면, 지름속도(radial velocity)와 각속도(angular velocity) 둘 다 시간에 따라 계속 감소하는 것을 알 수 있다. 이 사실은 나중에 입자의 운동을 모의실험할 때 다시 확인할 수 있다.

11.2.2 소스 코드

```
// 지름속도와 각속도View.cpp : implementation of the CMyView class
//

#include "stdafx.h"
#include "지름속도와 각속도.h"

#include "지름속도와 각속도Doc.h"
#include "지름속도와 각속도View.h"

#include "math.h"

#ifdef _DEBUG
#define new DEBUG_NEW
#undef THIS_FILE
static char THIS_FILE[] = __FILE__;
#endif

/////////////////////////////////////////////////////////////////////////////
// CMyView

IMPLEMENT_DYNCREATE(CMyView, CView)

BEGIN_MESSAGE_MAP(CMyView, CView)
    //{{AFX_MSG_MAP(CMyView)
        // NOTE - the ClassWizard will add and remove mapping macros here.
        //    DO NOT EDIT what you see in these blocks of generated code!
    //}}AFX_MSG_MAP
    // Standard printing commands
    ON_COMMAND(ID_FILE_PRINT, CView::OnFilePrint)
    ON_COMMAND(ID_FILE_PRINT_DIRECT, CView::OnFilePrint)
    ON_COMMAND(ID_FILE_PRINT_PREVIEW, CView::OnFilePrintPreview)
END_MESSAGE_MAP()

/////////////////////////////////////////////////////////////////////////////
// CMyView construction/destruction

CMyView::CMyView()
{
```

```
    // TODO: add construction code here

}

CMyView::~CMyView()
{
}

BOOL CMyView::PreCreateWindow(CREATESTRUCT& cs)
{
    // TODO: Modify the Window class or styles here by modifying
    //  the CREATESTRUCT cs

    return CView::PreCreateWindow(cs);
}

/////////////////////////////////////////////////////////////////////////////
// CMyView drawing

void CMyView::OnDraw(CDC* pDC)
{
    CMyDoc* pDoc = GetDocument();
    ASSERT_VALID(pDoc);

    CRect rect;
    GetClientRect(&rect);
    pDC->SetMapMode(MM_LOMETRIC);
    pDC->SetViewportOrg(100, 800);

    char buffer[1];
    double time, initialTime=0.0, maxTime=28.0, h=0.01;
    double radiusPrime, radius, argPrime, veloRadius, veloArg;
    double al=0.0017, angMom=1.2, mu=0.64, k=0.03;

    pDC->MoveTo(0, 1850);
    pDC->LineTo(0, 1100);
    pDC->LineTo(3000, 1100);

    pDC->MoveTo(0, 1000);
    pDC->LineTo(0, 0);
    pDC->LineTo(3000, 0);
```

```
    double coordinate=0.0;
    pDC->SetTextAlign(TA_CENTER+TA_TOP);

    for (unsigned short int i=0; i<15; i++)
    {
        sprintf(buffer, "%3.1lf", coordinate);
        pDC->TextOut(200*i, 1098, buffer);
        pDC->TextOut(200*i, -2, buffer);
        coordinate += 2.0;
    }

    pDC->SetTextAlign(TA_RIGHT+TA_BASELINE);
    coordinate = 0.0;

    for (i=0; i<5; i++)
    {
        sprintf(buffer, "%5.3lf", coordinate);
        pDC->TextOut(-2, 1100+150*i, buffer);
        coordinate += 0.025;
    }

    coordinate = 0.0;

    for (i=0; i<7; i++)
    {
        sprintf(buffer, "%4.1lf", coordinate);
        pDC->TextOut(-2, 150*i, buffer);
        coordinate += 10.0;
    }

    for (time=initialTime; time<maxTime; time=time+h)
    {
        radiusPrime = al*angMom / sqrt(mu*(2.0*al*angMom*time+mu*k*k));
        radius = sqrt( (2.0*al*angMom/mu)*time+k*k );
        argPrime = angMom / (2.0*al*angMom*time+mu*k*k);
        veloRadius = radiusPrime;
        veloArg = radius*argPrime;
        pDC->SetPixel(int(100.0*time), 1100+int(6000.0*veloRadius),
          RGB(255,0,0));
        pDC->SetPixel(int(100.0*time), int(15.0*veloArg), RGB(255,0,0));
    }
}
```

```
/////////////////////////////////////////////////////////////////////////////
// CMyView printing

BOOL CMyView::OnPreparePrinting(CPrintInfo* pInfo)
{
    // default preparation
    return DoPreparePrinting(pInfo);
}

void CMyView::OnBeginPrinting(CDC* /*pDC*/, CPrintInfo* /*pInfo*/)
{
    // TODO: add extra initialization before printing
}

void CMyView::OnEndPrinting(CDC* /*pDC*/, CPrintInfo* /*pInfo*/)
{
    // TODO: add cleanup after printing
}

/////////////////////////////////////////////////////////////////////////////
// CMyView diagnostics

#ifdef _DEBUG
void CMyView::AssertValid() const
{
    CView::AssertValid();
}

void CMyView::Dump(CDumpContext& dc) const
{
    CView::Dump(dc);
}

CMyDoc* CMyView::GetDocument() // non-debug version is inline
{
    ASSERT(m_pDocument->IsKindOf(RUNTIME_CLASS(CMyDoc)));
    return (CMyDoc*)m_pDocument;
}
#endif //_DEBUG

/////////////////////////////////////////////////////////////////////////////
```

```
// CMyView message handlers
```

11.2.3 실행 결과

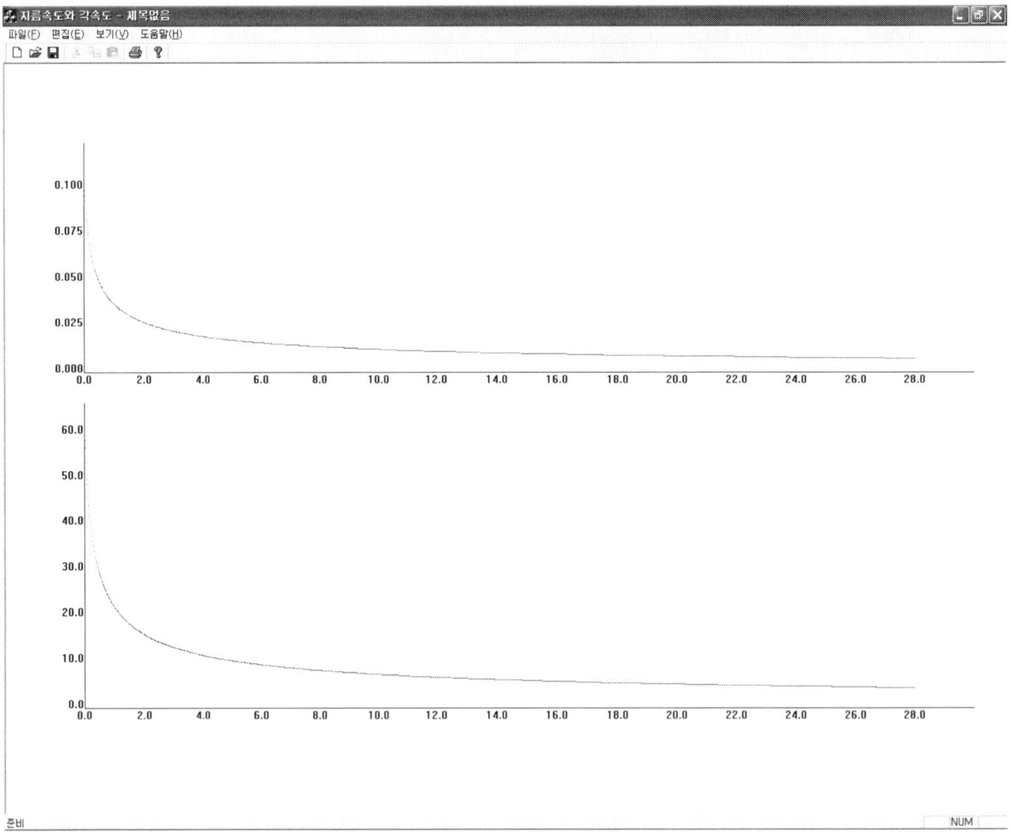

11.3 시간과 위치와의 관계

11.3.1 이론

극좌표계(polar coordinate system)에서 임의의 시간에 따른 위치는 $r = r(t)$ 와 $\theta = \theta(t)$으로 나타내어진다. 그런데 이것들은 이미 구하였으므로 시간의 함수로서 입자의 위치를 알 수 있다.

이번에는 상수 α의 값을 바꾸었다.

11.3.2 소스 코드

```
#include <stdio.h>
#include <math.h>

void main( void )
{
    double time, initialTime=0.0, maxTime=38.0, h=0.2;
    double radius, arg;
    double al=0.17, angMom=1.2, mu=0.64, k=0.03;

    printf ( "₩n" );

    for (unsigned short int i=0; i<2; i++)
        printf( "  시간        동경              편각          " );

    printf ( " " );

    for(i=0; i<75; i++)
        printf( "%c", '=' );

    printf ( "   " );

    for (time=initialTime; time<maxTime+h; time=time+h)
    {
        radius = sqrt( (2.0*al*angMom/mu)*time+k*k );
        arg = (0.5/al) * log(((2.0*al*angMom)/(mu*k*k))*time+1.0);
        printf( "%8.3lf %13.9lf %14.9lf    ", time, radius, arg );
    }

    printf( "₩n₩n₩n" );
}
```

11.3.3 실행 결과

시간	동경	편각	시간	동경	편각
0.000	0.030000000	0.000000000	0.200	0.358329457	14.589737962
0.400	0.505865595	16.618080173	0.600	0.619193023	17.807174548
0.800	0.714772691	18.651571741	1.000	0.798999374	19.306839888
1.200	0.875157129	19.842388613	1.400	0.945198392	20.295279190
1.600	1.010395962	20.687648194	1.800	1.071634266	21.033780776
2.000	1.129557435	21.343434137	2.200	1.184651848	21.623569584
2.400	1.237295438	21.879328213	2.600	1.287788803	22.114614932
2.800	1.336375696	22.332465543	3.000	1.383257026	22.535286938
3.200	1.428600714	22.725019652	3.400	1.472548811	22.903251068
3.600	1.515222756	23.071296230	3.800	1.556727336	23.230256787
4.000	1.597153718	23.381064802	4.200	1.636581804	23.524515870
4.400	1.675082088	23.661294523	4.600	1.712717140	23.791993984
4.800	1.749542797	23.917131721	5.000	1.785609140	24.037161818
5.200	1.820961285	24.152484925	5.400	1.855640051	24.263456324
5.600	1.889682513	24.370392528	5.800	1.923122461	24.473576730
6.000	1.955990798	24.573263319	6.200	1.988315870	24.669681655
6.400	2.020123759	24.763039256	6.600	2.051438520	24.853524478
6.800	2.082282402	24.941308811	7.000	2.112676028	25.026548830
7.200	2.142638560	25.109387876	7.400	2.172187837	25.189957511
7.600	2.201340501	25.268378768	7.800	2.230112105	25.344763251
8.000	2.258517213	25.419214086	8.200	2.286569483	25.491826760
8.400	2.314281746	25.562689858	8.600	2.341666074	25.631885709
8.800	2.368733839	25.699490968	9.000	2.395495773	25.765577119
9.200	2.421962015	25.830210934	9.400	2.448142153	25.893454878
9.600	2.474045270	25.955367468	9.800	2.499679980	26.016003605
10.000	2.525054455	26.075414859	10.200	2.550176464	26.133649740
10.400	2.575053398	26.190753930	10.600	2.599692289	26.246770501
10.800	2.624099846	26.301740110	11.000	2.648282462	26.355701175
11.200	2.672246246	26.408690040	11.400	2.695997033	26.460741116
11.600	2.719540402	26.511887021	11.800	2.742881696	26.562158700
12.000	2.766026030	26.611585537	12.200	2.788978308	26.660195459
12.400	2.811743232	26.708015032	12.600	2.834325317	26.755069545
12.800	2.856728899	26.801383093	13.000	2.878958145	26.846978652
13.200	2.901017063	26.891878142	13.400	2.922909509	26.936102499
13.600	2.944639197	26.979671724	13.800	2.966209703	27.022604945
14.000	2.987624474	27.064920463	14.200	3.008886837	27.106635801

14.400	3.030000000	27.147767746	14.600	3.050967060	27.188332391
14.800	3.071791009	27.228345172	15.000	3.092474737	27.267820903
15.200	3.113021041	27.306773810	15.400	3.133432623	27.345217562
15.600	3.153712098	27.383165296	15.800	3.173862001	27.420629650
16.000	3.193884782	27.457622783	16.200	3.213782818	27.494156403
16.400	3.233558411	27.530241785	16.600	3.253213796	27.565889796
16.800	3.272751136	27.601110909	17.000	3.292172535	27.635915230
17.200	3.311480032	27.670312507	17.400	3.330675607	27.704312152
17.600	3.349761186	27.737923251	17.800	3.368738636	27.771154587
18.000	3.387609777	27.804014644	18.200	3.406376374	27.836511627
18.400	3.425040146	27.868653473	18.600	3.443602765	27.900447858
18.800	3.462065857	27.931902216	19.000	3.480431008	27.963023743
19.200	3.498699758	27.993819407	19.400	3.516873612	28.024295963
19.600	3.534954031	28.054459956	19.800	3.552942443	28.084317733
20.000	3.570840237	28.113875447	20.200	3.588648771	28.143139071
20.400	3.606369365	28.172114398	20.600	3.624003311	28.200807054
20.800	3.641551867	28.229222501	21.000	3.659016261	28.257366044
21.200	3.676397693	28.285242838	21.400	3.693697335	28.312857891
21.600	3.710916329	28.340216073	21.800	3.728055794	28.367322118
22.000	3.745116821	28.394180633	22.200	3.762100477	28.420796096
22.400	3.779007806	28.447172867	22.600	3.795839828	28.473315190
22.800	3.812597540	28.499227195	23.000	3.829281917	28.524912905
23.200	3.845893914	28.550376240	23.400	3.862434465	28.575621015
23.600	3.878904485	28.600650951	23.800	3.895304866	28.625469675
24.000	3.911636486	28.650080720	24.200	3.927900202	28.674487534
24.400	3.944096855	28.698693478	24.600	3.960227266	28.722701832
24.800	3.976292243	28.746515795	25.000	3.992292574	28.770138490
25.200	4.008229035	28.793572965	25.400	4.024102384	28.816822195
25.600	4.039913365	28.839889087	25.800	4.055662708	28.862776478
26.000	4.071351127	28.885487141	26.200	4.086979325	28.908023783
26.400	4.102547989	28.930389051	26.600	4.118057795	28.952585532
26.800	4.133509405	28.974615755	27.000	4.148903470	28.996482191
27.200	4.164240627	29.018187258	27.400	4.179521504	29.039733321
27.600	4.194746715	29.061122691	27.800	4.209916864	29.082357632
28.000	4.225032544	29.103440358	28.200	4.240094339	29.124373035
28.400	4.255102819	29.145157784	28.600	4.270058548	29.165796681
28.800	4.284962077	29.186291760	29.000	4.299813949	29.206645009
29.200	4.314614699	29.226858379	29.400	4.329364849	29.246933780
29.600	4.344064917	29.266873081	29.800	4.358715407	29.286678117
30.000	4.373316819	29.306350683	30.200	4.387869643	29.325892539
30.400	4.402374359	29.345305411	30.600	4.416831443	29.364590990
30.800	4.431241361	29.383750936	31.000	4.445604571	29.402786873

```
31.200   4.459921524   29.421700398     31.400   4.474192665   29.440493074
31.600   4.488418430   29.459166436     31.800   4.502599249   29.477721990
32.000   4.516735547   29.496161212     32.200   4.530827739   29.514485553
32.400   4.544876236   29.532696434     32.600   4.558881442   29.550795252
32.800   4.572843754   29.568783379     33.000   4.586763565   29.586662159
33.200   4.600641260   29.604432914     33.400   4.614477218   29.622096942
33.600   4.628271816   29.639655516     33.800   4.642025420   29.657109890
34.000   4.655738395   29.674461291     34.200   4.669411098   29.691710928
34.400   4.683043882   29.708859988     34.600   4.696637095   29.725909636
34.800   4.710191079   29.742861019     35.000   4.723706172   29.759715263
35.200   4.737182707   29.776473475     35.400   4.750621012   29.793136742
35.600   4.764021411   29.809706136     35.800   4.777384222   29.826182706
36.000   4.790709760   29.842567488     36.200   4.803998335   29.858861499
36.400   4.817250253   29.875065739     36.600   4.830465816   29.891181192
36.800   4.843645321   29.907208824     37.000   4.856789063   29.923149589
37.200   4.869897330   29.939004423     37.400   4.882970407   29.954774247
37.600   4.896008578   29.970459969     37.800   4.909012121   29.986062479
38.000   4.921981308   30.001582657
```

11.4 모의실험

11.4.1 이론

입자의 운동을 모의실험하기 위해서 앞에서 구한 극좌표를 직교좌표로 변환하여야 한다. 극좌표와 직교좌표의 관계는

$$x = r\cos\theta, \quad y = r\sin\theta$$

과 같다.

모니터 화면의 중간을 힘의 중심으로 잡고 시간 간격을 앞에서보다 훨씬 더 작게 한다. 운동 경로가 겹치지 않으니 임의의 시간에 그려진 입자를 지우지 않아도 된다. 오히려 지우지 않는 것이 입자의 운동 경로를 파악하는 데에 도움이 된다.

프로그램을 실행시키고 나서 입자가 그려지는 것을 관찰하면 입자의 속도가 점점 줄어든다는 것을 알 수 있다.

11.4.2 소스 코드

```
// 모의실험View.cpp : implementation of the CMyView class
//

#include "stdafx.h"
#include "모의실험.h"

#include "모의실험Doc.h"
#include "모의실험View.h"

#include "math.h"

#ifdef _DEBUG
#define new DEBUG_NEW
#undef THIS_FILE
static char THIS_FILE[] = __FILE__;
#endif

/////////////////////////////////////////////////////////////////////////////
// CMyView

IMPLEMENT_DYNCREATE(CMyView, CView)

BEGIN_MESSAGE_MAP(CMyView, CView)
    //{{AFX_MSG_MAP(CMyView)
        // NOTE - the ClassWizard will add and remove mapping macros here.
        //    DO NOT EDIT what you see in these blocks of generated code!
    //}}AFX_MSG_MAP
    // Standard printing commands
    ON_COMMAND(ID_FILE_PRINT, CView::OnFilePrint)
    ON_COMMAND(ID_FILE_PRINT_DIRECT, CView::OnFilePrint)
    ON_COMMAND(ID_FILE_PRINT_PREVIEW, CView::OnFilePrintPreview)
END_MESSAGE_MAP()

/////////////////////////////////////////////////////////////////////////////
// CMyView construction/destruction

CMyView::CMyView()
{
```

```
    // TODO: add construction code here

}

CMyView::~CMyView()
{
}

BOOL CMyView::PreCreateWindow(CREATESTRUCT& cs)
{
    // TODO: Modify the Window class or styles here by modifying
    //  the CREATESTRUCT cs

    return CView::PreCreateWindow(cs);
}

/////////////////////////////////////////////////////////////////////////////
// CMyView drawing

void CMyView::OnDraw(CDC* pDC)
{
    CMyDoc* pDoc = GetDocument();
    ASSERT_VALID(pDoc);

    CRect rect;
    GetClientRect(&rect);
    pDC->SetMapMode(MM_LOMETRIC);
    pDC->SetViewportOrg(rect.Width()/2, rect.Height()/2);

    double time, initialTime=0.0, maxTime=800.0, h=0.0002;
    double radius, argument, x, y;
    double al=0.17, angMom=1.2, mu=0.64, k=0.03;

    pDC->SetPixel(0, 0, RGB(255, 0, 0));

    for (time=initialTime; time<(maxTime+h); time=time+h)
    {
        radius = sqrt( (2.0*al*angMom/mu)*time+k*k );
        argument = (0.5/al) * log(((2.0*al*angMom)/(mu*k*k))*time+1.0);
        x = radius * cos(argument);
        y = radius * sin(argument);
        pDC->SetPixel(int(x*50.0), int(y*50.0), RGB(255, 0, 0));
```

```
    }
}

/////////////////////////////////////////////////////////////////////////////
// CMyView printing

BOOL CMyView::OnPreparePrinting(CPrintInfo* pInfo)
{
    // default preparation
    return DoPreparePrinting(pInfo);
}

void CMyView::OnBeginPrinting(CDC* /*pDC*/, CPrintInfo* /*pInfo*/)
{
    // TODO: add extra initialization before printing
}

void CMyView::OnEndPrinting(CDC* /*pDC*/, CPrintInfo* /*pInfo*/)
{
    // TODO: add cleanup after printing
}

/////////////////////////////////////////////////////////////////////////////
// CMyView diagnostics

#ifdef _DEBUG
void CMyView::AssertValid() const
{
    CView::AssertValid();
}

void CMyView::Dump(CDumpContext& dc) const
{
    CView::Dump(dc);
}

CMyDoc* CMyView::GetDocument() // non-debug version is inline
{
    ASSERT(m_pDocument->IsKindOf(RUNTIME_CLASS(CMyDoc)));
    return (CMyDoc*)m_pDocument;
}
#endif //_DEBUG
```

```
/////////////////////////////////////////////////////////////////////////////
// CMyView message handlers
```

11.4.3 실행 결과

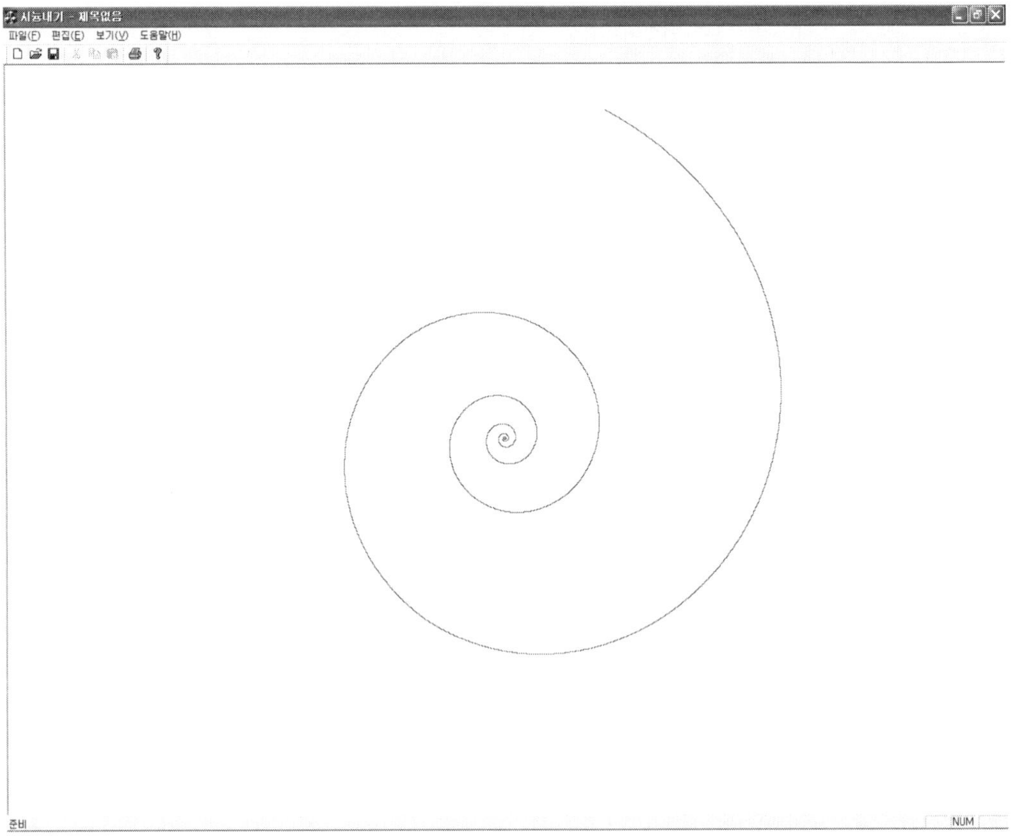

12 헬리의 혜성과 행성의 운동

12.1 헬리의 혜성 모의실험

12.1.1 이론

제 11 장과 계속 연결된다.

$$r = \frac{1}{u} \quad [20]$$

이라고 치환하면, [17]은

$$\dot{\theta} = \frac{L}{\mu r^2} = \frac{L}{\mu} u^2 \quad [21]$$

이 된다.

[20]으로부터

$$\dot{r} = -\frac{1}{u^2}\frac{du}{dt} = -\frac{1}{u^2}\frac{du}{d\theta}\frac{d\theta}{dt} = -\frac{1}{u^2}\left(\frac{L}{\mu}u^2\right)\frac{du}{d\theta} = -\frac{L}{\mu}\frac{du}{d\theta},$$

$$\ddot{r} = -\frac{L}{\mu}\frac{d}{dt}\left[\frac{du}{d\theta}\right] = -\frac{L}{\mu}\frac{d^2u}{d\theta^2}\frac{d\theta}{dt} = -\frac{L}{\mu}\dot{\theta}\frac{d^2u}{d\theta^2} = -\frac{L}{\mu}\left(\frac{L}{\mu}u^2\right)\frac{d^2u}{d\theta^2} = -\frac{L^2}{\mu^2}u^2\frac{d^2u}{d\theta^2} \quad [22]$$

을 얻을 수 있다.

또한 [18]에서

$$F(r) = \mu\ddot{r} - \mu r\dot{\theta}^2$$

이다.

위의 식에 [20], [21], [22]을 대입하면

$$F\left(\frac{1}{u}\right)=\mu\ddot{r}-\mu r\dot{\theta}^2=\mu\left(-\frac{L^2}{\mu^2}u^2\frac{d^2u}{d\theta^2}\right)-\mu\frac{1}{u}\left(\frac{L}{\mu}u^2\right)^2=-\frac{L^2}{\mu}u^2\frac{d^2u}{d\theta^2}-\frac{L^2}{\mu}u^3$$

이 된다. 즉

$$\frac{d^2u}{d\theta^2}+u=-\frac{\mu}{(Lu)^2}F\left(\frac{1}{u}\right) \qquad [23]$$

을 얻는다.

태양의 주위를 공전(revolution)하는 헬리의 혜성(Halley's comet)이나 행성들은

$$F\left(\frac{1}{u}\right)=ku^2$$

와 같이 거리의 제곱에 반비례(reciprocal proportion)하는 인력(attractive force)을 받으며 운동한다. 이 경우에 [23]은

$$\frac{d^2u}{d\theta^2}+u=-\frac{k\mu}{L^2}$$

으로 된다.

위의 비동차미분방정식(nonhomogeneous differential equation)의 해는

$$u=-\frac{k\mu}{L^2}+A\cos[\theta-\phi]$$

이다.

자세한 유도는 생략하겠는데 이것은 타원궤도(elliptic orbit)이다. 궤도방정식은

$$r=\frac{a(1-e^2)}{1-e\cos\theta} \qquad [24]$$

이다. 여기에서 a는 타원의 반장축(semimajor axis)의 길이, e는 이심률(eccentricity)이다.

이심률은 긴 축(major axis)과 짧은 축(minor axis)의 길이의 차이를 긴 축의 길이로 나눈 값으로 정의되는데, 이것은 타원이 원에서 얼마나 벗어나 있는가를 말해 준다. 이

심률이 클수록 납작한 타원이 되는데, 대표적으로 헬리의 혜성이 있다.

θ는 극좌표계에서 편각(argument)이라고 하는데, 천문학(astronomy)에서는 진근점리각(true anomaly)이라고 부른다.

이제 진근점리각을 시간에 대한 함수로 나타낼 수 있다면, 헬리의 혜성의 운동을 모의실험할 수 있을 것이라고 생각할 수 있다. 문제를 해결하려면 우리가 관측할 수 있는 물리량만 사용해야 할 것이다. 실제로 우리는 운동의 주기와 이심률을 관측할 수 있다. 따라서 우리는 이것을 이용할 수 있는 방법을 생각해야 한다.

다음과 같이 계산한다.

면적속도(areal velocity)가 일정하기 때문에 헬리의 혜성의 운동주기를 T이라고 하면, 동경벡터(radius vector)는 시간 t 동안에 $\frac{\pi ab}{T}t$의 면적을 휩쓴다. 그러므로 $t = 0$일 때 $\theta = 0$이면

$$\frac{\pi ab}{T}t = \frac{1}{2}\int_0^\theta r^2 d\theta \qquad [25]$$

이다.

위의 식에 [24]을 대입하면

$$\frac{\pi ab}{T}t = \frac{1}{2}\int_0^\theta \left(\frac{a(1-e^2)}{1-e\cos\theta}\right)^2 d\theta = \frac{\left(a(1-e^2)\right)^2}{2}\int_0^\theta \frac{1}{(1-e\cos\theta)^2} d\theta$$

인데, 우변의 적분이 매우 복잡해서 현재 상태로 계속 진행시키는 것은 곤란하다. 따라서 다른 수학적 기교를 도입할 필요가 있다.

아래의 그림

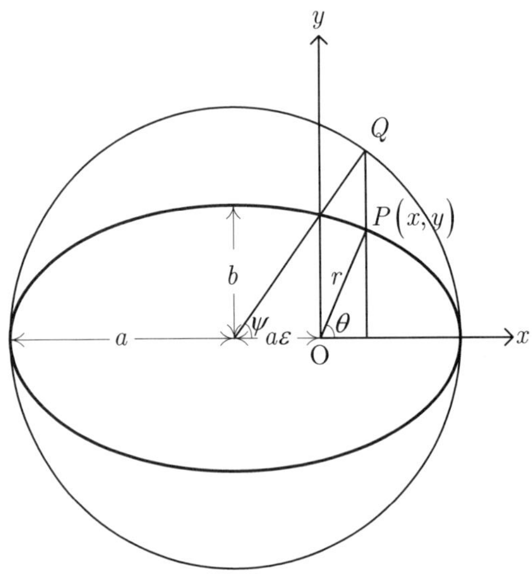

은 타원궤도와 그에 외접하는 원을 나타낸다. 지금까지는 태양의 위치가 타원의 중심에서 긴 축을 따라 왼쪽에 위치하였는데, 위의 그림처럼 오른쪽에 위치하면 [24]은

$$r = \frac{a(1-e^2)}{1+e\cos\theta}$$

과 같이 바뀐다.

타원의 외접원(circumscribed circle)의 반지름은 타원의 반장축과 같다. 타원궤도 위의 점 P 을 원주 위의 점 Q 에 사영하면 원의 중심과 점 Q 을 지나는 선분이 타원의 긴 축과 Ψ의 각을 이루는데 이 각을 이심근점리각(eccentric anomaly)이라고 한다.

그림을 보면

$$\cos\Psi = \frac{x+ae}{a}, \quad \sin\Psi = \frac{y}{b}$$

이다.

위의 두 식으로부터

$$x = a(\cos\Psi - e), \quad y = b\sin\Psi = a\sqrt{1-e^2}\sin\Psi$$

이다.

위의 두 식을 각각 제곱한 뒤 서로 더하면

$$
\begin{aligned}
r^2 = x^2 + y^2 = \left(a(\cos\Psi - e)\right)^2 + \left(a\sqrt{1-e^2}\sin\Psi\right)^2 \\
&= a^2((\cos\Psi - e)^2 + (1-e^2)\sin^2\Psi) \\
&= a^2\left((\cos^2\Psi - 2e\cos\Psi + e^2) + (\sin^2\Psi - e^2\sin^2\Psi)\right) \\
&= a^2\left((\cos^2\Psi + \sin^2\Psi) + (e^2 - e^2\sin^2\Psi - 2e\cos\Psi)\right) \\
&= a^2\left(1 + (e^2\cos^2\Psi - 2e\cos\Psi)\right) = a^2(1 - e\cos\Psi)^2
\end{aligned}
$$

이 된다.

양의 제곱근을 취하면 동경 r은

$$r = a(1 - e\cos\Psi) \qquad [26]$$

와 같이 이심근점리각만의 함수로 나타내어진다.

한편

$$er\cos\theta = a(1-e^2) - r \qquad [27]$$

이 성립한다.

양변에 er을 더하면

$$er(1+\cos\theta) = a(1-e^2) - r + er = a(1-e^2) - r(1-e) = (1-e)(a(1+e) - r)$$

이 된다. 즉

$$er(1+\cos\theta) = (1-e)(a(1+e) - r)$$

이 성립하게 된다.

위의 식의 우변의 r에 [26]을 대입하면

$$
\begin{aligned}
er(1+\cos\theta) &= (1-e)\left(a(1+e) - a(1-e\cos\Psi)\right) = (1-e)(ae + ae\cos\Psi) \\
&= ae(1-e)(1+\cos\Psi)
\end{aligned}
$$

이 얻어진다. 정리하면

$$r(1+\cos\theta) = a(1-e)(1+\cos\Psi) \qquad [28]$$

이다.

[27]의 양변에서 er을 빼면

$$er(\cos\theta - 1) = a(1-e^2) - r - er = a(1-e^2) - r(1+e) = (1+e)(a(1-e) - r)$$

이다.

위의 식의 우변의 r에 [26]을 대입하면

$$\begin{aligned} er(\cos\theta - 1) &= (1+e)\big(a(1-e) - a(1-e\cos\Psi)\big) = (1+e)(ae\cos\Psi - ae) \\ &= ae(1+e)(\cos\Psi - 1) \end{aligned}$$

이 얻어진다. 정리하면

$$r(1-\cos\theta) = a(1+e)(1-\cos\Psi)$$

이다.

위의 식을 [28]으로 나누면

$$\frac{1-\cos\theta}{1+\cos\theta} = \frac{(1+e)(1-\cos\Psi)}{(1-e)(1+\cos\Psi)}$$

이다. 즉

$$\tan\frac{\theta}{2} = \sqrt{\frac{1+e}{1-e}}\tan\frac{\Psi}{2} \qquad [29]$$

이 얻어진다.

비록 진근점리각 θ를 시간의 함수로 나타내진 못하였으나, 만약 이심근점리각 Ψ를 시간의 함수로 나타낼 수 있다면 임의의 시간에 대한 진근점리각을 알 수 있을 것이라는 것을 알 수 있다. 점점 미로 속으로 빠져드는 것 같긴 한데, 그러면 $\Psi(t)$를 구하여 보자.

[25]의 피적분함수(integrand)를 Ψ에 관한 함수로 바꾸어 보자. 그러기 위해서 일단 위의 식을 미분하면

$$\sec^2\frac{\theta}{2}d\theta = \sqrt{\frac{1+e}{1-e}}\sec^2\frac{\Psi}{2}d\Psi$$

에 의해

$$d\theta = \sqrt{\frac{1+e}{1-e}}\frac{\sec^2\frac{\Psi}{2}}{\sec^2\frac{\theta}{2}}d\Psi = \sqrt{\frac{1+e}{1-e}}\frac{\cos^2\frac{\theta}{2}}{\cos^2\frac{\Psi}{2}}d\Psi \qquad [30]$$

을 얻는다.

[28]에서 코사인의 반각(half angle) 공식을 이용하면

$$r = a(1-e)\frac{1+\cos\Psi}{1+\cos\theta} = a(1-e)\frac{\cos^2\frac{\Psi}{2}}{\cos^2\frac{\theta}{2}}$$

이다.

이제 [26], [30], 그리고 위의 식을 이용하여 $r^2 d\theta$를 Ψ의 함수로 바꾸면

$$r^2 d\theta = \big(a(1-e\cos\Psi)\big)\left(a(1-e)\frac{\cos^2\frac{\Psi}{2}}{\cos^2\frac{\theta}{2}}\right)\left(\sqrt{\frac{1+e}{1-e}}\frac{\cos^2\frac{\theta}{2}}{\cos^2\frac{\Psi}{2}}d\Psi\right)$$

$$= a^2(1-e\cos\Psi)(1-e)\sqrt{\frac{1+e}{1-e}}d\Psi$$

$$= a^2(1-e\cos\Psi)\sqrt{(1-e)(1+e)}d\Psi = a^2(1-e\cos\Psi)\sqrt{1-e^2}d\Psi$$

이다.

그러므로 [25]은

$$\frac{\pi ab}{T}t = \frac{a^2\sqrt{1-e^2}}{2}\int_0^{\Psi}(1-e\cos\Psi)d\Psi = \frac{a^2\sqrt{1-e^2}}{2}[\Psi - e\sin\Psi]_0^{\Psi}$$

$$= \frac{a^2\sqrt{1-e^2}}{2}(\Psi - e\sin\Psi)$$

으로 된다.

$b = a\sqrt{1-e^2}$를 이용하면

$$\Psi - e\sin\Psi = \frac{2\pi}{T}t$$

을 얻을 수 있다.

드디어 우리가 최종적으로 원하는 식이 구해졌다. 비록 위의 식의 좌변이 이심근점리각만의 단일항으로 이루어진 것은 아니지만, 우리는 수치해법으로 시간 t일 때 Ψ의 값을 구한 후에 다시 [29]을 이용하여 θ의 값을 구할 수 있다. 즉 시간 t에 대한 진근점리각의 값을 구할 수 있게 된 것이다.

이제 어떻게 프로그램으로 구현할 것인가를 생각하여 보자.

일단은 위의 방정식을 수치해법으로 풀어야 한다. 헬리의 혜성의 주기는 76.03 년이다. 이 주기를 일정한 시간 간격으로 나눈 다음 위의 식의 t에 그 값들을 대입하여 Ψ의 값을 구한다. 필자는 이분법(bisection method)을 사용하였다. 이분법으로 근을 구하기 위해서는 근이 포함되어 있는 구간의 좌측 경계값과 우측 경계값을 넣어주어야 하는데 이것을 프로그램 내에서 어떻게 처리해야 할까? 이 부분에서 필자는 고민을 많이 하였다. 위의 식에서 t가 커질수록 Ψ도 커진다. t의 단위를 크게 잡으면 t의 값이 커질수록 좌변의 두 번째 항은 영향력이 줄어들게 된다. 기껏해야 좌변의 둘째항의 최댓값은

$$|e\sin\Psi| = |e||\sin\Psi| \le e < 1$$

에서 보듯이 이심률이기 때문이다. 따라서 Ψ은 우변의 값과 큰 차이가 없게 되므로, 우변의 값이 Ψ의 근사근이 될 수 있다. 이 근사근을 기준으로 적당한 값, 보기를 들어 1 이나 2 정도를 더하고 뺀 값을 각각 구간의 좌우 경계값으로 하면 된다.

Ψ를 구한 다음에는 [29]을 이용하여 θ를 구한다. 필자는 또 다시 이분법을 사용하였다. 구간의 좌우 경계값을 설정한 것을 보면 상당히 길다. 이렇게 한 이유에 대해서는 독자가 생각해 보아라.

θ를 구하였으니, [24]에 의해 헬리의 혜성의 위치를 구할 수 있다. 드디어 문제를 해결하게 되었다.

12.1.2 소스 코드

```
// 헬리의 혜성 모의실험View.cpp : implementation of the CMyView class
//

#include "stdafx.h"
#include "헬리의 혜성 모의실험.h"

#include "헬리의 혜성 모의실험Doc.h"
#include "헬리의 혜성 모의실험View.h"

#include "math.h"

double psi(double);
double theta(double, double);

double times, pi=3.1415926535, error=0.0000000000001;
double T=76.03, eccen=0.9673, semimajor=2.70627;
double psiLeft, psiRight, psiMid;
double tempPsi, radius;
double thetaLeft, thetaRight, thetaMid;
unsigned short int i;

#ifdef _DEBUG
#define new DEBUG_NEW
#undef THIS_FILE
static char THIS_FILE[] = __FILE__;
#endif

/////////////////////////////////////////////////////////////////////////////
// CMyView

IMPLEMENT_DYNCREATE(CMyView, CView)

BEGIN_MESSAGE_MAP(CMyView, CView)
	//{{AFX_MSG_MAP(CMyView)
		// NOTE - the ClassWizard will add and remove mapping macros here.
		//    DO NOT EDIT what you see in these blocks of generated code!
	//}}AFX_MSG_MAP
	// Standard printing commands
```

```
    ON_COMMAND(ID_FILE_PRINT, CView::OnFilePrint)
    ON_COMMAND(ID_FILE_PRINT_DIRECT, CView::OnFilePrint)
    ON_COMMAND(ID_FILE_PRINT_PREVIEW, CView::OnFilePrintPreview)
END_MESSAGE_MAP()

/////////////////////////////////////////////////////////////////////////////
// CMyView construction/destruction

CMyView::CMyView()
{
    // TODO: add construction code here

}

CMyView::~CMyView()
{
}

BOOL CMyView::PreCreateWindow(CREATESTRUCT& cs)
{
    // TODO: Modify the Window class or styles here by modifying
    //  the CREATESTRUCT cs

    return CView::PreCreateWindow(cs);
}

/////////////////////////////////////////////////////////////////////////////
// CMyView drawing

void CMyView::OnDraw(CDC* pDC)
{
    CMyDoc* pDoc = GetDocument();
    ASSERT_VALID(pDoc);

    CRect rect;
    GetClientRect(&rect);
    pDC->SetMapMode(MM_LOMETRIC);
    pDC->SetViewportOrg(1100, rect.Height()/2);

    pDC->Ellipse(-10, 10, 10, -10);        // 태양

    for (times=0.0; times<76.02; times+=0.0009)
```

```
{
    psiLeft = (2.0*pi/T)*times - 1.0;
    psiRight = (2.0*pi/T)*times + 1.0;

    i=0;

    do
    {
        i += 1;
        psiMid = (psiLeft+psiRight) / 2.0;

        if ( psi(psiLeft)*psi(psiMid)==0.0 )
            break;
        else if ( psi(psiLeft)*psi(psiMid)<0.0 )
            psiRight = psiMid;
        else if ( psi(psiMid)*psi(psiRight)<0.0 )
            psiLeft = psiMid;
        else
            break;

    }
    while ( (psiRight-psiLeft)>2.0*error );

    tempPsi = (psiLeft+psiRight)/2.0;

    if ( (tempPsi>=0.0)&&(tempPsi<=pi) )
    {
        thetaLeft = 0.0 - 0.0000000001;
        thetaRight = pi - 0.0000000001;
    }
    else if ( (tempPsi>pi)&&(tempPsi<=3.0*pi) )
    {
        thetaLeft = pi + 0.0000000001;
        thetaRight = 3.0*pi - 0.0000000001;
    }
    else if ( (tempPsi>3.0*pi)&&(tempPsi<=5.0*pi) )
    {
        thetaLeft = 3.0*pi + 0.0000000001;
        thetaRight = 5.0*pi - 0.0000000001;
    }
    else if ( (tempPsi>5.0*pi)&&(tempPsi<=7.0*pi) )
    {
```

```
            thetaLeft = 5.0*pi + 0.0000000001;
            thetaRight = 7.0*pi - 0.0000000001;
        }
        else if ( (tempPsi>7.0*pi)&&(tempPsi<=9.0*pi) )
        {
            thetaLeft = 7.0*pi + 0.0000000001;
            thetaRight = 9.0*pi - 0.0000000001;
        }
        else if ( (tempPsi>9.0*pi)&&(tempPsi<=11.0*pi) )
        {
            thetaLeft = 9.0*pi + 0.0000000001;
            thetaRight = 11.0*pi - 0.0000000001;
        }

        i = 0;

        do
        {
            i += 1;
            thetaMid = (thetaLeft+thetaRight) / 2.0;

            if ( theta(thetaLeft,tempPsi)*theta(thetaMid,tempPsi)==0.0 )
                break;
            else if ( theta(thetaLeft,tempPsi)*theta(thetaMid,tempPsi)<0.0 )
                thetaRight = thetaMid;
            else if ( theta(thetaMid,tempPsi)*theta(thetaRight,tempPsi)<0.0 )
                thetaLeft = thetaMid;
            else
                break;
        }
        while ( (thetaRight-thetaLeft)>2.0*error );

        radius = semimajor * (1.0-pow(eccen, 2.0))
          / (1.0+eccen*cos((thetaLeft+thetaRight)/2.0));
        pDC->SetPixel(int(500.0*radius*cos((thetaLeft+thetaRight)/2.0)),
          int(500.0*radius*sin((thetaLeft+thetaRight)/2.0)), RGB(255, 0, 0));
    }
}

/////////////////////////////////////////////////////////////////////////////
// CMyView printing
```

```
BOOL CMyView::OnPreparePrinting(CPrintInfo* pInfo)
{
    // default preparation
    return DoPreparePrinting(pInfo);
}

void CMyView::OnBeginPrinting(CDC* /*pDC*/, CPrintInfo* /*pInfo*/)
{
    // TODO: add extra initialization before printing
}

void CMyView::OnEndPrinting(CDC* /*pDC*/, CPrintInfo* /*pInfo*/)
{
    // TODO: add cleanup after printing
}

/////////////////////////////////////////////////////////////////////////////
// CMyView diagnostics

#ifdef _DEBUG
void CMyView::AssertValid() const
{
    CView::AssertValid();
}

void CMyView::Dump(CDumpContext& dc) const
{
    CView::Dump(dc);
}

CMyDoc* CMyView::GetDocument() // non-debug version is inline
{
    ASSERT(m_pDocument->IsKindOf(RUNTIME_CLASS(CMyDoc)));
    return (CMyDoc*)m_pDocument;
}
#endif //_DEBUG

/////////////////////////////////////////////////////////////////////////////
// CMyView message handlers

double psi(double psi2)
{
```

```
    return psi2-eccen*sin(psi2)-(2.0*pi/T)*times;
}

double theta(double theta, double psi3)
{
    return tan(theta/2.0)-sqrt((1.0+eccen)/(1.0-eccen))*tan(psi3/2.0);
}
```

12.1.3 실행 결과

1년 후

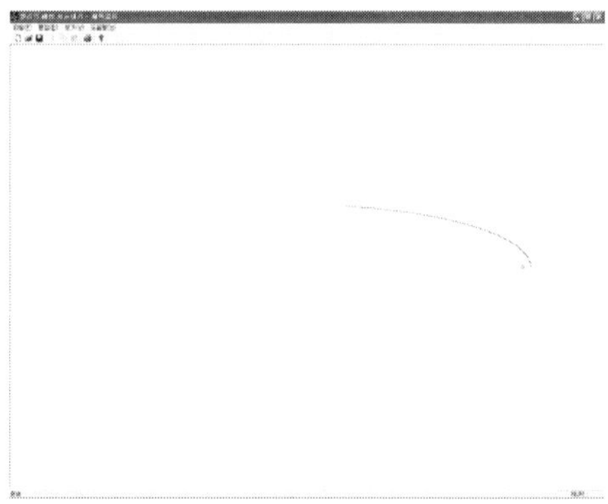

5년 후

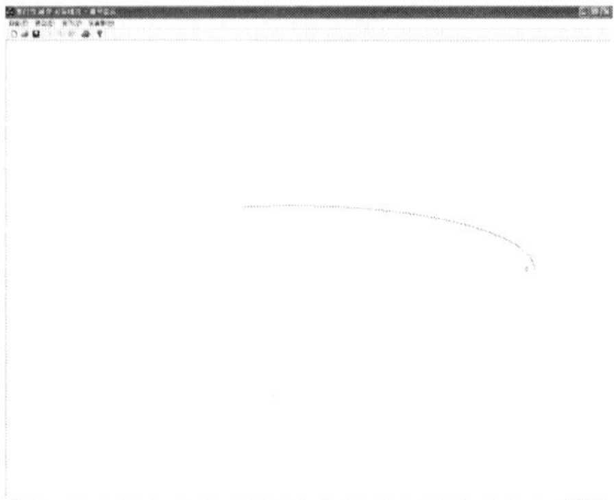

10년 후

20년 후

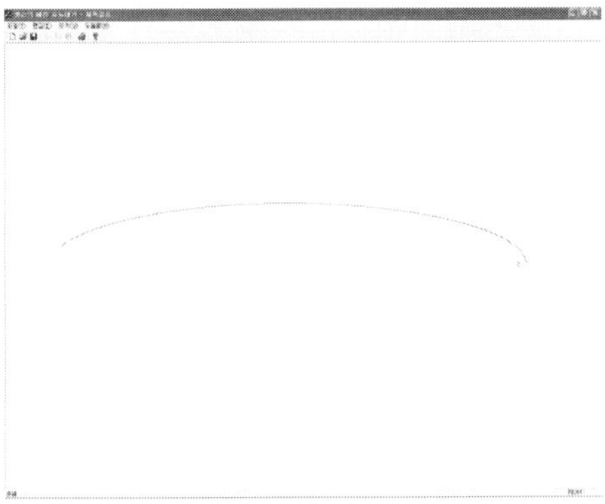

30 년 후

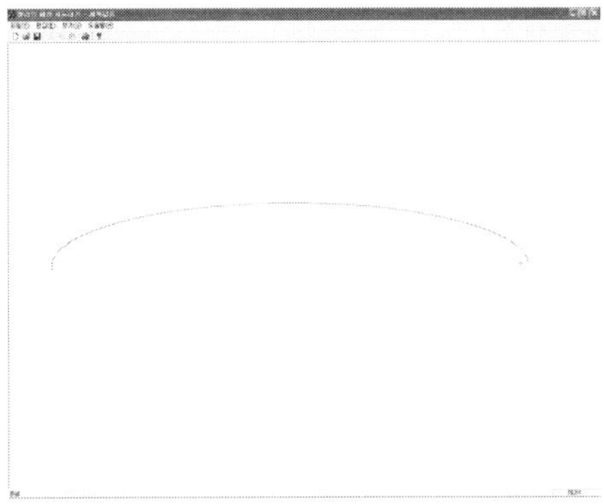

40 년 후

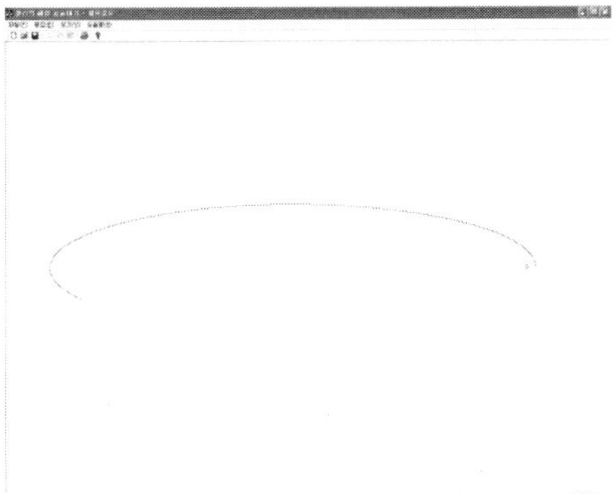

50 년 후

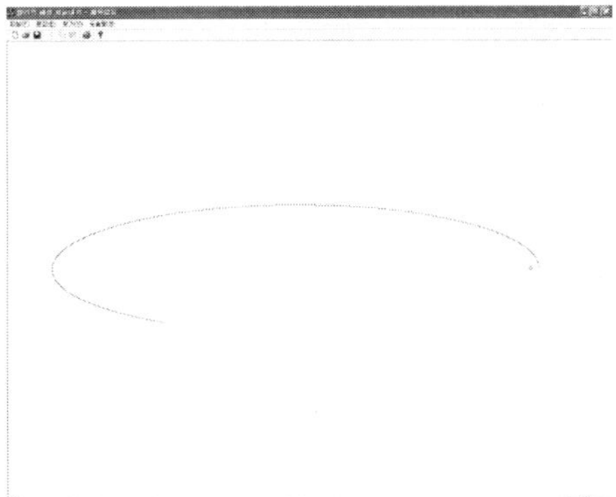

60 년 후

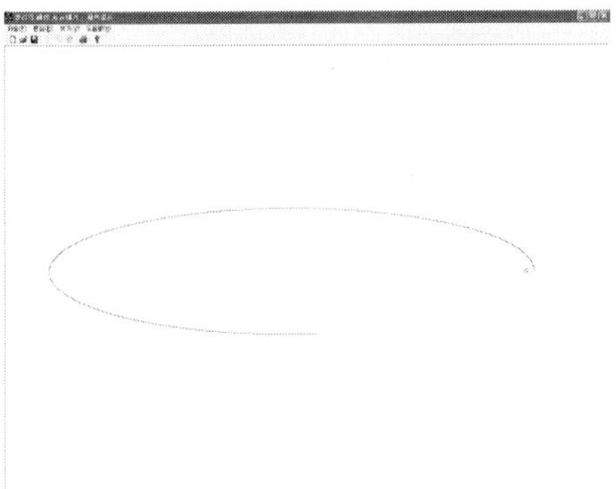

70 년 후

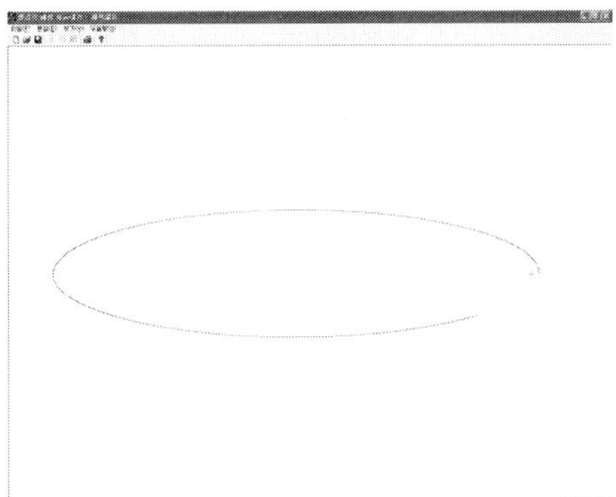

75 년 후

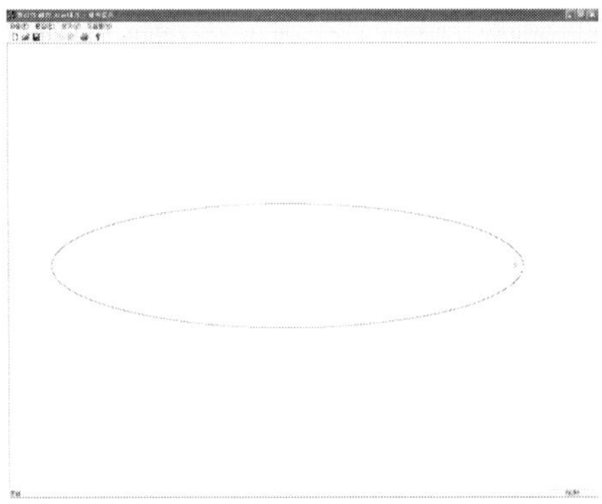

76 년 후

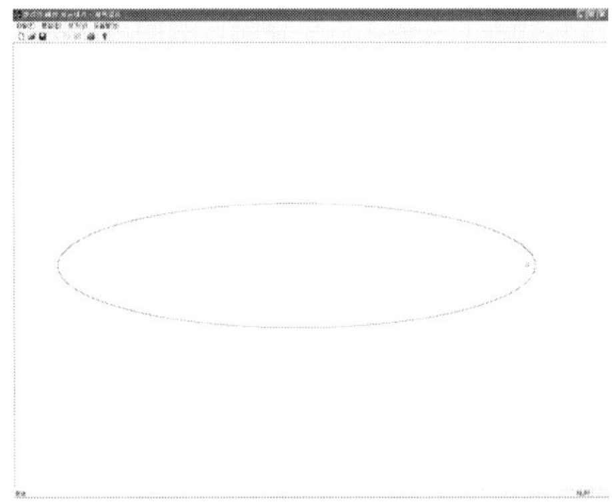

76.02 년 후

12.2 행성 모의실험

12.2.1 이론

하나의 혜성을 세 개의 행성으로 바꾸었을 뿐 앞의 section 과 대동소이하다. 다만 프로그램이 상당히 길어졌다. AppWizard 에 의해 자동으로 생성된 코드 말고 필자가 추가한 코드의 분량이 앞의 section 에서 추가한 코드의 분량의 세 배 가량 된다.

프로그램을 작성하기 위해 필요한 자료를

	주기(일)	이심률	반장축(AU)	반지름(㎞)
수성	87.97	0.2056	0.3871	2439
금성	224.7	0.0068	0.7233	6056
지구	365	0.0167	1	6370

와 같이 정리하여 보았다.

앞 section 에서는 태양을 지름 2mm 의 원으로, 헬리의 혜성을 점으로 표현하였다. 이번에는 행성의 크기를 고려해 주자. 태양은 너무 커서 비례관계를 고려해 줄 수 없다. 태양은 위의 세 내행성 중에서 가장 큰 지구보다 더 크게 설정하였다.

마지막으로 한 마디 하겠다.

필자가 이 chapter 에서 천체(celestial body)의 운동을 모의실험하기 위해 사용한 알고리즘을 자평해 본다면, 필자가 작성한 프로그램은 쉬운 구문만을 사용하여 이해하기가 쉬운 반면에, 코드의 길이가 좀 길다는 단점을 가지고 있다. 좀더 고급 구문을 사용하는 등의 방법으로 더 좋은 알고리즘을 독자 스스로 개발해 보는 것도 좋을 것이다.

12.2.2 소스 코드

```
// 행성 모의실험 View.cpp : implementation of the CMyView class
//

#include "stdafx.h"
#include "행성 모의실험.h"

#include "행성 모의실험 Doc.h"
#include "행성 모의실험 View.h"

#include "math.h"

typedef double DP;

DP ps( DP, DP, DP );
DP the( DP, DP, DP );

DP times, pi=3.1415926535, error=0.00000000001;
DP TMer=87.97, eMer=0.2056, semiMer=0.3871;
DP psLeMer, psRiMer, psMidMer, temMer, rMer, theLeMer, theRiMer, theMidMer;
DP TVenus=224.7, eVe=0.0068, semiVe=0.7233;
DP psLeVe, psRiVe, psMidVe, temVe, rVe, theLeVe, theRiVe, theMidVe;
DP TEarth=365.0, eEa=0.0167, semiEa=1.0000;
DP psLeEa, psRiEa, psMidEa, temEa, rEa, theLeEa, theRiEa, theMidEa;
DP scale=1211.0;
unsigned short int i;

#ifdef _DEBUG
#define new DEBUG_NEW
#undef THIS_FILE
```

```
static char THIS_FILE[] = __FILE__;
#endif

/////////////////////////////////////////////////////////////////////////////
// CMyView

IMPLEMENT_DYNCREATE(CMyView, CView)

BEGIN_MESSAGE_MAP(CMyView, CView)
    //{{AFX_MSG_MAP(CMyView)
        // NOTE - the ClassWizard will add and remove mapping macros here.
        //    DO NOT EDIT what you see in these blocks of generated code!
    //}}AFX_MSG_MAP
    // Standard printing commands
    ON_COMMAND(ID_FILE_PRINT, CView::OnFilePrint)
    ON_COMMAND(ID_FILE_PRINT_DIRECT, CView::OnFilePrint)
    ON_COMMAND(ID_FILE_PRINT_PREVIEW, CView::OnFilePrintPreview)
END_MESSAGE_MAP()

/////////////////////////////////////////////////////////////////////////////
// CMyView construction/destruction

CMyView::CMyView()
{
    // TODO: add construction code here

}

CMyView::~CMyView()
{
}

BOOL CMyView::PreCreateWindow(CREATESTRUCT& cs)
{
    // TODO: Modify the Window class or styles here by modifying
    //  the CREATESTRUCT cs

    return CView::PreCreateWindow(cs);
}

/////////////////////////////////////////////////////////////////////////////
// CMyView drawing
```

```
void CMyView::OnDraw(CDC* pDC)
{
    CMyDoc* pDoc = GetDocument();
    ASSERT_VALID(pDoc);

    CRect rect;
    GetClientRect(&rect);
    pDC->SetMapMode(MM_LOMETRIC);
    pDC->SetViewportOrg(rect.Width()/2, rect.Height()/2);

    pDC->Ellipse(-20, 20, 20, -20);      // 태양

    for (times=0.0; times<364.0; times+=0.006)
    {
        psLeMer = (2.0*pi/TMer)*times - 0.3;
        psRiMer = (2.0*pi/TMer)*times + 0.3;
        psLeVe = (2.0*pi/TVenus)*times - 0.3;
        psRiVe = (2.0*pi/TVenus)*times + 0.3;
        psLeEa = (2.0*pi/TEarth)*times - 0.3;
        psRiEa = (2.0*pi/TEarth)*times + 0.3;

        i=0;

        do
        {
            i += 1;
            psMidMer = 0.5 * (psLeMer+psRiMer);
            psMidVe = 0.5 * (psLeVe+psRiVe);
            psMidEa = 0.5 * (psLeEa+psRiEa);

            if ( ps(psLeMer, eMer, TMer)*ps(psMidMer, eMer, TMer)==0.0 )
                break;
            else if ( ps(psLeMer, eMer, TMer)*ps(psMidMer, eMer, TMer)<0.0 )
                psRiMer = psMidMer;
            else if ( ps(psMidMer, eMer, TMer)*ps(psRiMer, eMer, TMer)<0.0 )
                psLeMer = psMidMer;
            else
                break;

            if ( ps(psLeVe, eVe, TVenus)*ps(psMidVe, eVe, TVenus)==0.0 )
                break;
```

```
    else if ( ps(psLeVe, eVe, TVenus)*ps(psMidVe, eVe, TVenus)<0.0 )
        psRiVe = psMidVe;
    else if ( ps(psMidVe, eVe, TVenus)*ps(psRiVe, eVe, TVenus)<0.0 )
        psLeVe = psMidVe;
    else
        break;

    if ( ps(psLeEa, eEa, TEarth)*ps(psMidEa, eEa, TEarth)==0.0 )
        break;
    else if ( ps(psLeEa, eEa, TEarth)*ps(psMidEa, eEa, TEarth)<0.0 )
        psRiEa = psMidEa;
    else if ( ps(psMidEa, eEa, TEarth)*ps(psRiEa, eEa, TEarth)<0.0 )
        psLeEa = psMidEa;
    else
        break;
}
while ( (psRiMer-psLeMer)>2.0*error && (psRiVe-psLeVe)>2.0*error
  && (psRiEa-psLeEa)>2.0*error );

temMer = 0.5 * (psLeMer+psRiMer);
temVe = 0.5 * (psLeVe+psRiVe);
temEa = 0.5 * (psLeEa+psRiEa);

if ( (temMer>=0.0)&&(temMer<=pi) )
{
    theLeMer = 0.0 - 0.00000001;
    theRiMer = pi - 0.00000001;
}
else if ( (temMer>pi)&&(temMer<=3.0*pi) )
{
    theLeMer = pi + 0.00000001;
    theRiMer = 3.0*pi - 0.00000001;
}
else if ( (temMer>3.0*pi)&&(temMer<=5.0*pi) )
{
    theLeMer = 3.0*pi + 0.00000001;
    theRiMer = 5.0*pi - 0.00000001;
}
else if ( (temMer>5.0*pi)&&(temMer<=7.0*pi) )
{
    theLeMer = 5.0*pi + 0.00000001;
    theRiMer = 7.0*pi - 0.00000001;
```

```
}
else if ( (temMer>7.0*pi)&&(temMer<=9.0*pi) )
{
    theLeMer = 7.0*pi + 0.00000001;
    theRiMer = 9.0*pi - 0.00000001;
}
else if ( (temMer>9.0*pi)&&(temMer<=11.0*pi) )
{
    theLeMer = 9.0*pi + 0.00000001;
    theRiMer = 11.0*pi - 0.00000001;
}
else if ( (temMer>11.0*pi)&&(temMer<=13.0*pi) )
{
    theLeMer = 11.0*pi + 0.00000001;
    theRiMer = 13.0*pi - 0.00000001;
}
else if ( (temMer>13.0*pi)&&(temMer<=15.0*pi) )
{
    theLeMer = 13.0*pi + 0.00000001;
    theRiMer = 15.0*pi - 0.00000001;
}
else if ( (temMer>15.0*pi)&&(temMer<=17.0*pi) )
{
    theLeMer = 15.0*pi + 0.00000001;
    theRiMer = 17.0*pi - 0.00000001;
}

if ( (temVe>=0.0)&&(temVe<=pi) )
{
    theLeVe = 0.0 - 0.00000001;
    theRiVe = pi - 0.00000001;
}
else if ( (temVe>pi)&&(temVe<=3.0*pi) )
{
    theLeVe = pi + 0.00000001;
    theRiVe = 3.0*pi - 0.00000001;
}
else if ( (temVe>3.0*pi)&&(temVe<=5.0*pi) )
{
    theLeVe = 3.0*pi + 0.00000001;
    theRiVe = 5.0*pi - 0.00000001;
}
```

```
else if ( (temVe>5.0*pi)&&(temVe<=7.0*pi) )
{
    theLeVe = 5.0*pi + 0.00000001;
    theRiVe = 7.0*pi - 0.00000001;
}
else if ( (temVe>7.0*pi)&&(temVe<=9.0*pi) )
{
    theLeVe = 7.0*pi + 0.00000001;
    theRiVe = 9.0*pi - 0.00000001;
}

if ( (temEa>=0.0)&&(temEa<=pi) )
{
    theLeEa = 0.0 - 0.00000001;
    theRiEa = pi - 0.00000001;
}
else if ( (temEa>pi)&&(temEa<=3.0*pi) )
{
    theLeEa = pi + 0.00000001;
    theRiEa = 3.0*pi - 0.00000001;
}
else if ( (temEa>3.0*pi)&&(temEa<=5.0*pi) )
{
    theLeEa = 3.0*pi + 0.00000001;
    theRiEa = 5.0*pi - 0.00000001;
}
else if ( (temEa>5.0*pi)&&(temEa<=7.0*pi) )
{
    theLeEa = 5.0*pi + 0.00000001;
    theRiEa = 7.0*pi - 0.00000001;
}
else if ( (temEa>7.0*pi)&&(temEa<=9.0*pi) )
{
    theLeEa = 7.0*pi + 0.00000001;
    theRiEa = 9.0*pi - 0.00000001;
}

i = 0;

do
{
    i += 1;
```

```
        theMidMer = 0.5 * (theLeMer+theRiMer);
        theMidVe = 0.5 * (theLeVe+theRiVe);
        theMidEa = 0.5 * (theLeEa+theRiEa);

        if ( the(theLeMer,eMer,temMer)*the(theMidMer,eMer,temMer)==0.0 )
            break;
        else if (the(theLeMer,eMer,temMer)*the(theMidMer,eMer,temMer)<0.0)
            theRiMer = theMidMer;
        else if (the(theMidMer,eMer,temMer)*the(theRiMer,eMer,temMer)<0.0)
            theLeMer = theMidMer;
        else
            break;

        if ( the(theLeVe, eVe, temVe)*the(theMidVe, eVe, temVe)==0.0 )
            break;
        else if ( the(theLeVe, eVe, temVe)*the(theMidVe, eVe, temVe)<0.0 )
            theRiVe = theMidVe;
        else if ( the(theMidVe, eVe, temVe)*the(theRiVe, eVe, temVe)<0.0 )
            theLeVe = theMidVe;
        else
            break;

        if ( the(theLeEa, eEa, temEa)*the(theMidEa, eEa, temEa)==0.0 )
            break;
        else if ( the(theLeEa, eEa, temEa)*the(theMidEa, eEa, temEa)<0.0 )
            theRiEa = theMidEa;
        else if ( the(theMidEa, eEa, temEa)*the(theRiEa, eEa, temEa)<0.0 )
            theLeEa = theMidEa;
        else
            break;
    }
    while ( (theRiMer-theLeMer)>2.0*error && (theRiVe-theLeVe)>2.0*error
      && (theRiEa-theLeEa)>2.0*error );

    rMer = semiMer * (1.0-pow(eMer,2.0))
      / (1.0+eMer*cos((theLeMer+theRiMer)/2.0));
    rVe = semiVe * (1.0-pow(eVe,2.0))
      / (1.0+eVe*cos((theLeVe+theRiVe)/2.0));
    rEa = semiEa * (1.0-pow(eEa,2.0))
      / (1.0+eEa*cos((theLeEa+theRiEa)/2.0));

    pDC->Ellipse(int(-2.439+scale*rMer*cos((theLeMer+theRiMer)/2.0)),
```

```
            int(2.439+scale*rMer*sin((theLeMer+theRiMer)/2.0)),
            int(2.439+scale*rMer*cos((theLeMer+theRiMer)/2.0)),
            int(-2.439+scale*rMer*sin((theLeMer+theRiMer)/2.0)));

        pDC->Ellipse(int(-6.056+scale*rVe*cos((theLeVe+theRiVe)/2.0)),
            int(6.056+scale*rVe*sin((theLeVe+theRiVe)/2.0)),
            int(6.056+scale*rVe*cos((theLeVe+theRiVe)/2.0)),
            int(-6.056+scale*rVe*sin((theLeVe+theRiVe)/2.0)));

        pDC->Ellipse(int(-6.37+scale*rEa*cos((theLeEa+theRiEa)/2.0)),
            int(6.37+scale*rEa*sin((theLeEa+theRiEa)/2.0)),
            int(6.37+scale*rEa*cos((theLeEa+theRiEa)/2.0)),
            int(-6.37+scale*rEa*sin((theLeEa+theRiEa)/2.0)));
    }
}

/////////////////////////////////////////////////////////////////////////////
// CMyView printing

BOOL CMyView::OnPreparePrinting(CPrintInfo* pInfo)
{
    // default preparation
    return DoPreparePrinting(pInfo);
}

void CMyView::OnBeginPrinting(CDC* /*pDC*/, CPrintInfo* /*pInfo*/)
{
    // TODO: add extra initialization before printing
}

void CMyView::OnEndPrinting(CDC* /*pDC*/, CPrintInfo* /*pInfo*/)
{
    // TODO: add cleanup after printing
}

/////////////////////////////////////////////////////////////////////////////
// CMyView diagnostics

#ifdef _DEBUG
void CMyView::AssertValid() const
{
    CView::AssertValid();
```

```
}

void CMyView::Dump(CDumpContext& dc) const
{
    CView::Dump(dc);
}

CMyDoc* CMyView::GetDocument() // non-debug version is inline
{
    ASSERT(m_pDocument->IsKindOf(RUNTIME_CLASS(CMyDoc)));
    return (CMyDoc*)m_pDocument;
}
#endif //_DEBUG

/////////////////////////////////////////////////////////////////////////////
// CMyView message handlers

DP ps(DP ps2, DP eccen, DP T)
{
    return ps2-eccen*sin(ps2)-(2.0*pi/T)*times;
}

DP the(DP the, DP eccen, DP ps3)
{
    return tan(the/2.0)-sqrt((1.0+eccen)/(1.0-eccen))*tan(ps3/2.0);
}
```

12.2.3 실행 결과

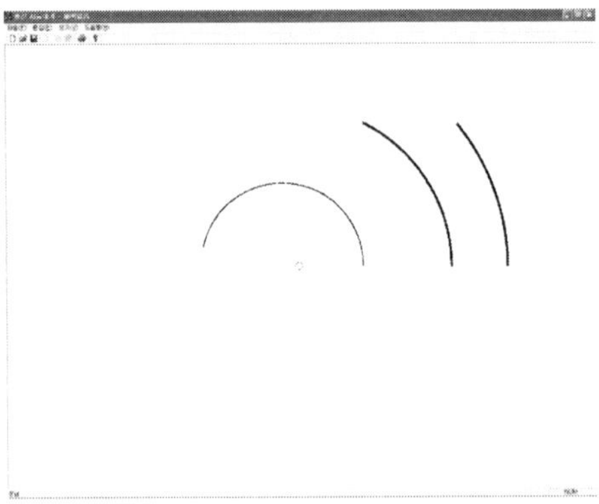

40 일 후

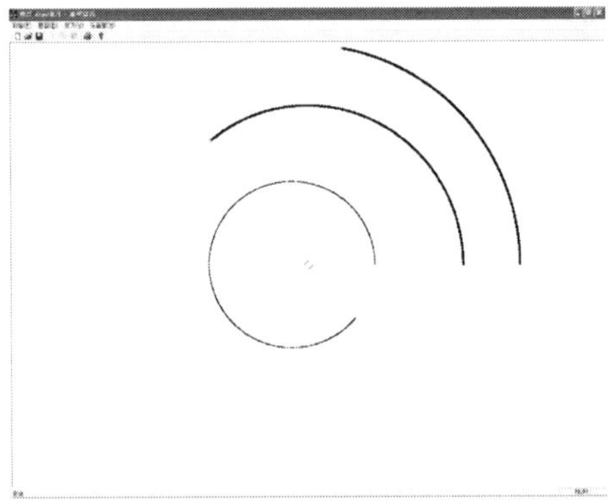

80 일 후

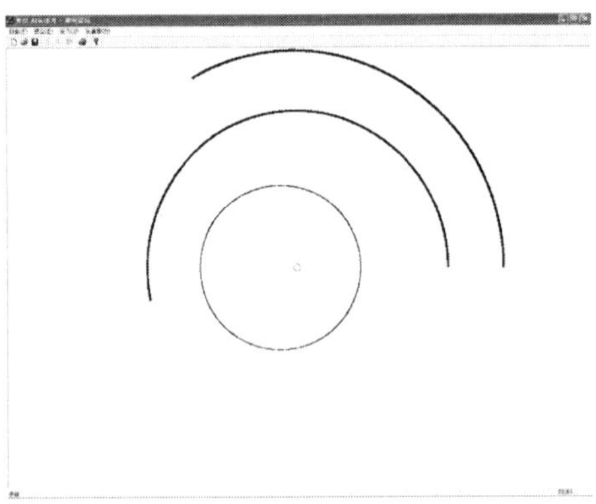

120 일 후

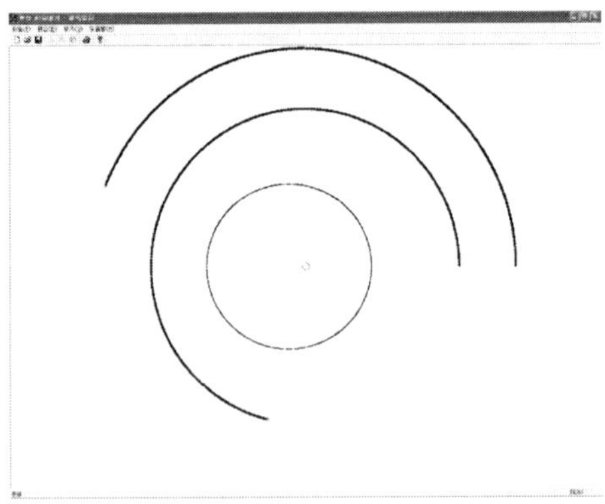

160 일 후

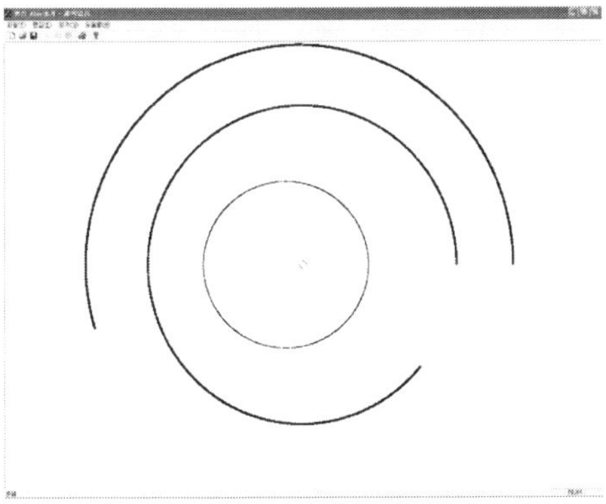

200 일 후

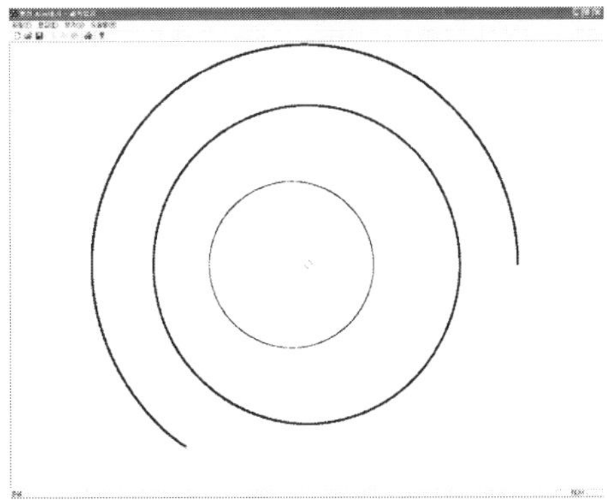

240 일 후

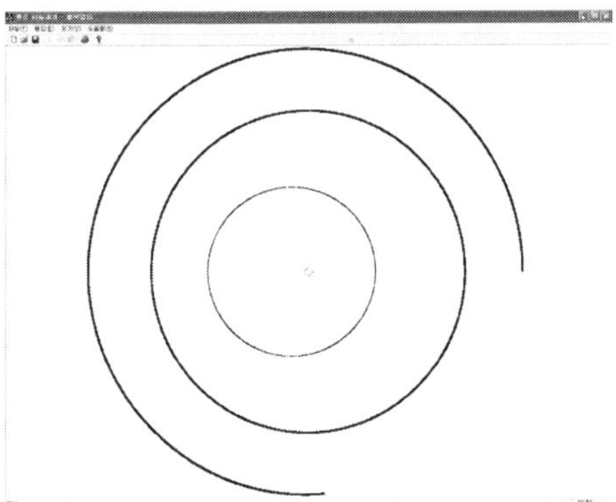

280 일 후

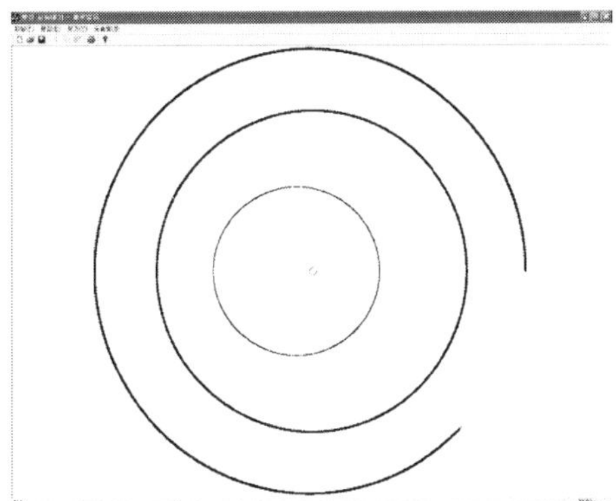

320 일 후

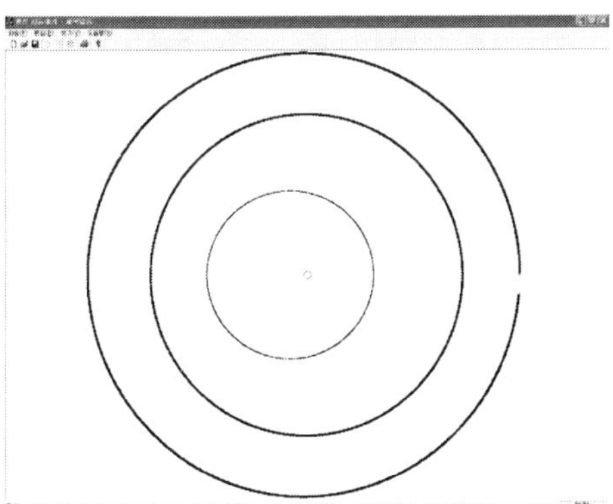

360 일 후

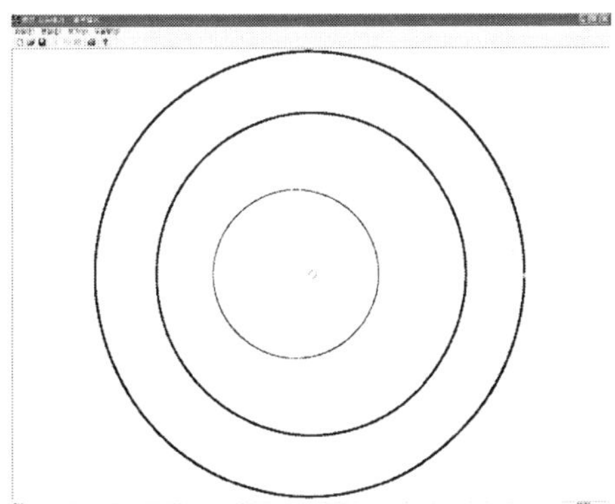

364 일 후

12.3 연습 문제

문항 1 모든 행성의 운동을 모의실험하여라.

문항 2 헬리의 혜성과 모든 행성의 운동을 모의실험하여라.

13 빛의 반사에 대한 Bui Tuong Phong 의 모델

13.1 개론

투명한 매질 내에서 진행하는 광선이 매질 #2 와의 경계면을 만나면, 입사 광선의 일부는 매질 #1 으로 되돌아간다. 이러한 현상을 반사라고 한다.

아래의 그림

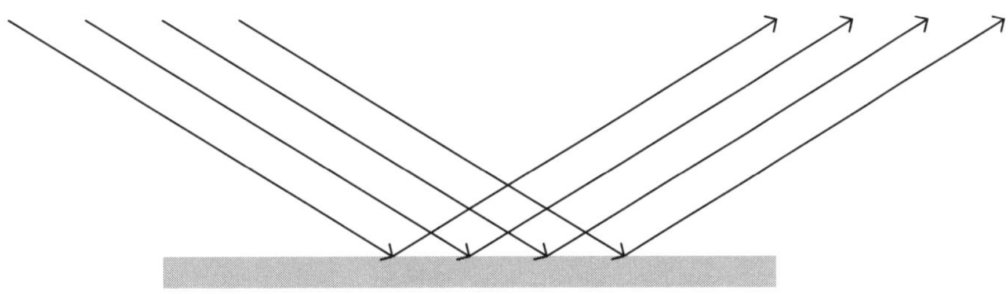

은 거울과 같이 매끄러운 반사면에 입사된 여러 개의 광선들을 보여준다. 여기에서 매끄럽다는 말은 면의 울퉁불퉁한 정도가 빛의 파장에 비해서 매우 작다는 것을 뜻한다. 반사된 광선들은 그림에 나타낸 바와 같이 각각 평행을 이룬다. 이와 같이 매끄러운 표면에서 빛이 반사되는 것을 거울반사(specular reflection)라고 부른다.

반면에 만일 반사면이

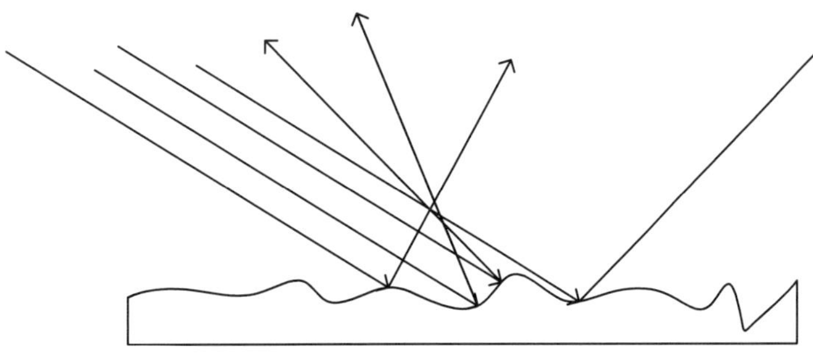

과 같이 거칠다면, 광선은 여러 방향으로 반사될 것이다. 거친 면에서 반사되는 것을 퍼진 반사(diffuse reflection)라고 부른다.

이를테면 야간 운전시에 도로 표면에서 볼 수 있는 두 가지 유형의 반사를 생각해 보자. 도로가 건조할 때 다가오는 승용차로부터 나오는 빛은 여러 방향으로 산란(퍼진 반사)되어 도로가 잘 보인다. 비오는 밤 도로가 물에 젖어 있을 때는 도로의 울퉁불퉁한 곳이 물로 채워진다. 물에 젖은 면은 아주 매끄럽게 되기 때문에 빛은 거울 반사를 한다. 이것은 빛이 똑바로 반사되는 것을 의미하며, 따라서 자동차 운전자는 오직 자신의 전방만을 보게 된다. 옆에서 들어오는 빛은 운전자의 눈에 전혀 들어올 수 없다.

지금까지 설명한 내용은 순수하게 물리학적인 지식을 이야기한 것이다. 실제로 컴퓨터로 구현하는 것은 그것보다 단순화된 모델을 모의실험한다.

Bui Tuong Phong 이 제시한 반사 모델은 빛샘(light source)이 점빛샘(point light source)이라고 가정한다. 빛샘이 점빛샘이라는 것은 빛샘의 강도 분포(intensity distribution)를 무시한다는 것을 의미한다.

Phong 의 모델은 빛샘과 관찰자(viewer)가 무한대에 위치해 있다고 가정한다. 따라서 물체의 표면에서의 기하(geometry)를 제외하고 모든 기하를 무시한다.

이 모델은 거울반사의 색이 빛샘의 색이라고 가정한다. 즉 물체에 상관없이 highlight 부분이 하얗게 나타난다.

Phong 의 반사 모델은 퍼진 반사, 거울반사, ambient light 의 세 가지로 이루어져 있다. 이 chapter 에서는 이러한 Phong 의 반사 모델을 프로그램으로 구현하여 볼 것이다.

참고로 점빛샘에서 발생하는 구면파를 물리적으로 짚어보자.

점빛샘에서 나오는 광선은 모든 방향으로 고르게 퍼져 나간다. 이처럼 등방성(isotropic)이 있는 빛샘에서 나온 파면들은 지름이 증가하는 동심구들을 형성한다. 구면파의 파면들이 가지고 있는 대칭성을 다루는 데에는 구면좌표계가 적격이다.

구면좌표계에서 라플라시안 연산자는

$$\nabla^2 = \frac{1}{r^2}\frac{\partial}{\partial r}\left[r^2\frac{\partial}{\partial r}\right] + \frac{1}{r^2 \sin\theta}\frac{\partial}{\partial\theta}\left[\sin\theta\frac{\partial}{\partial\theta}\right] + \frac{1}{r^2\sin^2\theta}\frac{\partial^2}{\partial\phi^2} \qquad [31]$$

이다.

그런데 구면파는 θ와 ϕ에 의존하지 않는 구대칭을 가지므로

$$\Psi(r,\theta,\phi) = \Psi(r)$$

과 같이 쓸 수 있다.

따라서 $\Psi(r)$의 라플라시안은

$$\nabla^2\Psi(r) = \frac{1}{r^2}\frac{\partial}{\partial r}\left[r^2\frac{\partial\Psi(r)}{\partial r}\right] \quad [32]$$

이다.

만약 [31]을 모른다면? 그럴 경우에는 직교좌표계에서 라플라시안 연산자의 정의식

$$\nabla^2 \equiv \frac{\partial^2}{\partial x^2} + \frac{\partial^2}{\partial y^2} + \frac{\partial^2}{\partial z^2}$$

을 구대칭 파동함수 $\Psi(r)$에 적용시키는 방법으로 문제를 해결할 수 있다. 잠시 시간을 내서 그 과정을 살펴 보자.

연쇄법칙(chain rule)에 의하여

$$\frac{\partial\Psi}{\partial x} = \frac{\partial\Psi}{\partial r}\frac{\partial r}{\partial x}, \quad \frac{\partial^2\Psi}{\partial x^2} = \frac{\partial^2\Psi}{\partial r^2}\left(\frac{\partial r}{\partial x}\right)^2 + \frac{\partial\Psi}{\partial r}\frac{\partial^2 r}{\partial x^2}$$

이 성립한다.

위의 식에서 $\frac{\partial r}{\partial x}$과 $\frac{\partial^2 r}{\partial x^2}$은 각각

$$\frac{\partial r}{\partial x} = \frac{\partial\sqrt{x^2+y^2+z^2}}{\partial x} = \frac{x}{\sqrt{x^2+y^2+z^2}} = \frac{x}{r},$$

$$\frac{\partial^2 r}{\partial x^2} = \frac{1}{r}\frac{\partial}{\partial x}x + x\frac{\partial}{\partial x}\left[\frac{1}{r}\right] = \frac{1}{r}\left(1 - \frac{x^2}{r^2}\right)$$

이다.

따라서

$$\frac{\partial^2\Psi}{\partial x^2} = \frac{x^2}{r^2}\frac{\partial^2\Psi}{\partial r^2} + \frac{1}{r}\left(1 - \frac{x^2}{r^2}\right)\frac{\partial\Psi}{\partial r}$$

이 된다.

마찬가지 방식으로

$$\frac{\partial^2\Psi}{\partial y^2} = \frac{y^2}{r^2}\frac{\partial^2\Psi}{\partial r^2} + \frac{1}{r}\left(1 - \frac{y^2}{r^2}\right)\frac{\partial\Psi}{\partial r},$$

$$\frac{\partial^2\Psi}{\partial z^2} = \frac{z^2}{r^2}\frac{\partial^2\Psi}{\partial r^2} + \frac{1}{r}\left(1 - \frac{z^2}{r^2}\right)\frac{\partial\Psi}{\partial r}$$

이 된다.

위의 세 식을 더하면

$$\begin{aligned}\nabla^2\Psi &= \frac{x^2}{r^2}\frac{\partial^2\Psi}{\partial r^2} + \frac{1}{r}\left(1 - \frac{x^2}{r^2}\right)\frac{\partial\Psi}{\partial r} + \frac{y^2}{r^2}\frac{\partial^2\Psi}{\partial r^2} + \frac{1}{r}\left(1 - \frac{y^2}{r^2}\right)\frac{\partial\Psi}{\partial r} + \frac{z^2}{r^2}\frac{\partial^2\Psi}{\partial r^2} + \frac{1}{r}\left(1 - \frac{z^2}{r^2}\right)\frac{\partial\Psi}{\partial r} \\ &= \frac{\partial^2\Psi}{\partial r^2} + \frac{1}{r}\left(3 - \frac{x^2}{r^2} - \frac{y^2}{r^2} - \frac{z^2}{r^2}\right)\frac{\partial\Psi}{\partial r} = \frac{\partial^2\Psi}{\partial r^2} + \frac{2}{r}\frac{\partial\Psi}{\partial r} = \frac{1}{r}\frac{\partial^2[r\Psi]}{\partial r^2}\end{aligned}$$

을 얻게 된다. 이것은 [32]과 동등한 식이다.

위의 결과로부터 파동방정식을

$$\nabla^2\Psi = \frac{1}{r}\frac{\partial^2[r\Psi]}{\partial r^2} = \frac{1}{v^2}\frac{\partial^2\Psi}{\partial t^2}$$

과 같이 세울 수 있다.

양변에 r을 곱하면

$$\frac{\partial^2[r\Psi]}{\partial r^2} = \frac{1}{v^2}\frac{\partial^2[r\Psi]}{\partial t^2}$$

이다. 이것은 공간변수가 r이고 파동함수가 $r\Psi$인 일차원 파동방정식이다.

위의 미분방정식의 해는

$$r\Psi(r,t) = f(r - vt), \quad r\Psi(r,t) = g(r + vt)$$

이다. 앞의 것은 v의 속도로 점빛샘으로부터 지름방향으로 진행하는 구면파를 나타내고, 뒤의 것은 점빛샘으로 수렴해 들어가는 구면파를 의미한다.

일반해

$$\Psi(r,t) = c_1\frac{f(r - vt)}{r} + c_2\frac{g(r + vt)}{r}$$

의 특별한 경우인 조화구면파는

$$\Psi(r,t) = \Psi_0 \frac{e^{ik(r \mp vt)}}{r}$$

으로 표현할 수 있다.

13.2 퍼진 반사(Diffuse Reflection)

13.2.1 이론

우리 주변에 있는 대부분의 물체들은 빛샘(light source)이 아니다. 즉 그들은 빛을 방출하지 않는다. 그들은 daylight 나 인공적인 빛샘으로부터 방출된 빛을 흡수하거나 반사한다. 우리가 어떤 물체를 볼 때, 만약 그 물체가 노란색이라면, 그 물체로 입사한 빛에서 노란 구성 요소가 반사하여 우리의 눈에 들어온 것이다. 이러한 반사가 퍼진 반사(diffuse reflection)이다.

퍼진 반사는 모든 방향으로 빛이 산란되는 것이다. 모든 방향으로 빛이 산란된다는 것은 관찰자(viewer)가 보게 되는 반사된 빛의 양이 관찰자의 위치에 의존하지 않는다는 것을 의미한다. 이상적인(ideal) 퍼진 반사는 모든 방향으로 균등하게 빛이 산란된 것이다.

퍼진 반사된 빛의 세기는 람베르트의 법칙(Lambert's law)

$$I_d = I_0 k_d \cos\theta = I_0 k_d \hat{\mathbf{L}} \cdot \hat{\mathbf{N}} \qquad [33]$$

으로 구할 수 있다. 여기에서 I_0는 빛샘의 세기이고, k_d는 물체에 입사된 빛의 파장(wavelength)과 물체의 특성에 의존하는 상수이다. θ는 시점이 물체의 표면상의 점이고 종점이 빛샘인 벡터 **L**와 그 표면에 수직한 법선벡터(normal vector) **N**가 이루는 각이다. 이 상황을 나타낸 그림

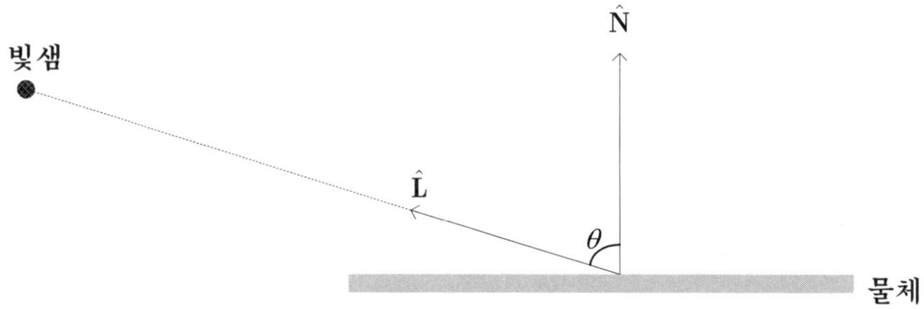

을 곁들여서 보면 더 나을 것이다.

만약 빛샘이 하나보다 많다면 퍼진 반사된 빛의 세기는

$$I_d = I_1 k_d \cos\theta_1 + I_2 k_d \cos\theta_2 + I_3 k_d \cos\theta_3 + \cdots$$

가 된다.

13.2.2 소스 코드

```
// 퍼진 반사View.cpp : implementation of the CMyView class
//

#include "stdafx.h"
#include "퍼진 반사.h"

#include "퍼진 반사Doc.h"
#include "퍼진 반사View.h"

#include <cmath>

#ifdef _DEBUG
#define new DEBUG_NEW
#undef THIS_FILE
static char THIS_FILE[] = __FILE__;
#endif

/////////////////////////////////////////////////////////////////////////////
// CMyView

IMPLEMENT_DYNCREATE(CMyView, CView)
```

```
BEGIN_MESSAGE_MAP(CMyView, CView)
    //{{AFX_MSG_MAP(CMyView)
        // NOTE - the ClassWizard will add and remove mapping macros here.
        //    DO NOT EDIT what you see in these blocks of generated code!
    //}}AFX_MSG_MAP
    // Standard printing commands
    ON_COMMAND(ID_FILE_PRINT, CView::OnFilePrint)
    ON_COMMAND(ID_FILE_PRINT_DIRECT, CView::OnFilePrint)
    ON_COMMAND(ID_FILE_PRINT_PREVIEW, CView::OnFilePrintPreview)
END_MESSAGE_MAP()

/////////////////////////////////////////////////////////////////////////////
// CMyView construction/destruction

CMyView::CMyView()
{
    // TODO: add construction code here

}

CMyView::~CMyView()
{
}

BOOL CMyView::PreCreateWindow(CREATESTRUCT& cs)
{
    // TODO: Modify the Window class or styles here by modifying
    //  the CREATESTRUCT cs

    return CView::PreCreateWindow(cs);
}

/////////////////////////////////////////////////////////////////////////////
// CMyView drawing

void CMyView::OnDraw(CDC* pDC)
{
    CMyDoc* pDoc = GetDocument();
    ASSERT_VALID(pDoc);

    CRect rect;
    GetClientRect(&rect);
```

```
    pDC->SetMapMode(MM_LOMETRIC);
    pDC->SetViewportOrg(rect.Width()/2, rect.Height()/2);

    double Lx, Lz, Ly, y, x, z;
    double dotProduct, Intensity;
    int i, j;

    Lx = 0.7;
    Ly = 0.5;
    Lz = sqrt(1.0-Lx*Lx-Ly*Ly);

    for (j=-800; j<800; j++)
    {
        y = j / 800.0;

        for (i=-800; i<800; i++)
        {
            x = i / 800.0;

            if ( (x*x+y*y)<1.0 )
            {
                z = sqrt(1.0-x*x-y*y);
                dotProduct = Lx*x + Ly*y + Lz*z;

                if ( dotProduct<0.0 )
                    dotProduct = 0.0;

                Intensity = 0.9*dotProduct;

                if ( Intensity>1.0 )
                    Intensity = 1.0;
            }
            else
                Intensity = 1.0;

            pDC->SetPixel(i, j, RGB(Intensity*255.0, Intensity*255.0,
              Intensity*255.0));
        }
    }
}

/////////////////////////////////////////////////////////////////////////////
```

```
// CMyView printing

BOOL CMyView::OnPreparePrinting(CPrintInfo* pInfo)
{
    // default preparation
    return DoPreparePrinting(pInfo);
}

void CMyView::OnBeginPrinting(CDC* /*pDC*/, CPrintInfo* /*pInfo*/)
{
    // TODO: add extra initialization before printing
}

void CMyView::OnEndPrinting(CDC* /*pDC*/, CPrintInfo* /*pInfo*/)
{
    // TODO: add cleanup after printing
}

/////////////////////////////////////////////////////////////////////////////
// CMyView diagnostics

#ifdef _DEBUG
void CMyView::AssertValid() const
{
    CView::AssertValid();
}

void CMyView::Dump(CDumpContext& dc) const
{
    CView::Dump(dc);
}

CMyDoc* CMyView::GetDocument() // non-debug version is inline
{
    ASSERT(m_pDocument->IsKindOf(RUNTIME_CLASS(CMyDoc)));
    return (CMyDoc*)m_pDocument;
}
#endif //_DEBUG

/////////////////////////////////////////////////////////////////////////////
// CMyView message handlers
```

13.2.3 실행 결과

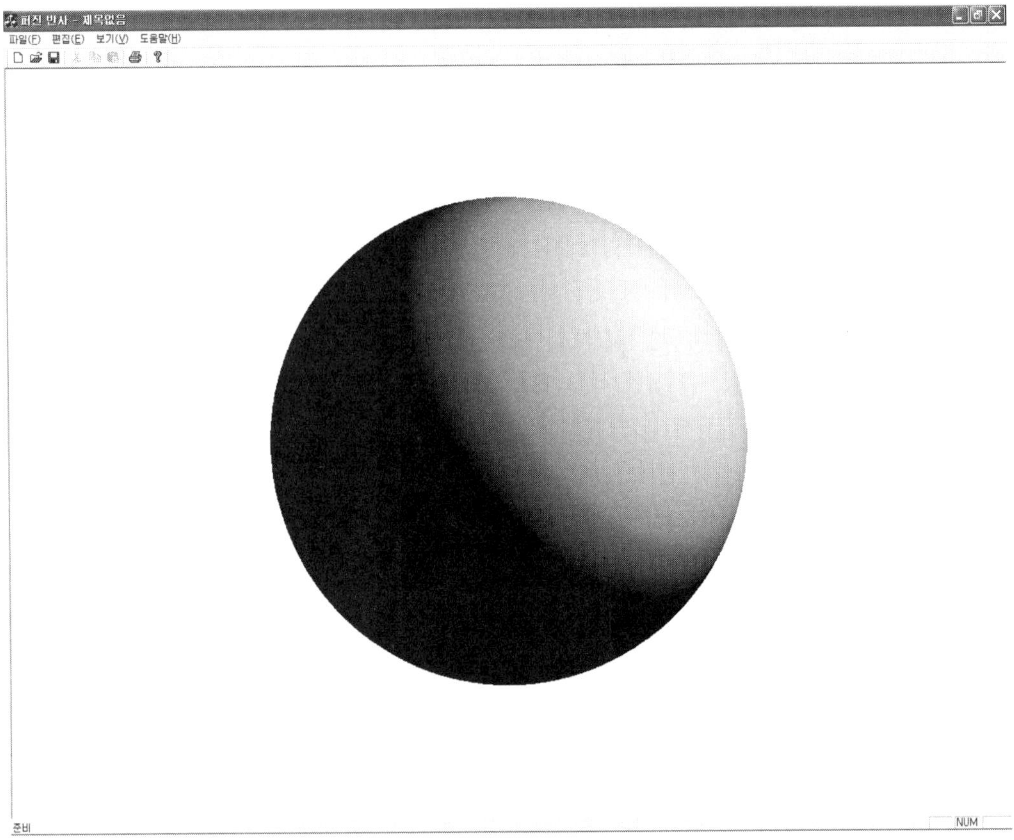

13.3 Ambient Light

13.3.1 이론

퍼진 반사만을 이용하여 물체를 표현하면, 빛을 직접 받지 않는 물체의 부분은 검게 나타난다. 이것은 어두운 야외에서 전등 하나만을 켜놓았을 때 보이는 풍경과 비슷하여 밝은 부분을 제외한 곳은 알아보기가 어렵다.

하지만 빛을 직접 받지 않는 물체의 부분이 실제로는 검게 보이지 않는다. 왜냐하면 빛을 직접 받지 않는 물체의 부분이라 하더라도 빛을 받은 다른 부분이나 물체가 다시 퍼뜨린 빛을 조금 받기 때문이다.

ambient light 은 벽(walls)과 물체로부터 반사된 빛을 말한다. ambient light 은 모든 방향으로부터 물체의 표면에 입사한다. ambient light 은 간단하게 상수항(constant term)으로 나타낼 수 있다.

앞의 section 에서 공부했던 퍼진 반사(diffuse reflection)와 ambient light 를 결합하면

$$I = I_0 k_d \cos\theta + I_a k_a$$

가 된다.

이 section 의 프로그램의 실행 결과와 이전의 section 의 프로그램의 실행 결과의 차이점이 무엇인지 알 수 있겠는가? 전체적으로 물체가 밝아졌다.

13.3.2 소스 코드

```
// ambient lightView.cpp : implementation of the CAmbientlightView class
//

#include "stdafx.h"
#include "ambient light.h"

#include "ambient lightDoc.h"
#include "ambient lightView.h"

#include <cmath>

#ifdef _DEBUG
#define new DEBUG_NEW
#undef THIS_FILE
static char THIS_FILE[] = __FILE__;
#endif

/////////////////////////////////////////////////////////////////////////////
// CAmbientlightView

IMPLEMENT_DYNCREATE(CAmbientlightView, CView)
```

```
BEGIN_MESSAGE_MAP(CAmbientlightView, CView)
    //{{AFX_MSG_MAP(CAmbientlightView)
        // NOTE - the ClassWizard will add and remove mapping macros here.
        //    DO NOT EDIT what you see in these blocks of generated code!
    //}}AFX_MSG_MAP
    // Standard printing commands
    ON_COMMAND(ID_FILE_PRINT, CView::OnFilePrint)
    ON_COMMAND(ID_FILE_PRINT_DIRECT, CView::OnFilePrint)
    ON_COMMAND(ID_FILE_PRINT_PREVIEW, CView::OnFilePrintPreview)
END_MESSAGE_MAP()

/////////////////////////////////////////////////////////////////////////////
// CAmbientlightView construction/destruction

CAmbientlightView::CAmbientlightView()
{
    // TODO: add construction code here

}

CAmbientlightView::~CAmbientlightView()
{
}

BOOL CAmbientlightView::PreCreateWindow(CREATESTRUCT& cs)
{
    // TODO: Modify the Window class or styles here by modifying
    //  the CREATESTRUCT cs

    return CView::PreCreateWindow(cs);
}

/////////////////////////////////////////////////////////////////////////////
// CAmbientlightView drawing

void CAmbientlightView::OnDraw(CDC* pDC)
{
    CAmbientlightDoc* pDoc = GetDocument();
    ASSERT_VALID(pDoc);

    CRect rect;
```

```
    GetClientRect(&rect);
    pDC->SetMapMode(MM_LOMETRIC);
    pDC->SetViewportOrg(rect.Width()/2, rect.Height()/2);

    double ambient = 0.31;
    double Lx, Lz, Ly, y, x, z;
    double dotProduct, Intensity;
    int i, j;

    Lx = 0.7;
    Ly = 0.5;
    Lz = sqrt(1.0-Lx*Lx-Ly*Ly);

    for (j=-800; j<800; j++)
    {
        y = j / 800.0;

        for (i=-800; i<800; i++)
        {
            x = i / 800.0;

            if ( (x*x+y*y)<1.0 )
            {
                z = sqrt(1.0-x*x-y*y);
                dotProduct = Lx*x + Ly*y + Lz*z;

                if ( dotProduct<0.0 )
                    dotProduct = 0.0;

                Intensity = 0.7*dotProduct + ambient;

                if ( Intensity>1.0 )
                    Intensity = 1.0;
            }
            else
                Intensity = 1.0;

            pDC->SetPixel(i, j, RGB(Intensity*255.0, Intensity*255.0, Intensi-
ty*255.0));
        }
    }
}
```

```
/////////////////////////////////////////////////////////////////////////////
// CAmbientlightView printing

BOOL CAmbientlightView::OnPreparePrinting(CPrintInfo* pInfo)
{
    // default preparation
    return DoPreparePrinting(pInfo);
}

void CAmbientlightView::OnBeginPrinting(CDC* /*pDC*/, CPrintInfo* /*pInfo*/)
{
    // TODO: add extra initialization before printing
}

void CAmbientlightView::OnEndPrinting(CDC* /*pDC*/, CPrintInfo* /*pInfo*/)
{
    // TODO: add cleanup after printing
}

/////////////////////////////////////////////////////////////////////////////
// CAmbientlightView diagnostics

#ifdef _DEBUG
void CAmbientlightView::AssertValid() const
{
    CView::AssertValid();
}

void CAmbientlightView::Dump(CDumpContext& dc) const
{
    CView::Dump(dc);
}

CAmbientlightDoc* CAmbientlightView::GetDocument() // non-debug version is in-
line
{
    ASSERT(m_pDocument->IsKindOf(RUNTIME_CLASS(CAmbientlightDoc)));
    return (CAmbientlightDoc*)m_pDocument;
}
#endif //_DEBUG
```

```
////////////////////////////////////////////////////////////////////////////////
// CAmbientlightView message handlers
```

13.3.3 실행 결과

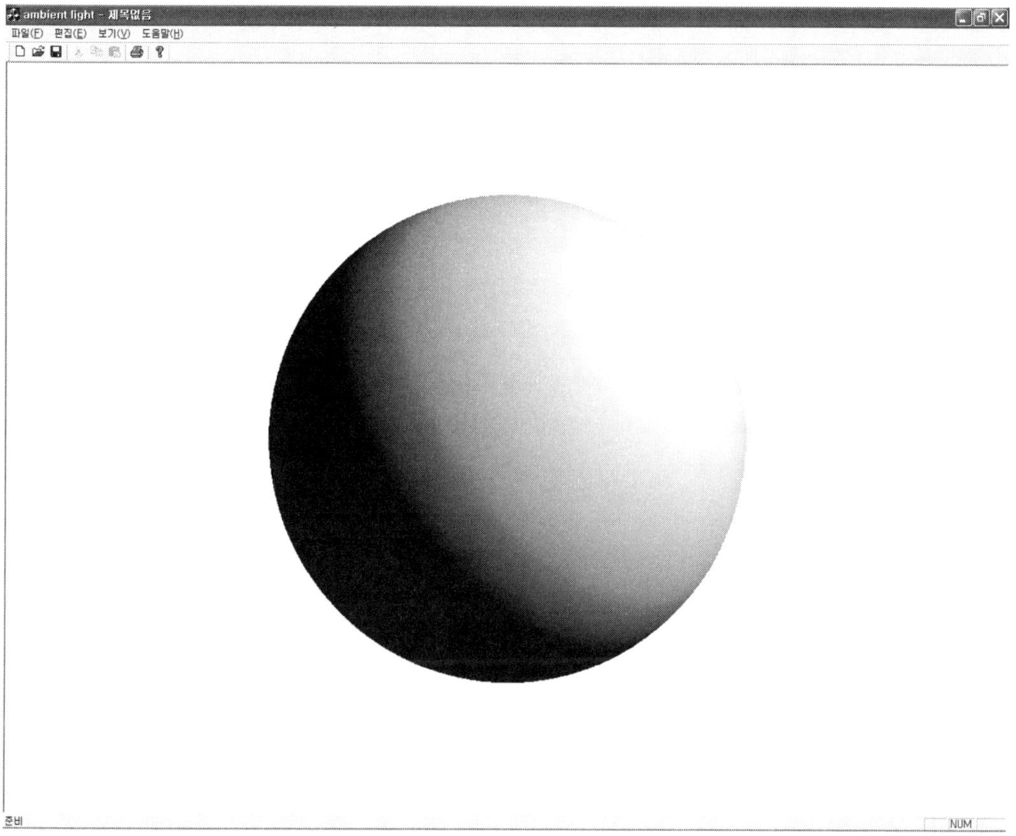

13.4 거울반사(Specular Reflection)

13.4.1 이론

대부분의 물체들은 빛을 분산시키지만, 빛을 반사시키는 물체도 상당히 많다. 이러한 반사현상은 표면의 광택과 직접 관련된다. 직접 반사되는 빛을 바라보는 경우에는 반사된 빛이 눈에 많이 들어오므로 물체의 표면에서 highlight 를 보게 된다.

어떤 특정한 각도에서 종이를 보면, 마치 거울을 보는 것처럼 눈이 부신 경우가 있다. 이 경우에 종이의 색과는 상관없이 highlight 영역에 광원의 색이 나타난다. 이것은 highlight 영역은 광원의 빛을 직접 반사시킨 부분이므로 종이의 색이 별로 나타나지 않기 때문이다. 이러한 현상을 거울반사(specular reflection)라고 한다.

표면상에서 단일 빛살(single ray)이나 단일점에 대하여, 이전에 비하여 두 개의 단위 벡터를 추가하면 거울반사를 모델링할 수 있다. 아래의 그림

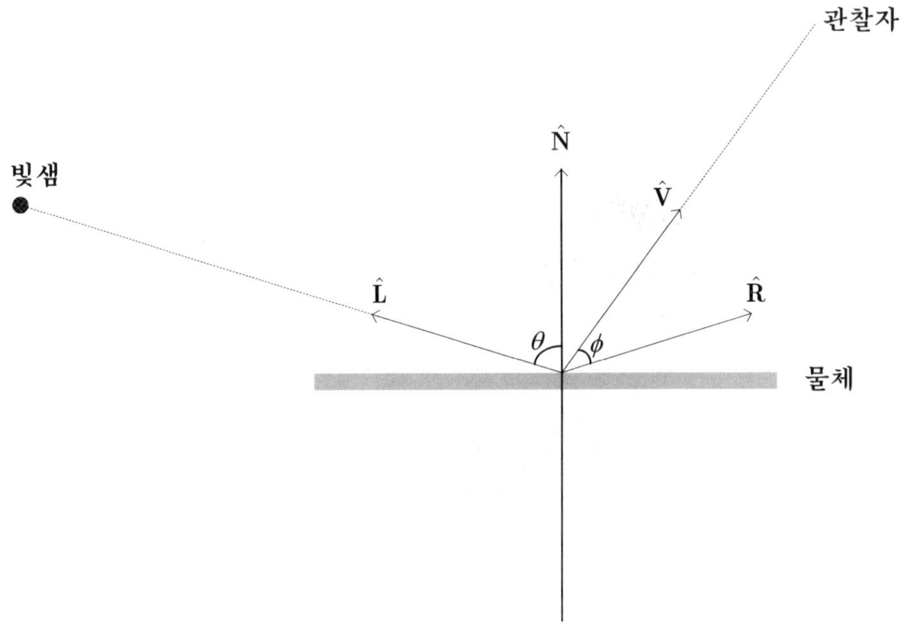

에서 $\hat{\mathbf{L}}$과 $\hat{\mathbf{N}}$은 이전과 같은 벡터이다. 추가된 단위벡터는 $\hat{\mathbf{V}}$과 $\hat{\mathbf{R}}$이다. $\hat{\mathbf{R}}$의 방향은 거울반사된 빛이 향하는 방향이고, $\hat{\mathbf{V}}$의 방향은 관찰자의 시선을 향하는 방향이다.

지금까지 공부했던 퍼진 반사와 ambient light 에다가 거울반사에 의한 밝기까지 고려한 Phong 의 모델은

$$I = I_0(k_d \cos\theta + k_s \cos^n \phi) + I_a k_a$$

이다. 여기에서 k_s는 물체에 의존하는 상수로서 거울반사 계수라고 한다. 이상적인 되비추개(reflector)에 대하여 거울반사 계수는 무한대(infinite)이다. 광택이 높은 물체는 값이 크고 highlight 영역이 좁게 나타난다.

반사광(reflected light)의 방향은

$$\mathbf{R} = \mathbf{L} - 2(\mathbf{L} \cdot \mathbf{N})\mathbf{N}$$

을 사용하면 쉽게 구할 수 있다.

유도 과정은 간단하다. 각자가 스스로 유도해 보길 바란다.

13.4.2 소스 코드

```
// 거울반사View.cpp : implementation of the CMyView class
//

#include "stdafx.h"
#include "거울반사.h"

#include "거울반사Doc.h"
#include "거울반사View.h"

#include <cmath>

#ifdef _DEBUG
#define new DEBUG_NEW
#undef THIS_FILE
static char THIS_FILE[] = __FILE__;
#endif

/////////////////////////////////////////////////////////////////////////////
// CMyView

IMPLEMENT_DYNCREATE(CMyView, CView)

BEGIN_MESSAGE_MAP(CMyView, CView)
    //{{AFX_MSG_MAP(CMyView)
        // NOTE - the ClassWizard will add and remove mapping macros here.
        //    DO NOT EDIT what you see in these blocks of generated code!
    //}}AFX_MSG_MAP
    // Standard printing commands
    ON_COMMAND(ID_FILE_PRINT, CView::OnFilePrint)
    ON_COMMAND(ID_FILE_PRINT_DIRECT, CView::OnFilePrint)
    ON_COMMAND(ID_FILE_PRINT_PREVIEW, CView::OnFilePrintPreview)
```

```
END_MESSAGE_MAP()

/////////////////////////////////////////////////////////////////////////////
// CMyView construction/destruction

CMyView::CMyView()
{
    // TODO: add construction code here

}

CMyView::~CMyView()
{
}

BOOL CMyView::PreCreateWindow(CREATESTRUCT& cs)
{
    // TODO: Modify the Window class or styles here by modifying
    //  the CREATESTRUCT cs


    return CView::PreCreateWindow(cs);
}

/////////////////////////////////////////////////////////////////////////////
// CMyView drawing

void CMyView::OnDraw(CDC* pDC)
{
    CMyDoc* pDoc = GetDocument();
    ASSERT_VALID(pDoc);

    CRect rect;
    GetClientRect(&rect);
    pDC->SetMapMode(MM_LOMETRIC);
    pDC->SetViewportOrg(rect.Width()/2, rect.Height()/2);

    double ambient=0.25, reflectivity=0.8;
    double Lx, Lz, Ly, Vx, Vy, Vz, y, x, z, Rx, Ry, Rz;
    double dotProduct, dotProduct2, Intensity;
    int i,j;
```

```
Lx = 0.7;
Ly = 0.5;
Lz = sqrt(1.0-Lx*Lx-Ly*Ly);
Vx = -0.3;
Vy = -0.7;
Vz = sqrt(1.0-Vx*Vx-Vy*Vy);

for (j=-800; j<800; j++)
{
    y = j / 800.0;

    for (i=-800; i<800; i++)
    {
        x = i / 800.0;

        if ( (x*x+y*y)<1.0 )
        {
            z = sqrt(1.0-x*x-y*y);
            dotProduct = Lx*x + Ly*y + Lz*z;

            if ( dotProduct<0.0 )
                dotProduct = 0.0;

            Rx = 2.0*dotProduct*x - Lx;
            Ry = 2.0*dotProduct*y - Ly;
            Rz = 2.0*dotProduct*z - Lz;

            dotProduct2 = Rx*Vx + Ry*Vy + Rz*Vz;

            if ( dotProduct2<0.0 )
                dotProduct2 = 0.0;

            Intensity = 0.7*dotProduct + ambient
              + reflectivity*pow(dotProduct2,14.0);

            if ( Intensity>1.0 )
                Intensity = 1.0;
        }
        else
            Intensity = 1.0;

        pDC->SetPixel(i, j, RGB(Intensity*255.0, Intensity*255.0,
```

```
                Intensity*255.0));
            }
        }
}

/////////////////////////////////////////////////////////////////////////////
// CMyView printing

BOOL CMyView::OnPreparePrinting(CPrintInfo* pInfo)
{
    // default preparation
    return DoPreparePrinting(pInfo);
}

void CMyView::OnBeginPrinting(CDC* /*pDC*/, CPrintInfo* /*pInfo*/)
{
    // TODO: add extra initialization before printing
}

void CMyView::OnEndPrinting(CDC* /*pDC*/, CPrintInfo* /*pInfo*/)
{
    // TODO: add cleanup after printing
}

/////////////////////////////////////////////////////////////////////////////
// CMyView diagnostics

#ifdef _DEBUG
void CMyView::AssertValid() const
{
    CView::AssertValid();
}

void CMyView::Dump(CDumpContext& dc) const
{
    CView::Dump(dc);
}

CMyDoc* CMyView::GetDocument() // non-debug version is inline
{
    ASSERT(m_pDocument->IsKindOf(RUNTIME_CLASS(CMyDoc)));
    return (CMyDoc*)m_pDocument;
```

```
}
#endif //_DEBUG

/////////////////////////////////////////////////////////////////////////////
// CMyView message handlers
```

13.4.3 실행 결과

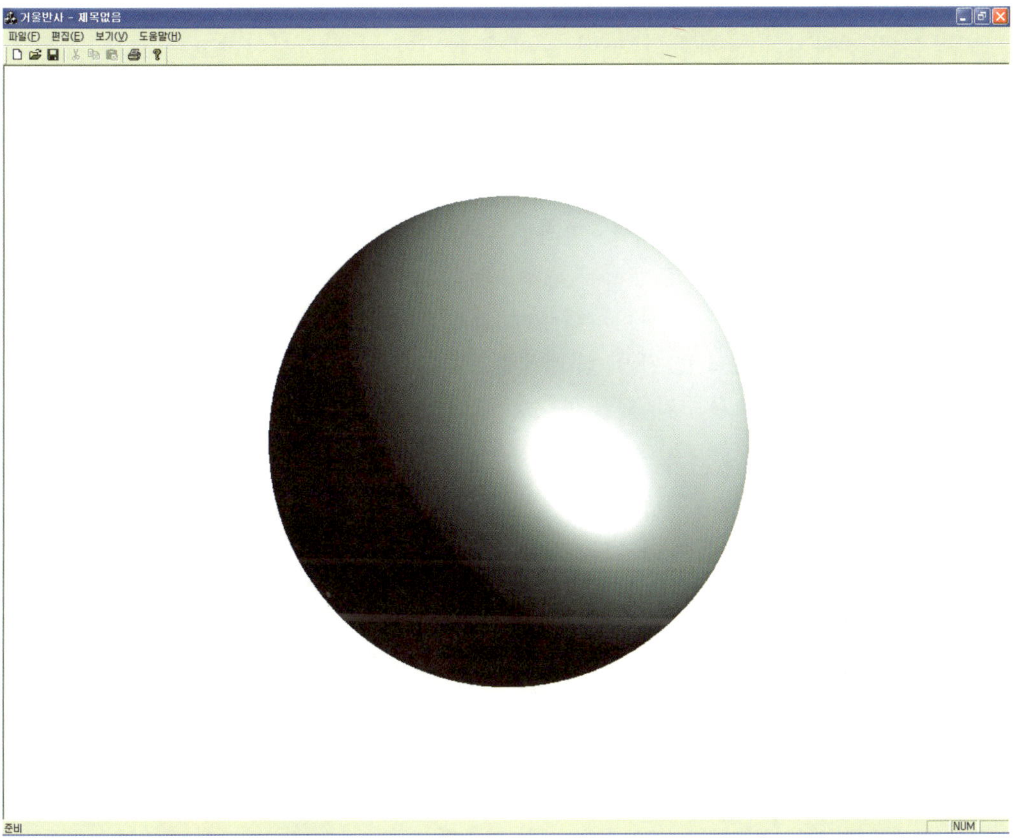

14 흑체복사

14.1 개론

백열전구의 빛은 그 내부의 뜨거운 필라멘트 선에 의하여 방출되는 열복사의 일부이다. 대부분의 전자기파는 사람의 눈에 보이지 않지만, 가시광선이라고 부르는 좁은 영역의 파동에는 민감하다. 약 400K 이상의 물체는 우리가 어두운 곳에서 충분히 볼 수 있는 가시광선을 방출한다. 온도가 높아질수록 색이 변한다. 온도가 점점 높아져 태양 표면의 온도인 5800K 가 되면 물체는 태양과 같은 밝은 흰색의 빛을 방출한다.

순백의 햇빛을 재생하려면 전구의 필라멘트를 5800K 으로 가열해야 한다. 그러나 이처럼 높은 온도에서 고체로 존재하는 것이 없다. 가장 좋은 필라멘트 물질로 알려진 텅스텐조차 2500K 이상의 온도에서 빠르게 증발한다. 그러므로 백열전구는 그보다 낮은 온도에서 작용하고, 우리는 햇빛을 재생할 수 없다. 필자의 생각으로는 인간이 햇빛을 재생하지 못하도록 조물주가 힘을 쓴 것 같다.

햇빛은 광구(photosphere)라고 하는 태양의 바깥 표면으로부터 나온다. 이 곳에서는 원자나 이온들이 약 5800K 의 온도에서 격렬하게 운동을 하면서 가속하는데, 이들로부터 전자기파가 방출된다. 태양은 흑체복사에 따른 빛띠를 방출한다. 흑체는 자신에 입사하는 복사를 모두 흡수하고 다시 방출하는 물체를 말한다. 지구 대기의 바깥에서의 irradiance 는 옆의 그림과 같이 6000K 의 흑체복사와 비슷하다.

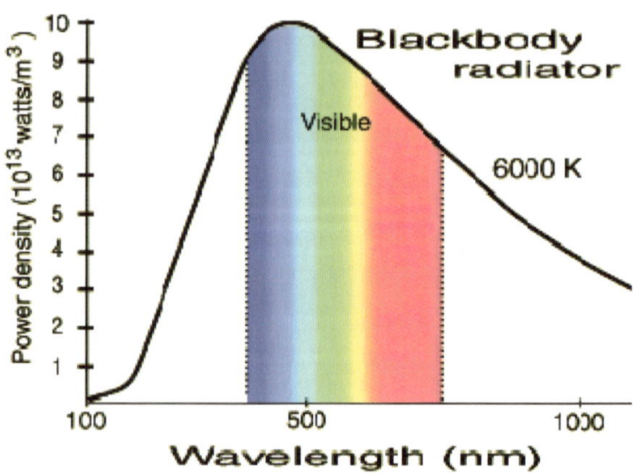

14.2. 흑체복사

14.2.1 이론

아인슈타인의 특수상대성이론(special theory of relativity)이 발표된 무렵, 물리학계가 풀어야 할 커다란 과제 중의 하나는 흑체복사 빛띠의 자외선파탄(ultraviolet catastrophe)이었다. 자외선파탄이란 레일리-진스의 공식(Rayleigh-Jeans' formula)

$$u(\nu,T)=\frac{8\pi\nu^2}{c^3}kT \qquad \left(k=\frac{1.38065\times10^{-23}\text{Joule}}{\text{Kelvin}}\right)$$

이 낮은 진동수의 영역에서만 옳고 높은 진동수의 영역에서는 실제 현상과 너무 차이가 나는 현상을 말한다.

자외선파탄은 플랑크의 복사공식(Planck's radiation formula)

$$u(\nu,T)=\frac{8\pi\nu^2}{c^3}\frac{h\nu}{e^{\frac{h\nu}{kT}}-1} \qquad (h=6.62607\times10^{-34}\text{Joule Second})$$

에 의하여 해결되었다.

위의 두 공식은 모드 당 평균에너지에서 차이가 난다. 모드 당 평균에너지는 레일리-진스의 공식에서 kT이고 플랑크의 복사공식에서 $\frac{h\nu}{e^{\frac{h\nu}{kT}}-1}$이다.

위의 두 공식을 한꺼번에 나타내어 보면 옆의 그림과 같다. 긴 파장의 영역에서 짧은 파장의 영역으로 갈수록 레일리-진스의 공식과 플랑크의 복사공식이 어긋남을 알 수 있다.

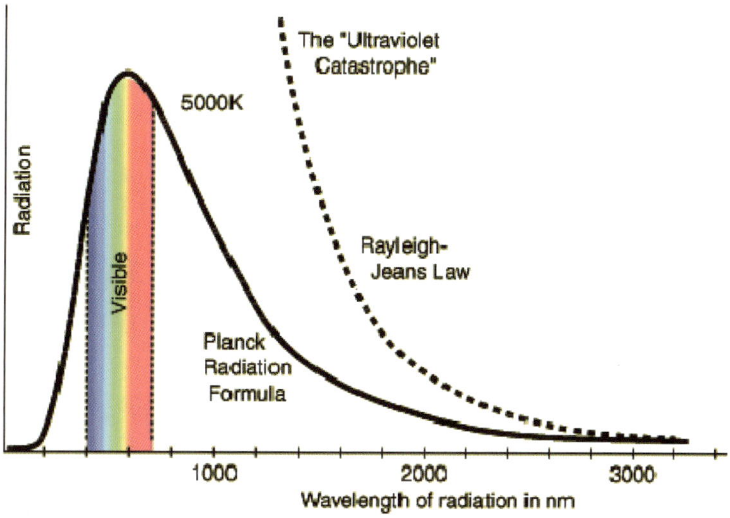

매우 간단하게 흑체복사 이론을 설명하였다. 그런데 흑체복사 이론이 등장할 때 빠지지 않는 것이 있다. 바로 빈의 자리옮김법칙(Wien's displacement law)과 스테판-볼쯔만의 법칙(Stefan-Boltzmann's law)이다.

빈의 자리옮김법칙은 복사체(radiator)의 온도가 증가할 때 흑체복사곡선의 봉우리(peak)가 보다 짧은 파장 쪽으로 이동해간다는 법칙이다. 정확하게 표현하면 봉우리 파장(peak wavelength)과 온도를 곱한 값이 일정하다는 것이다. 이 법칙은 별들(stars)과 같이 높은 온도의 복사체의 온도를 결정하는 데에 매우 유용하다.

우리는 플랑크의 복사법칙으로부터 빈의 자리옮김법칙을 유도할 수 있다.

스테판-볼쯔만의 법칙은

$$\Phi = \frac{2\pi^5 k^4}{15h^3c^2}T^4 \quad \left(\frac{2\pi^5 k^4}{15h^3c^2} = \frac{5.6704 \times 10^{-8}\text{Watt}}{\text{Kelvin}^4\ \text{Meter}^2}\right)$$

과 같이 온도 T의 흑체가 방출하는 전체 에너지의 양이 온도의 네제곱에 비례한다는 법칙이다.

그럼 흑체의 온도에 따라 흑체의 색깔이 어떻게 변하는지 모의실험하여 보자. 여기에서 말하는 흑체의 색깔은 색깔의 RGB 각각의 값을 말한다.

우리가 그러한 목적을 달성하려면 흑체복사의 이론 외에도 색깔에 대한 이론을 깊이 알아야만 한다. 그런데 색깔에 대한 이론이 그리 간단하지 않다. 거기에다가 필자도 색깔에 대한 이론을 그렇게 잘 알지 못한다. 아래의 프로그램도 필자가 작성한 것이 아니라 인터넷에 공개되어 있는 프로그램을 가져온 것이다. 프로그램의 출처는 http://www.fourmilab.ch/documents/specrend/이다. 프로그램의 이해를 돕는 설명이 있으니 꼭 한 번 방문하길 바란다. 흑체 모의실험에 대하여 좀 더 알고자 하는 독자는 스스로 공부를 하여야 한다.

14.2.2 소스 코드

```
/*
                  Colour Rendering of Spectra

                          by John Walker
                      http://www.fourmilab.ch/

          Last updated: March 9, 2003
```

```
        This program is in the public domain.

    For complete information about the techniques employed in
    this program, see the World-Wide Web document:

            http://www.fourmilab.ch/documents/specrend/

    The xyz_to_rgb() function, which was wrong in the original
    version of this program, was corrected by:

        Andrew J. S. Hamilton 21 May 1999
        Andrew.Hamilton@Colorado.EDU
        http://casa.colorado.edu/~ajsh/

    who also added the gamma correction facilities and
    modified constrain_rgb() to work by desaturating the
    colour by adding white.

    A program which uses these functions to plot CIE
    "tongue" diagrams called "ppmcie" is included in
    the Netpbm graphics toolkit:
        http://netpbm.sourceforge.net/
    (The program was called cietoppm in earlier
    versions of Netpbm.)

*/

#include <stdio.h>
#include <math.h>

/* A colour system is defined by the CIE x and y coordinates of
   its three primary illuminants and the x and y coordinates of
   the white point. */

struct colourSystem
{
    char *name;                     // Colour system name
    double xRed, yRed,              // Red x, y
           xGreen, yGreen,             // Green x, y
           xBlue, yBlue,               // Blue x, y
           xWhite, yWhite,             // White point x, y
```

```
            gamma;                      // Gamma correction for system
};

/* White point chromaticities. */

#define IlluminantC      0.3101, 0.3162               // For NTSC television
#define IlluminantD65    0.3127, 0.3291               // For EBU and SMPTE
#define IlluminantE      0.33333333, 0.33333333       // CIE equal-energy illu-
minant

/*  Gamma of nonlinear correction.

    See Charles Poynton's ColorFAQ Item 45 and GammaFAQ Item 6 at:

       http://www.poynton.com/ColorFAQ.html
       http://www.poynton.com/GammaFAQ.html

*/

#define GAMMA_REC709     0          /* Rec. 709 */

static struct colourSystem
  // Name  xRed  yRed  xGreen  yGreen  xBlue  yBlue  White point  Gamma
  NTSCsystem = {"NTSC", 0.67, 0.33, 0.21, 0.71, 0.14, 0.08, IlluminantC, GAM-
MA_REC709},
  EBUsystem = {"EBU (PAL/SECAM)", 0.64, 0.33, 0.29, 0.60, 0.15, 0.06, Illumi-
nantD65,
    GAMMA_REC709},
  SMPTEsystem = {"SMPTE", 0.630, 0.340, 0.310, 0.595, 0.155, 0.070, Illumi-
nantD65,
    GAMMA_REC709},
  HDTVsystem = {"HDTV", 0.670, 0.330, 0.210, 0.710, 0.150, 0.060, IlluminantD65,
    GAMMA_REC709},
  CIEsystem = {"CIE", 0.7355, 0.2645, 0.2658, 0.7243, 0.1669, 0.0085, Illumi-
nantE,
    GAMMA_REC709},
  Rec709system = {"CIE REC 709", 0.64, 0.33, 0.30, 0.60, 0.15, 0.06, Illumi-
nantD65,
    GAMMA_REC709};

/*                        UPVP_TO_XY
```

```
    Given 1976 coordinates u', v', determine 1931 chromaticities x, y

*/

void upvp_to_xy(double up, double vp, double *xc, double *yc)
{
    *xc = (9 * up) / ((6 * up) - (16 * vp) + 12);
    *yc = (4 * vp) / ((6 * up) - (16 * vp) + 12);
}

/*                              XY_TO_UPVP

    Given 1931 chromaticities x, y, determine 1976 coordinates u', v'

*/

void xy_to_upvp(double xc, double yc, double *up, double *vp)
{
    *up = (4 * xc) / ((-2 * xc) + (12 * yc) + 3);
    *vp = (9 * yc) / ((-2 * xc) + (12 * yc) + 3);
}

/*                              XYZ_TO_RGB

    Given an additive tricolour system CS, defined by the CIE x
    and y chromaticities of its three primaries (z is derived
    trivially as 1-(x+y)), and a desired chromaticity (XC, YC,
    ZC) in CIE space, determine the contribution of each
    primary in a linear combination which sums to the desired
    chromaticity.  If the  requested chromaticity falls outside
    the Maxwell  triangle (colour gamut) formed by the three
    primaries, one of the r, g, or b weights will be negative.

    Caller can use constrain_rgb() to desaturate an
    outside-gamut colour to the closest representation within
    the available gamut and/or norm_rgb to normalise the RGB
    components so the largest nonzero component has value 1.

*/

void xyz_to_rgb(struct colourSystem *cs, double xc, double yc, double zc,
  double *r, double *g, double *b)
```

```
{
    double xr, yr, zr, xg, yg, zg, xb, yb, zb;
    double xw, yw, zw;
    double rx, ry, rz, gx, gy, gz, bx, by, bz;
    double rw, gw, bw;

    xr = cs->xRed;      yr = cs->yRed;      zr = 1 - (xr + yr);
    xg = cs->xGreen;    yg = cs->yGreen; zg = 1 - (xg + yg);
    xb = cs->xBlue;     yb = cs->yBlue;     zb = 1 - (xb + yb);

    xw = cs->xWhite;    yw = cs->yWhite; zw = 1 - (xw + yw);

    // xyz -> rgb matrix, before scaling to white.

    rx = (yg * zb) - (yb * zg);  ry = (xb * zg) - (xg * zb);  rz = (xg * yb) -
(xb * yg);
    gx = (yb * zr) - (yr * zb);  gy = (xr * zb) - (xb * zr);  gz = (xb * yr) -
(xr * yb);
    bx = (yr * zg) - (yg * zr);  by = (xg * zr) - (xr * zg);  bz = (xr * yg) -
(xg * yr);

    /* White scaling factors.
       Dividing by yw scales the white luminance to unity, as conventional. */

    rw = ((rx * xw) + (ry * yw) + (rz * zw)) / yw;
    gw = ((gx * xw) + (gy * yw) + (gz * zw)) / yw;
    bw = ((bx * xw) + (by * yw) + (bz * zw)) / yw;

    // xyz -> rgb matrix, correctly scaled to white.

    rx = rx / rw;   ry = ry / rw;rz = rz / rw;
    gx = gx / gw;   gy = gy / gw;gz = gz / gw;
    bx = bx / bw;   by = by / bw;bz = bz / bw;

    // rgb of the desired point

    *r = (rx * xc) + (ry * yc) + (rz * zc);
    *g = (gx * xc) + (gy * yc) + (gz * zc);
    *b = (bx * xc) + (by * yc) + (bz * zc);
}

/*                          INSIDE_GAMUT
```

```
    Test whether a requested colour is within the gamut
    achievable with the primaries of the current colour
    system.  This amounts simply to testing whether all the
    primary weights are non-negative. */

int inside_gamut(double r, double g, double b)
{
    return (r >= 0) && (g >= 0) && (b >= 0);
}

/*                          CONSTRAIN_RGB

    If the requested RGB shade contains a negative weight for
    one of the primaries, it lies outside the colour gamut
    accessible from the given triple of primaries.  Desaturate
    it by adding white, equal quantities of R, G, and B, enough
    to make RGB all positive.  The function returns 1 if the
    components were modified, zero otherwise.

*/

int constrain_rgb(double *r, double *g, double *b)
{
    double w;

    // Amount of white needed is w = - min(0, *r, *g, *b)

    w = (0 < *r) ? 0 : *r;
    w = (w < *g) ? w : *g;
    w = (w < *b) ? w : *b;
    w = -w;

    // Add just enough white to make r, g, b all positive.

    if ( w>0 )
    {
        *r += w;
        *g += w;
        *b += w;
        return 1;                   /* Colour modified to fit RGB gamut */
    }
```

```
    return 0;                    /* Colour within RGB gamut */
}

/*                          GAMMA_CORRECT_RGB

    Transform linear RGB values to nonlinear RGB values. Rec.
    709 is ITU-R Recommendation BT. 709 (1990) ``Basic
    Parameter Values for the HDTV Standard for the Studio and
    for International Programme Exchange'', formerly CCIR Rec.
    709. For details see

       http://www.poynton.com/ColorFAQ.html
       http://www.poynton.com/GammaFAQ.html
*/

void gamma_correct(const struct colourSystem *cs, double *c)
{
    double gamma;

    gamma = cs->gamma;

    if ( gamma==GAMMA_REC709 )
    {
        // Rec. 709 gamma correction.
        double cc = 0.018;

        if ( *c<cc )
            *c *= ((1.099 * pow(cc, 0.45)) - 0.099) / cc;
        else
            *c = (1.099 * pow(*c, 0.45)) - 0.099;
    }
    else
    {
        // Nonlinear colour = (Linear colour)^(1/gamma)
        *c = pow(*c, 1.0 / gamma);
    }
}

void gamma_correct_rgb(const struct colourSystem *cs, double *r, double *g,
double *b)
{
```

```
    gamma_correct(cs, r);
    gamma_correct(cs, g);
    gamma_correct(cs, b);
}

/*                            NORM_RGB

    Normalise RGB components so the most intense (unless all
    are zero) has a value of 1.

*/

void norm_rgb(double *r, double *g, double *b)
{
#define Max(a, b)   (((a) > (b)) ? (a) : (b))
    double greatest = Max(*r, Max(*g, *b));

    if ( greatest>0 )
    {
        *r /= greatest;
        *g /= greatest;
        *b /= greatest;
    }
#undef Max
}

/*                            SPECTRUM_TO_XYZ

    Calculate the CIE X, Y, and Z coordinates corresponding to
    a light source with spectral distribution given by the
    function SPEC_INTENS, which is called with a series of
    wavelengths between 380 and 780 nm (the argument is
    expressed in meters), which returns emittance at that
    wavelength in arbitrary units.  The chromaticity
    coordinates of the spectrum are returned in the x, y, and z
    arguments which respect the identity:

            x + y + z = 1.
*/

void spectrum_to_xyz(double (*spec_intens)(double wavelength),
  double *x, double *y, double *z)
```

```
{
    int i;
    double lambda, X = 0, Y = 0, Z = 0, XYZ;

    /* CIE colour matching functions xBar, yBar, and zBar for
       wavelengths from 380 through 780 nanometers, every 5
       nanometers.  For a wavelength lambda in this range:

            cie_colour_match[(lambda - 380) / 5][0] = xBar
            cie_colour_match[(lambda - 380) / 5][1] = yBar
            cie_colour_match[(lambda - 380) / 5][2] = zBar

    To save memory, this table can be declared as floats
    rather than doubles; (IEEE) float has enough
    significant bits to represent the values. It's declared
    as a double here to avoid warnings about "conversion
    between floating-point types" from certain persnickety
    compilers. */

    static double cie_colour_match[81][3] = {
      {0.0014,0.0000,0.0065}, {0.0022,0.0001,0.0105}, {0.0042,0.0001,0.0201},
      {0.0076,0.0002,0.0362}, {0.0143,0.0004,0.0679}, {0.0232,0.0006,0.1102},
      {0.0435,0.0012,0.2074}, {0.0776,0.0022,0.3713}, {0.1344,0.0040,0.6456},
      {0.2148,0.0073,1.0391}, {0.2839,0.0116,1.3856}, {0.3285,0.0168,1.6230},
      {0.3483,0.0230,1.7471}, {0.3481,0.0298,1.7826}, {0.3362,0.0380,1.7721},
      {0.3187,0.0480,1.7441}, {0.2908,0.0600,1.6692}, {0.2511,0.0739,1.5281},
      {0.1954,0.0910,1.2876}, {0.1421,0.1126,1.0419}, {0.0956,0.1390,0.8130},
      {0.0580,0.1693,0.6162}, {0.0320,0.2080,0.4652}, {0.0147,0.2586,0.3533},
      {0.0049,0.3230,0.2720}, {0.0024,0.4073,0.2123}, {0.0093,0.5030,0.1582},
      {0.0291,0.6082,0.1117}, {0.0633,0.7100,0.0782}, {0.1096,0.7932,0.0573},
      {0.1655,0.8620,0.0422}, {0.2257,0.9149,0.0298}, {0.2904,0.9540,0.0203},
      {0.3597,0.9803,0.0134}, {0.4334,0.9950,0.0087}, {0.5121,1.0000,0.0057},
      {0.5945,0.9950,0.0039}, {0.6784,0.9786,0.0027}, {0.7621,0.9520,0.0021},
      {0.8425,0.9154,0.0018}, {0.9163,0.8700,0.0017}, {0.9786,0.8163,0.0014},
      {1.0263,0.7570,0.0011}, {1.0567,0.6949,0.0010}, {1.0622,0.6310,0.0008},
      {1.0456,0.5668,0.0006}, {1.0026,0.5030,0.0003}, {0.9384,0.4412,0.0002},
      {0.8544,0.3810,0.0002}, {0.7514,0.3210,0.0001}, {0.6424,0.2650,0.0000},
      {0.5419,0.2170,0.0000}, {0.4479,0.1750,0.0000}, {0.3608,0.1382,0.0000},
      {0.2835,0.1070,0.0000}, {0.2187,0.0816,0.0000}, {0.1649,0.0610,0.0000},
      {0.1212,0.0446,0.0000}, {0.0874,0.0320,0.0000}, {0.0636,0.0232,0.0000},
      {0.0468,0.0170,0.0000}, {0.0329,0.0119,0.0000}, {0.0227,0.0082,0.0000},
      {0.0158,0.0057,0.0000}, {0.0114,0.0041,0.0000}, {0.0081,0.0029,0.0000},
```

```
        {0.0058,0.0021,0.0000}, {0.0041,0.0015,0.0000}, {0.0029,0.0010,0.0000},
        {0.0020,0.0007,0.0000}, {0.0014,0.0005,0.0000}, {0.0010,0.0004,0.0000},
        {0.0007,0.0002,0.0000}, {0.0005,0.0002,0.0000}, {0.0003,0.0001,0.0000},
        {0.0002,0.0001,0.0000}, {0.0002,0.0001,0.0000}, {0.0001,0.0000,0.0000},
        {0.0001,0.0000,0.0000}, {0.0001,0.0000,0.0000}, {0.0000,0.0000,0.0000} };

    for (i = 0, lambda = 380; lambda < 780.1; i++, lambda += 5)
    {
        double Me;

        Me = (*spec_intens)(lambda);
        X += Me * cie_colour_match[i][0];
        Y += Me * cie_colour_match[i][1];
        Z += Me * cie_colour_match[i][2];
    }

    XYZ = (X + Y + Z);
    *x = X / XYZ;
    *y = Y / XYZ;
    *z = Z / XYZ;
}

/*                              BB_SPECTRUM

    Calculate, by Planck's radiation law, the emittance of a black body
    of temperature bbTemp at the given wavelength (in metres).  */

double bbTemp = 5000;    // Hidden temperature argument to BB_SPECTRUM.
double bb_spectrum(double wavelength)
{
    double wlm = wavelength * 1e-9;       // Wavelength in meters

    return (3.74183e-16 * pow(wlm, -5.0)) / (exp(1.4388e-2 / (wlm * bbTemp)) -
1.0);
}

/*  Built-in test program which displays the x, y, and Z and RGB
    values for black body spectra from 1000 to 10000 degrees kelvin.
    When run, this program should produce the following output:

    Temperature       x      y      z       R     G     B
    -----------     ------ ------ ------   ----- ----- -----
```

```
     1000 K    0.6528 0.3444 0.0028   1.000 0.007 0.000 (Approximation)
     1500 K    0.5857 0.3931 0.0212   1.000 0.126 0.000 (Approximation)
     2000 K    0.5267 0.4133 0.0600   1.000 0.234 0.010
     2500 K    0.4770 0.4137 0.1093   1.000 0.349 0.067
     3000 K    0.4369 0.4041 0.1590   1.000 0.454 0.151
     3500 K    0.4053 0.3907 0.2040   1.000 0.549 0.254
     4000 K    0.3805 0.3768 0.2428   1.000 0.635 0.370
     4500 K    0.3608 0.3636 0.2756   1.000 0.710 0.493
     5000 K    0.3451 0.3516 0.3032   1.000 0.778 0.620
     5500 K    0.3325 0.3411 0.3265   1.000 0.837 0.746
     6000 K    0.3221 0.3318 0.3461   1.000 0.890 0.869
     6500 K    0.3135 0.3237 0.3628   1.000 0.937 0.988
     7000 K    0.3064 0.3166 0.3770   0.907 0.888 1.000
     7500 K    0.3004 0.3103 0.3893   0.827 0.839 1.000
     8000 K    0.2952 0.3048 0.4000   0.762 0.800 1.000
     8500 K    0.2908 0.3000 0.4093   0.711 0.766 1.000
     9000 K    0.2869 0.2956 0.4174   0.668 0.738 1.000
     9500 K    0.2836 0.2918 0.4246   0.632 0.714 1.000
    10000 K    0.2807 0.2884 0.4310   0.602 0.693 1.000
*/

int main()
{
    double t, x, y, z, r, g, b;
    struct colourSystem *cs = &SMPTEsystem;

    printf("  온도        x       y       z        R       G       B₩n");
    printf("-------    ------- ------- -------   ------- ------- -------₩n");

    for (t = 1000; t <= 10000; t+= 500)
    {
        bbTemp = t;
        spectrum_to_xyz(bb_spectrum, &x, &y, &z);
        xyz_to_rgb(cs, x, y, z, &r, &g, &b);
        printf("%5.0f K   %.5f %.5f %.5f   ", t, x, y, z);

        if (constrain_rgb(&r, &g, &b))
        {
            norm_rgb(&r, &g, &b);
            printf("%.5f %.5f %.5f (근사)₩n", r, g, b);
        }
        else
```

```
        {
            norm_rgb(&r, &g, &b);
            printf("%.5f %.5f %.5f₩n", r, g, b);
        }
    }
    return 0;
}
```

14.2.2 실행 결과

온도	x	y	z	R	G	B	
1000 K	0.65283	0.34439	0.00278	1.00000	0.00670	0.00000	(근사)
1500 K	0.58574	0.39311	0.02115	1.00000	0.12616	0.00000	(근사)
2000 K	0.52669	0.41330	0.06002	1.00000	0.23402	0.01029	
2500 K	0.47700	0.41368	0.10932	1.00000	0.34906	0.06735	
3000 K	0.43694	0.40408	0.15898	1.00000	0.45440	0.15077	
3500 K	0.40531	0.39073	0.20396	1.00000	0.54947	0.25386	
4000 K	0.38045	0.37677	0.24278	1.00000	0.63455	0.36999	
4500 K	0.36080	0.36357	0.27563	1.00000	0.71031	0.49350	
5000 K	0.34512	0.35164	0.30325	1.00000	0.77757	0.61993	
5500 K	0.33245	0.34107	0.32648	1.00000	0.83718	0.74596	
6000 K	0.32210	0.33179	0.34611	1.00000	0.89002	0.86926	
6500 K	0.31355	0.32367	0.36278	1.00000	0.93688	0.98824	
7000 K	0.30639	0.31656	0.37705	0.90749	0.88800	1.00000	
7500 K	0.30036	0.31032	0.38933	0.82658	0.83947	1.00000	
8000 K	0.29521	0.30482	0.39997	0.76240	0.79952	1.00000	
8500 K	0.29078	0.29996	0.40926	0.71050	0.76615	1.00000	
9000 K	0.28695	0.29564	0.41741	0.66784	0.73791	1.00000	
9500 K	0.28360	0.29179	0.42461	0.63226	0.71376	1.00000	
10000 K	0.28066	0.28835	0.43099	0.60221	0.69288	1.00000	

14.3 태양의 색

14.3.1 이론

태양의 유효표면온도는 5780K 이다.[1] 5780K 에서 흑체의 빛띠(spectrum)와 지구의 대기 위에서 본 태양의 빛띠가 옆의 그림에 나타나 있다. 태양을 흑체라고 해도 괜찮을 것이다.

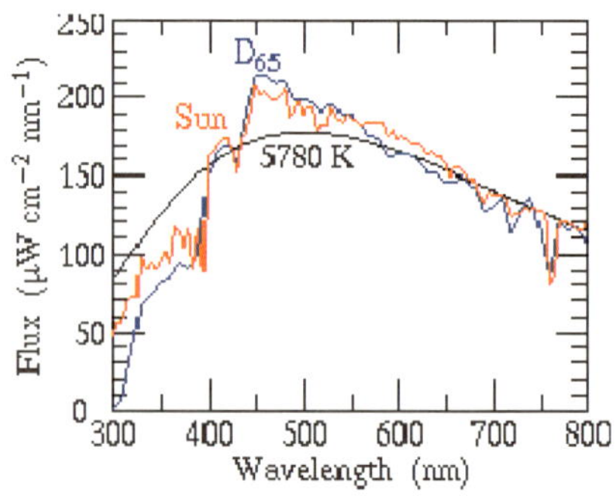

아래의 표

	x	y
D_{65}	0.3127	0.3290
태양	0.3233	0.3326
5780K 의 흑체	0.3264	0.3357

는 태양의 색도(chromaticity)와 5780K 에서 흑체의 색도를 나타낸다.

드디어 우리에게 태양이 어떤 색으로 보이는지 모의실험할 때가 되었다. 흑체복사의 이론과 색깔의 이론을 사용하여 태양 표면 색깔의 RGB 값을 구한 다음 실제로 색깔을 칠해 보자.

그럼 조금 전과 무슨 차이점이 있는지 묻는 독자도 있을 것이다. 이번에는 실제로 색깔을 칠해본다는 것이 차이점이다. 또한 아까는 여러 온도에 대하여 RGB 값을 구해 보았지만, 이번에는 태양에 대해서만 실습해 본다는 것이 다르다. 과연 태양 표면의 색깔은?

최종적으로 프로젝트를 만들고 실행하여 보자. 지금까지 해왔던 것과는 다른 방식으로 소스 코드를 입력한다. 다음의 설명대로 하여라.

---

[1] 내부온도는 상상을 초월할 정도로 훨씬 더 높다.

"File" 메뉴에서 "New" 명령을 선택한다.

"New" 대화 상자의 "Projects" 탭에서 "Win32 Application"을 선택한다. 프로젝트의 이름을 "흑체"로 한다. 아래의 화면

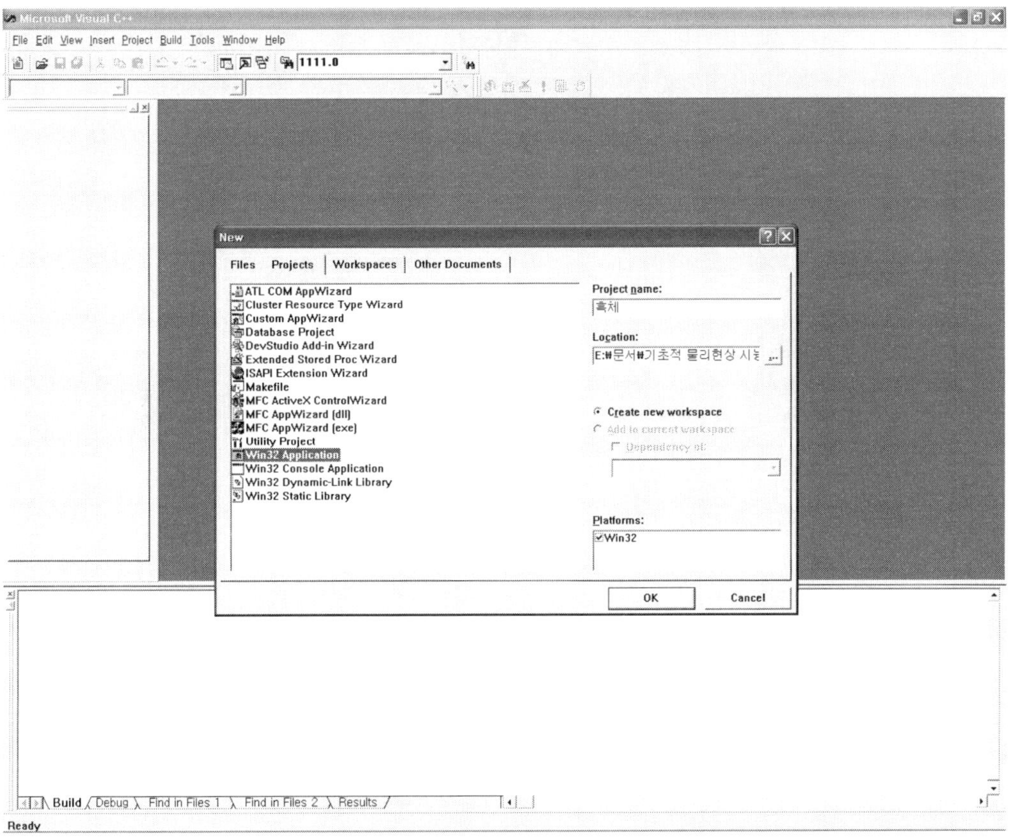

처럼 되어 있는가?

다음 단계로 넘어가기 위해서 "OK" 단추를 누른다. 그러면 아래의 "Win32 Application - Step 1 of 1" 대화 상자

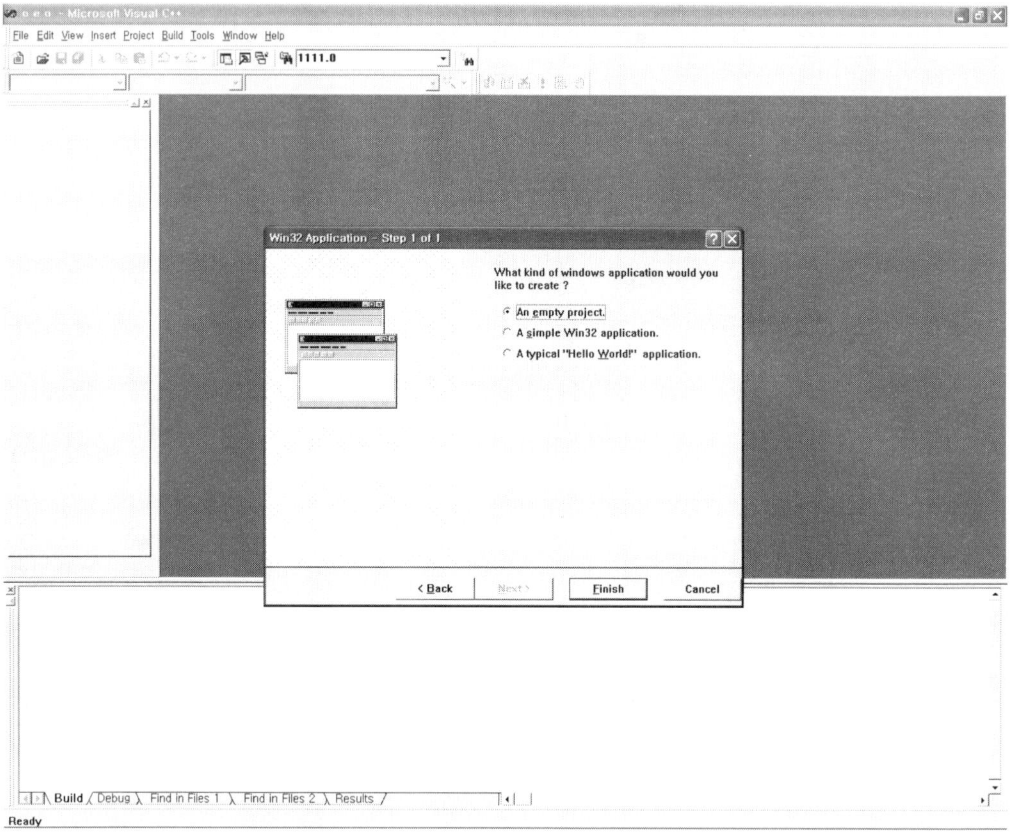

가 나타난다.

설정을 바꾸지 않는다.

다음 단계로 넘어가기 위해 "Finksh" 단추를 누른다. 그러면 "New Project Information" 대화 상자가 나온다.

다음 단계로 넘어가기 위해서 "OK" 단추를 누른다.

처음에 그랬던 것처럼 다시 "File" 메뉴에서 "New" 명령을 선택한다.

"New" 대화 상자의 "Files" 탭에서 "C++ Source File"을 선택한다. 파일의 이름을 "흑체.c"으로 한다. 아래의 화면

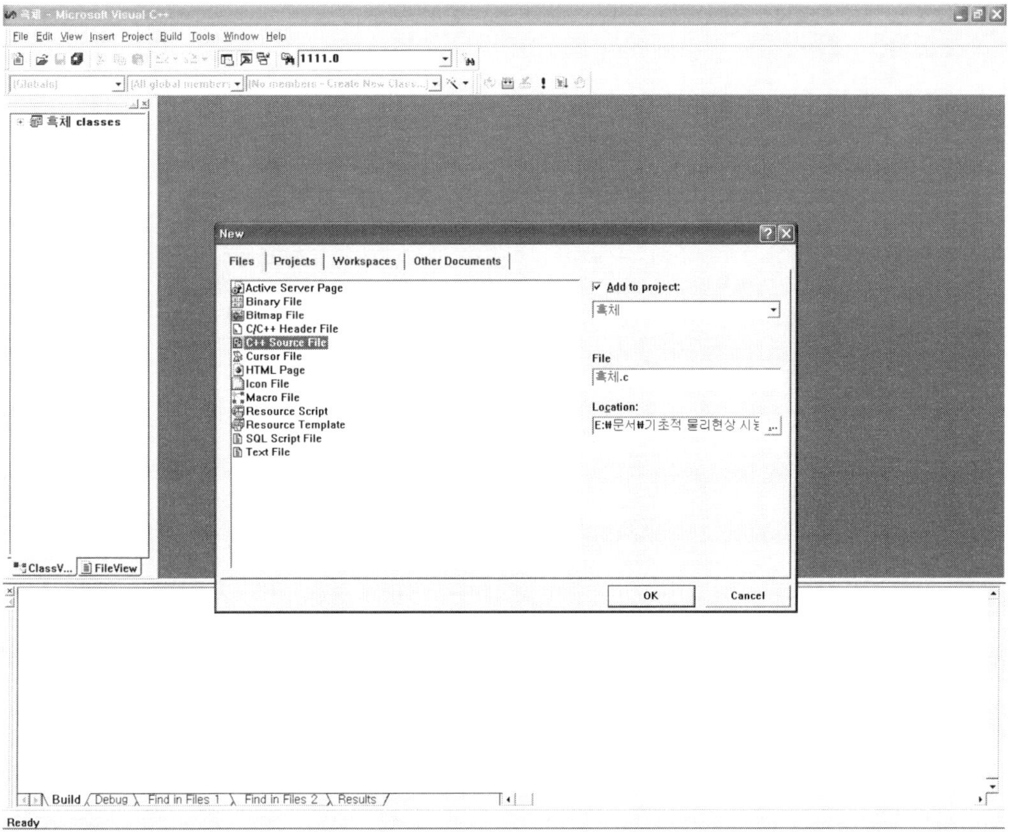

처럼 되어 있는가?

마지막으로 "OK" 단추를 누른다. 그러면

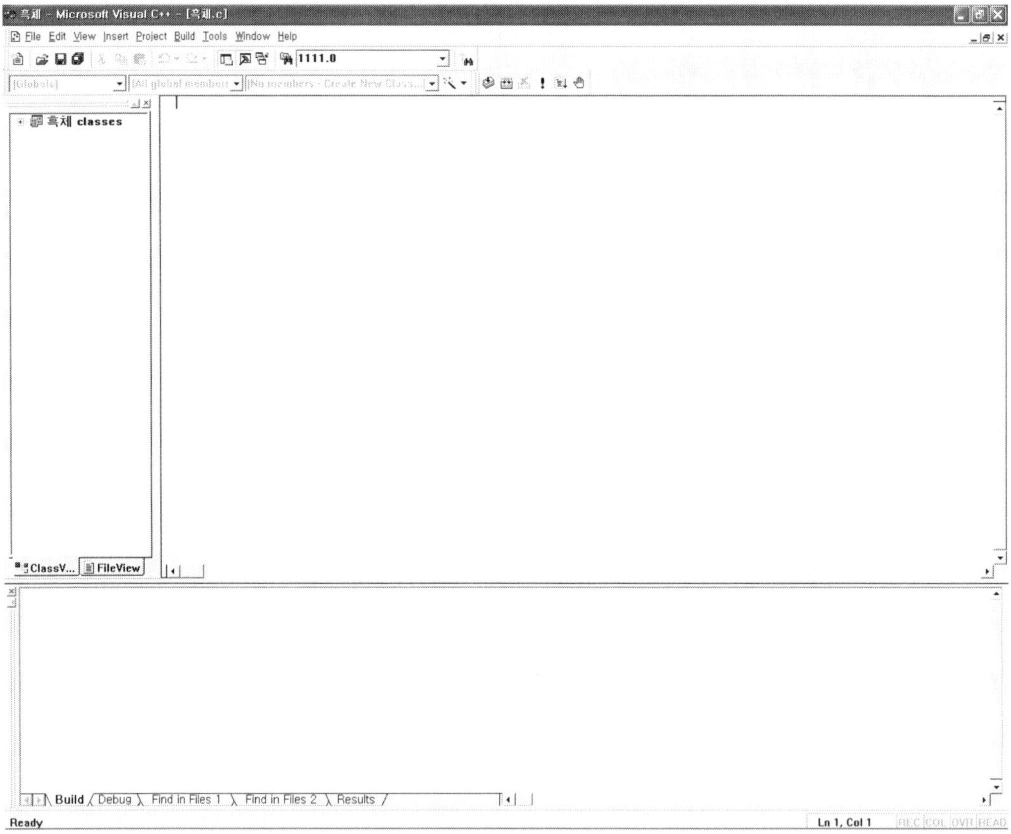

이 나타난다.

이제 우리는 "흑체.c"을 타이핑하면 된다. 타이핑이 끝나면 이전처럼 프로젝트를 컴파일하고 실행하면 된다.

14.3.2 소스 코드

```
#include <windows.h>
#include <math.h>

struct colourSystem
{
    char *name;                     // Colour system name
    double xRed, yRed,              // Red x, y
```

```
        xGreen, yGreen,            // Green x, y
        xBlue, yBlue,          // Blue x, y
        xWhite, yWhite,            // White point x, y
        gamma;                 // Gamma correction for system
};

#define IlluminantC     0.3101, 0.3162             // For NTSC television
#define IlluminantD65   0.3127, 0.3291             // For EBU and SMPTE
#define IlluminantE     0.33333333, 0.33333333     // CIE equal-energy illuminant
#define GAMMA_REC709    0          /* Rec. 709 */

static struct colourSystem
  // Name  xRed  yRed  xGreen  yGreen  xBlue  yBlue  White point  Gamma
  NTSCsystem = {"NTSC", 0.67, 0.33, 0.21, 0.71, 0.14, 0.08, IlluminantC, GAM-
MA_REC709},
  EBUsystem = {"EBU (PAL/SECAM)", 0.64, 0.33, 0.29, 0.60, 0.15, 0.06, Illumi-
nantD65,
    GAMMA_REC709},
  SMPTEsystem = {"SMPTE", 0.630, 0.340, 0.310, 0.595, 0.155, 0.070, Illumi-
nantD65,
    GAMMA_REC709},
  HDTVsystem = {"HDTV", 0.670, 0.330, 0.210, 0.710, 0.150, 0.060, IlluminantD65,
    GAMMA_REC709},
  CIEsystem = {"CIE", 0.7355, 0.2645, 0.2658, 0.7243, 0.1669, 0.0085, Illumi-
nantE,
    GAMMA_REC709},
  Rec709system = {"CIE REC 709", 0.64, 0.33, 0.30, 0.60, 0.15, 0.06, Illumi-
nantD65,
    GAMMA_REC709};

void upvp_to_xy(double up, double vp, double *xc, double *yc)
{
    *xc = (9 * up) / ((6 * up) - (16 * vp) + 12);
    *yc = (4 * vp) / ((6 * up) - (16 * vp) + 12);
}

void xy_to_upvp(double xc, double yc, double *up, double *vp)
{
    *up = (4 * xc) / ((-2 * xc) + (12 * yc) + 3);
    *vp = (9 * yc) / ((-2 * xc) + (12 * yc) + 3);
}
```

```
void xyz_to_rgb(struct colourSystem *cs, double xc, double yc, double zc,
  double *r, double *g, double *b)
{
    double xr, yr, zr, xg, yg, zg, xb, yb, zb;
    double xw, yw, zw;
    double rx, ry, rz, gx, gy, gz, bx, by, bz;
    double rw, gw, bw;

    xr = cs->xRed;      yr = cs->yRed;        zr = 1 - (xr + yr);
    xg = cs->xGreen;    yg = cs->yGreen;  zg = 1 - (xg + yg);
    xb = cs->xBlue;     yb = cs->yBlue;       zb = 1 - (xb + yb);

    xw = cs->xWhite;    yw = cs->yWhite;  zw = 1 - (xw + yw);

    /* xyz -> rgb matrix, before scaling to white. */

    rx = (yg * zb) - (yb * zg);  ry = (xb * zg) - (xg * zb);  rz = (xg * yb) -
(xb * yg);
    gx = (yb * zr) - (yr * zb);  gy = (xr * zb) - (xb * zr);  gz = (xb * yr) -
(xr * yb);
    bx = (yr * zg) - (yg * zr);  by = (xg * zr) - (xr * zg);  bz = (xr * yg) -
(xg * yr);

    /* White scaling factors.
       Dividing by yw scales the white luminance to unity, as conventional. */

    rw = ((rx * xw) + (ry * yw) + (rz * zw)) / yw;
    gw = ((gx * xw) + (gy * yw) + (gz * zw)) / yw;
    bw = ((bx * xw) + (by * yw) + (bz * zw)) / yw;

    /* xyz -> rgb matrix, correctly scaled to white. */

    rx = rx / rw;   ry = ry / rw;rz = rz / rw;
    gx = gx / gw;   gy = gy / gw;gz = gz / gw;
    bx = bx / bw;   by = by / bw;bz = bz / bw;

    /* rgb of the desired point */

    *r = (rx * xc) + (ry * yc) + (rz * zc);
    *g = (gx * xc) + (gy * yc) + (gz * zc);
    *b = (bx * xc) + (by * yc) + (bz * zc);
}
```

```
int inside_gamut(double r, double g, double b)
{
    return (r >= 0) && (g >= 0) && (b >= 0);
}

int constrain_rgb(double *r, double *g, double *b)
{
    double w;

    /* Amount of white needed is w = - min(0, *r, *g, *b) */

    w = (0 < *r) ? 0 : *r;
    w = (w < *g) ? w : *g;
    w = (w < *b) ? w : *b;
    w = -w;

    /* Add just enough white to make r, g, b all positive. */

    if ( w>0 )
    {
        *r += w;
        *g += w;
        *b += w;
        return 1;                  /* Colour modified to fit RGB gamut */
    }

    return 0;                      /* Colour within RGB gamut */
}

void gamma_correct(const struct colourSystem *cs, double *c)
{
    double gamma;

    gamma = cs->gamma;

    if ( gamma==GAMMA_REC709 )
    {
        /* Rec. 709 gamma correction. */
        double cc = 0.018;

        if ( *c<cc )
```

```
            *c *= ((1.099 * pow(cc, 0.45)) - 0.099) / cc;
        else
            *c = (1.099 * pow(*c, 0.45)) - 0.099;
    }
    else
    {
        /* Nonlinear colour = (Linear colour)^(1/gamma) */
        *c = pow(*c, 1.0 / gamma);
    }
}

void gamma_correct_rgb(const struct colourSystem *cs, double *r, double *g,
double *b)
{
    gamma_correct(cs, r);
    gamma_correct(cs, g);
    gamma_correct(cs, b);
}

void norm_rgb(double *r, double *g, double *b)
{
#define Max(a, b)   (((a) > (b)) ? (a) : (b))
    double greatest = Max(*r, Max(*g, *b));

    if ( greatest>0 )
    {
        *r /= greatest;
        *g /= greatest;
        *b /= greatest;
    }
#undef Max
}

void spectrum_to_xyz(double (*spec_intens)(double wavelength),
  double *x, double *y, double *z)
{
    int i;
    double lambda, X = 0, Y = 0, Z = 0, XYZ;

    /* CIE colour matching functions xBar, yBar, and zBar for
       wavelengths from 380 through 780 nanometers, every 5
       nanometers.  For a wavelength lambda in this range:
```

```
        cie_colour_match[(lambda - 380) / 5][0] = xBar
        cie_colour_match[(lambda - 380) / 5][1] = yBar
        cie_colour_match[(lambda - 380) / 5][2] = zBar

To save memory, this table can be declared as floats
rather than doubles; (IEEE) float has enough
significant bits to represent the values. It's declared
as a double here to avoid warnings about "conversion
between floating-point types" from certain persnickety
compilers. */

static double cie_colour_match[81][3] = {
  {0.0014,0.0000,0.0065}, {0.0022,0.0001,0.0105}, {0.0042,0.0001,0.0201},
  {0.0076,0.0002,0.0362}, {0.0143,0.0004,0.0679}, {0.0232,0.0006,0.1102},
  {0.0435,0.0012,0.2074}, {0.0776,0.0022,0.3713}, {0.1344,0.0040,0.6456},
  {0.2148,0.0073,1.0391}, {0.2839,0.0116,1.3856}, {0.3285,0.0168,1.6230},
  {0.3483,0.0230,1.7471}, {0.3481,0.0298,1.7826}, {0.3362,0.0380,1.7721},
  {0.3187,0.0480,1.7441}, {0.2908,0.0600,1.6692}, {0.2511,0.0739,1.5281},
  {0.1954,0.0910,1.2876}, {0.1421,0.1126,1.0419}, {0.0956,0.1390,0.8130},
  {0.0580,0.1693,0.6162}, {0.0320,0.2080,0.4652}, {0.0147,0.2586,0.3533},
  {0.0049,0.3230,0.2720}, {0.0024,0.4073,0.2123}, {0.0093,0.5030,0.1582},
  {0.0291,0.6082,0.1117}, {0.0633,0.7100,0.0782}, {0.1096,0.7932,0.0573},
  {0.1655,0.8620,0.0422}, {0.2257,0.9149,0.0298}, {0.2904,0.9540,0.0203},
  {0.3597,0.9803,0.0134}, {0.4334,0.9950,0.0087}, {0.5121,1.0000,0.0057},
  {0.5945,0.9950,0.0039}, {0.6784,0.9786,0.0027}, {0.7621,0.9520,0.0021},
  {0.8425,0.9154,0.0018}, {0.9163,0.8700,0.0017}, {0.9786,0.8163,0.0014},
  {1.0263,0.7570,0.0011}, {1.0567,0.6949,0.0010}, {1.0622,0.6310,0.0008},
  {1.0456,0.5668,0.0006}, {1.0026,0.5030,0.0003}, {0.9384,0.4412,0.0002},
  {0.8544,0.3810,0.0002}, {0.7514,0.3210,0.0001}, {0.6424,0.2650,0.0000},
  {0.5419,0.2170,0.0000}, {0.4479,0.1750,0.0000}, {0.3608,0.1382,0.0000},
  {0.2835,0.1070,0.0000}, {0.2187,0.0816,0.0000}, {0.1649,0.0610,0.0000},
  {0.1212,0.0446,0.0000}, {0.0874,0.0320,0.0000}, {0.0636,0.0232,0.0000},
  {0.0468,0.0170,0.0000}, {0.0329,0.0119,0.0000}, {0.0227,0.0082,0.0000},
  {0.0158,0.0057,0.0000}, {0.0114,0.0041,0.0000}, {0.0081,0.0029,0.0000},
  {0.0058,0.0021,0.0000}, {0.0041,0.0015,0.0000}, {0.0029,0.0010,0.0000},
  {0.0020,0.0007,0.0000}, {0.0014,0.0005,0.0000}, {0.0010,0.0004,0.0000},
  {0.0007,0.0002,0.0000}, {0.0005,0.0002,0.0000}, {0.0003,0.0001,0.0000},
  {0.0002,0.0001,0.0000}, {0.0002,0.0001,0.0000}, {0.0001,0.0000,0.0000},
  {0.0001,0.0000,0.0000}, {0.0001,0.0000,0.0000}, {0.0000,0.0000,0.0000} };

for (i = 0, lambda = 380; lambda < 780.1; i++, lambda += 5)
```

```
    {
        double Me;

        Me = (*spec_intens)(lambda);
        X += Me * cie_colour_match[i][0];
        Y += Me * cie_colour_match[i][1];
        Z += Me * cie_colour_match[i][2];
    }

    XYZ = (X + Y + Z);
    *x = X / XYZ;
    *y = Y / XYZ;
    *z = Z / XYZ;
}

double bbTemp = 5000;    // Hidden temperature argument to BB_SPECTRUM.
double bb_spectrum(double wavelength)
{
    double wlm = wavelength * 1e-9;       // Wavelength in meters

    return (3.74183e-16 * pow(wlm, -5.0)) / (exp(1.4388e-2 / (wlm * bbTemp)) -
1.0);
}

LRESULT CALLBACK WndProc (HWND, UINT, WPARAM, LPARAM) ;

int WINAPI WinMain (HINSTANCE hInstance, HINSTANCE hPrevInstance,
                    PSTR szCmdLine, int iCmdShow)
{
     static TCHAR szAppName[] = TEXT ("SineWave") ;
     HWND         hwnd ;
     MSG          msg ;
     WNDCLASS     wndclass ;

     wndclass.style         = CS_HREDRAW | CS_VREDRAW ;
     wndclass.lpfnWndProc   = WndProc ;
     wndclass.cbClsExtra    = 0 ;
     wndclass.cbWndExtra    = 0 ;
     wndclass.hInstance     = hInstance ;
     wndclass.hIcon         = LoadIcon (NULL, IDI_APPLICATION) ;
     wndclass.hCursor       = LoadCursor (NULL, IDC_ARROW) ;
     wndclass.hbrBackground = (HBRUSH) GetStockObject (WHITE_BRUSH) ;
```

```
     wndclass.lpszMenuName  = NULL ;
     wndclass.lpszClassName = szAppName ;

     if (!RegisterClass (&wndclass))
     {
          MessageBox (NULL, TEXT ("Program requires Windows NT!"),
                      szAppName, MB_ICONERROR) ;
          return 0 ;
     }

     hwnd = CreateWindow (szAppName, TEXT ("흑체복사"),
                          WS_OVERLAPPEDWINDOW,
                          CW_USEDEFAULT, CW_USEDEFAULT,
                          CW_USEDEFAULT, CW_USEDEFAULT,
                          NULL, NULL, hInstance, NULL) ;

     ShowWindow (hwnd, iCmdShow) ;
     UpdateWindow (hwnd) ;

     while (GetMessage (&msg, NULL, 0, 0))
     {
          TranslateMessage (&msg) ;
          DispatchMessage (&msg) ;
     }
     return msg.wParam ;
}

LRESULT CALLBACK WndProc (HWND hwnd, UINT message, WPARAM wParam, LPARAM lParam)
{
    double t=5780.0, x, y, z, r, g, b;
    HDC hdc;
    PAINTSTRUCT ps;
    static int cxClient, cyClient;
    RECT rt;
    HBRUSH bk, MyBrush;
    HPEN MyPen;
    int radius;

    struct colourSystem *cs = &SMPTEsystem;

    switch (message)
    {
```

```
    case WM_SIZE:
        cxClient = LOWORD (lParam) ;
        cyClient = HIWORD (lParam) ;
        return 0 ;

    case WM_PAINT:
        bbTemp = t;
        spectrum_to_xyz(bb_spectrum, &x, &y, &z);
        xyz_to_rgb(cs, x, y, z, &r, &g, &b);
        norm_rgb(&r, &g, &b);

        hdc = BeginPaint (hwnd, &ps) ;
        SetMapMode(hdc, MM_HIMETRIC);
        SetViewportOrgEx(hdc, cxClient/2, cyClient/2, NULL);
        GetClientRect(hwnd, &rt);

        bk = CreateSolidBrush(RGB(0,0,0));
        DPtoLP(hdc, (LPPOINT)&rt, 2);
        FillRect(hdc,&rt, bk);
        DeleteObject(bk);
        MyPen = CreatePen(PS_SOLID, 0, RGB(255*r,255*g,255*b));
        SelectObject(hdc, MyPen);
        MyBrush = CreateSolidBrush(RGB(255*r,255*g,255*b));
        SelectObject(hdc, MyBrush);
        radius = rt.top - 9999;
        Ellipse(hdc, -radius, radius, radius, -radius);
        DeleteObject(MyBrush);
        DeleteObject(MyPen);
        EndPaint(hwnd, &ps);

        return 0 ;

     case WM_DESTROY:
          PostQuitMessage (0) ;
          return 0 ;
     }
     return DefWindowProc (hwnd, message, wParam, lParam) ;
}
```

14.3.3 실행 결과

부록 A 에밀레종(성덕대왕신종)의 비밀

A.1 개론

신새벽에 들리는 범종 소리는 잠자던 마음에 청명함을 일깨운다. 노을 지는 산사의 종소리는 찌든 마음의 짐을 내려놓게 한다. 이런 한국 범종의 깊은 맛에 이끌린 기계 공학자들이 우리나라 최고의 범종인 '에밀레종'[2] 소리의 비밀을 한꺼풀 벗겼다.

옆의 그림은 에밀레종을 나타낸 것이다. 높이가 3.66m 이고 무게가 18.9t 인 이 종의 정식 명칭은 성덕대왕신종인데, 예술성, 아름다운 소리, 규모 어느 면을 따지더라도 최고의 종이라고 할 수 있다.

김석현 강원대 교수와 이장무(서울대) · 이치욱(미국 퍼시픽대) 교수는 지난 3 년 동안 에밀레종의 신비한 '맥놀이' 소리와 그 소리를 만드는 범종 몸체의 다양한 떨림 모양을 분석해 만든 맥놀이 지도를 국제학술지 〈음향진동학 저널〉 (JSV) 3 월호에 발표했다. 맥놀이란 유리잔이나 종 같이 속 빈 둥근 몸체를 두드릴 때 나타나는데, 소리가 맥박처럼 약해졌다가 세지기를 거듭하며 우는 소리 현상이다.

이번 연구 결과는 에밀레종을 보관 중인 국립경주박물관이 2001~2003 년 연 타종식에서 얻은 음향 · 진동 데이터를 대상으로 음파 신호 분석과 컴퓨터 모의실험 등을 거쳐 얻어졌다. 분석 결과, 에밀레종을 타종하고 한참 뒤까지 "…어~엉…어~엉…" 하는 독특한 소리의 여운이 이어지는 것은 에밀레종 소리가 수많은 낱소리 성분들로 이뤄졌으며 이런 낱소리의 어우러짐과 소멸이 시간에 따라 달라지기 때문인 것으로 드러났다.

에밀레종 소리를 이루는 낱소리 음파는 1000Hz 이내에서만 무려 50 여 가지에 이르

---

[2] 통일신라 771 년 주조

는 것으로 나타났다. 20 여 년 종소리를 연구한 김 교수는 "영국 세인트폴 성당의 종 '그레이트 폴'[3]을 분석했더니 음파 수는 20 개에 못 미치는 정도"라고 말했다.

소리는 타종 순간, 한꺼번에 생겨나 허공으로 퍼진다. 첫소리는 '당참'과 '장중함'이다. 당목[4]을 크게 휘둘러 생기는 운동에너지가 범종으로 옮아, 범종 몸체에 수많은 떨림들을 만들어낸다. 김 교수는 "소리는 떨림 없이 생기지 않기 때문에 50 여 가지 주파수 성분이 있다는 것은 타종 직후의 범종 몸체에 50 여 가지의 떨림이 일어난다는 뜻"이라고 말한다.

낱소리들은 서로 흡수하거나 합병하지 않는다. 오로지 각 떨림은 제 몫의 운동에너지를 마찰에너지로 다 소모한 뒤에 사그라질 뿐이다. 빠르게 떨리는 고주파는 그만큼 빨리 사라진다. 타종 뒤 몇 초 안에 거의 대부분 낱소리들이 소멸한다. 그러고 나서 센 소리에 가려져 있던 에밀레종만의 신비한 소리가 마침내 나타난다. 김 교수는 "9 초 이후 에밀레종 소리의 세계는 숨소리 같은 64Hz 와 어린아이 곡소리 같은 168Hz 의 음파만이 지배한다"고 말한다.

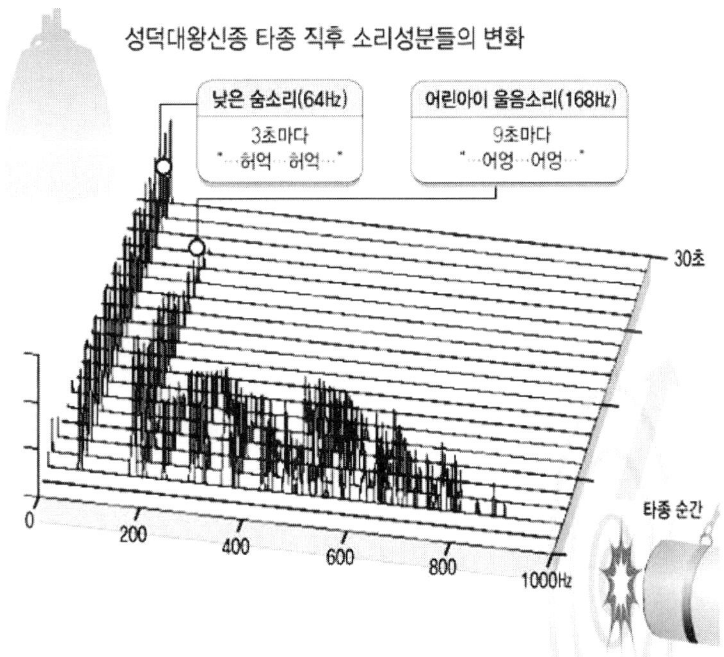

3 17t, 1881 년 주조

4 범종을 치는 나무

대표음은 아무래도 168Hz 의 소리다. 1 초에 168 번의 떨림으로 일어나는 소리다. 낭랑한 목소리의 음파가 바로 이 정도라 하니, 에밀레의 대표음은 애초부터 사람 귀에 썩 어울린다. 168Hz 의 음파는 타종하고 9 초 뒤 "…어~엉…" 하고 울고는 사라지듯 하다가, 다시 한번 9 초 뒤에 약하게 울음을 토해낸다. 김 교수는 "이 때문에 문학작품에서 에밀레종 소리는 죽었다가 다시 살아나 '곡을 하는 듯한' '어린아이의 울음소리' 로 표현된다" 며 "168Hz 를 더 자세히 들여다보면 168.52Hz, 168.63Hz 의 두 가닥 음파가 한 쌍을 이룬 것으로 나타나는데, 이런 차이(0.11Hz) 때문에 맥놀이 주기는 9 초가 된다" 고 말했다.

최후까지 남는 에밀레종 소리는 64Hz 의 음파로 조사됐다. 3 초마다 한번씩 등장하는 맥놀이를 하는데 매우 낮은 음이어서 "허억…허억… 하며 마치 숨을 몰아쉬는 듯한 소리" 로 들린다.

맥놀이는 왜 생기는 것일까. 맥놀이의 원리를 규명해 미국기계공학회 학술지에 발표했던 이장무 교수는 "범종의 미세한 비대칭이 맥놀이의 원인" 이라고 말한다. 겉보기에 범종은 엄격한 대칭이지만, 범종 표면의 문양 · 조각이 비대칭을 이루고 몸체 곳곳의 물질 밀도나 두께도 모두 미세하게 다르며 심지어 쇳물을 부어 범종을 주조하는 순간에 우연히 섞이는 공기량도 약간씩 달라 비대칭은 범종의 피할 수 없는 운명이자 특징이다. 이 교수는 "미세한 비대칭성이 범종 몸체에 여러 떨림들을 만들고, 그것들이 음파를 내면서 어우러져 우리 귀에 은은한 종소리로 들리는 것" 이라고 말했다.

그런데 맥놀이를 Visual C++ 6.0 으로 모의실험하는 것은 쉽지 않다. 왜냐하면 Visual C++ 6.0 은 특정 진동수의 음파를 발생시키는 함수를 제공하지 않기 때문이다. 따라서 간단하게 목적을 달성하기 위해서는 다른 방법을 강구해야 하는데 Mathematica 의 Play 명령을 사용하면 쉽게 모의실험할 수 있다.

Mathematica 의 Play 함수는 기본적으로

Play[f, $\{t, t_{min}, t_{max}\}$]

의 형태를 가지는데 이 명령은 진폭 f 의 사운드를 연주한다. 여기에서 f 는 단위가 초(second)인 시간 t 의 함수이다. 만약 2.3.초 동안 426Hz 의 진동수를 가진 순음(pure tone)을 연주하고자 한다면

```
In[1]:= Play[Sin[426 × 2 π × t], {t, 0, 2.3}]
```

Out[1]=
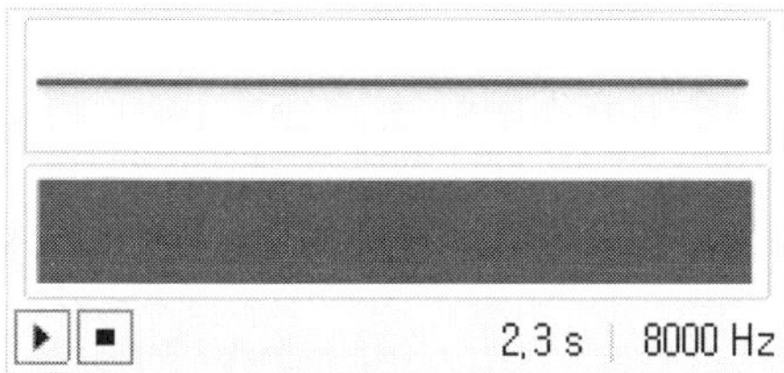

와 같이 명령을 하면 된다.

순음에 대해 알아보자.

사인파로 이루어진 순수한 소리를 순음이라 하는데, 사인음파 또는 단순음이라고도 한다. 음색적인 특징 없이 일정한 높이를 유지하는 소리이다. 완전한 순음은 실제로 존재하지 않지만, 소리굽쇠를 두드렸을 때의 소리는 그와 가깝다고 할 수 있다. 보통의 소리는 진동수가 다른 여러 순음의 집합인데, 이런 소리를 복합음(compound tone)이라 하고, 복합음을 이루는 순음을 부분음이라고 한다.

다시 Play 명령으로 돌아가자. 사운드가 실제로 연주될 때, 사운드의 진폭은 매 초당 어떤 횟수만큼 샘플링된다. 이것은 SampleRate 옵션을 설정함으로써 sample rate 을 지정할 수 있다. 일반적으로 sample rate 가 높으면 높을수록 사운드에서 높은 진동수의 성분들이 보다 좋게 렌더링된다. r의 sample rate 은 전형적으로 $\frac{r}{2}$Hz 까지 진동수를 허용한다. 인간은, 나이와 성(sex)에 다소 의존하기는 하지만, 보통 20~22000Hz 의 소리를 감지할 수 있다. 피아노의 경우 88 개 건반에 대한 기본진동수는 27.5~4186.01Hz 범위에 있다. 컴팩트 디스크 플레이어에 사용되는 표준 sample rate 는 44100Hz 이다. 전형적인 전화 시스템에서 효과적인 sample rate 는 약 8000Hz 이다. Mathematica 6.0 에 의해 사용되는 기본 sample rate 는 8000Hz 이다.

입체(stereo) sound 를 내기 위해서는

Play[$\{f_1, f_2\}$, $\{t, t_{min}, t_{max}\}$]

와 같이 명령한다. 일반적으로 Mathematica 는 여러 개의 사운드 채널을 지원한다.

그럼 이제 실제 종소리와는 딴판(?)이긴 하지만, 에밀레종의 소리를 모의실험해 보자.

일단 168.52Hz 의 음파와 168.63Hz 의 음파가 만드는 맥놀이는

$$\sin[168.52 \times 2\pi t] + \sin[168.63 \times 2\pi t]$$

와 같이 표현하면 된다. 그런데 종소리는 시간에 따라 조금씩 소멸하므로 그런 소멸

효과를 고려해 주면 더욱 좋을 것이다. 위의 함수에 $\frac{9}{0.11}-t$를 곱하여 주면 그런 효과를 낼 수 있다. 여기에서 상수항은 음파를 발생시키는 시간이다.

모의실험 결과를 보면 $\frac{9}{0.11}-t$이 어떤 기능을 하는지 명확히 알 수 있을 것이다.

A.2 명령문 및 모의실험 결과

A.2.1 시간에 따른 종소리 소멸 효과 무시

```
In[2]:= Play[Sin[168.52 × 2 π × t] + Sin[168.63 × 2 π × t], {t, 0, 9/0.11},
  SampleDepth → 16, SampleRate → 50 000]
```

Out[2]=

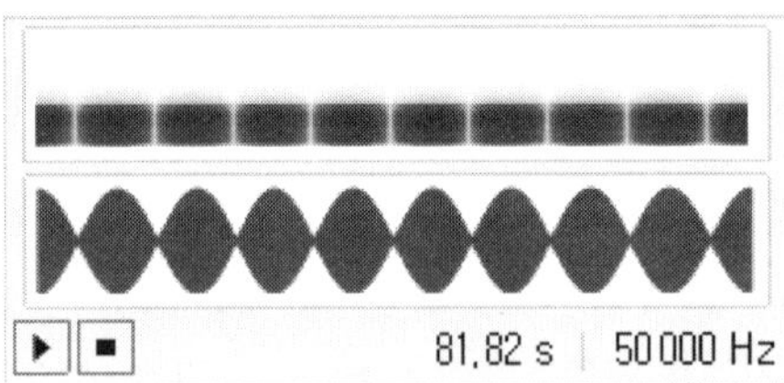

A.2.2 시간에 따른 종소리 소멸 효과 고려

```
In[3]:= Play[(9/0.11 - t) (Sin[168.52 × 2 π × t] + Sin[168.63 × 2 π × t]), {t, 0, 9/0.11},
  SampleDepth → 16, SampleRate → 50 000]
```

Out[3]=

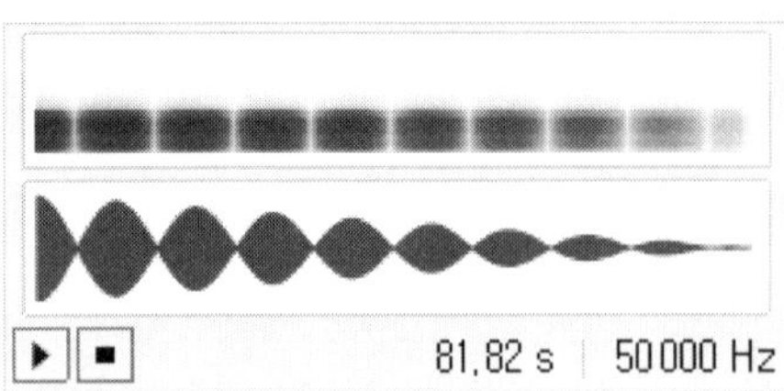

이 책을 집필하는 데 도움을 준 자료들

★ 논문

제목	지은이	Journal
Illumination for Computer Generated Pictures	Bui Tuong Phong	Communications of the ACM, vol. 18, no. 6, pg. 311~317, June 1975

★ 책

원제목	지은이	번역판 제목	옮긴이
3 차원 그래픽: C 언어로 배우는 이론과 알고리즘	신영수, 김현석		
Classical Dynamics of Particles and Systems	Jerry B. Marion	일반역학	강석태
College Physics	Raymond A. Serway, Jerry S. Faughn	대학물리학	대학물리학교재편찬위원회
How Things Work: The Physics of Everyday Life	Louis A. Bloomfield	알기 쉬운 생활 속의 물리	물리교재편찬위원회
Optics	Eugene Hecht	광학	조재흥, 장수, 황보창권, 조두진
Programming Windows	Charles Petzold		

원제목	지은이	번역판 제목	옮긴이
셈틀에서 태어난 수치해석학 완전판	최행진		

★ 웹사이트

http://www.fourmilab.ch/documents/specrend/

http://www.hani.co.kr/popups/print.hani?ksn=14547

내가 지금까지 쓴 책들

순서	제 목	출간일
1	Visual C++ 6.0 으로 구현하는 수치해석	2001.3
2	Visual C++ 6.0 으로 구현하는 기초적 물리현상 시뮬레이션	2001.5
3	디지탈 사운드와 디지탈 음악 구현에 중점을 둔 Mathematica 4	2001.10
4	Visual C++ 6.0 으로 구현하는 정전기학, 기하광학, 기초적인 3 차원 컴퓨터 그래픽	2001.11
5	Visual C++ 6.0 으로 구현하는 수치해석학 2002	2002.1
6	Visual C++ 6.0 으로 구현하는 기초적 물리현상 모의실험 2002	2002.1
7	초보자를 위한 푸리에 해석학	2002.3
8	원주율에 대한 수학자들의 열정과 C/C++ 언어로 도전하는 원주율 계산	2002.4
9	물리학(Physics)과 생리학(Physiology)으로 풀어가는 음악(Music)의 신비	2002.8
10	Java 언어로 구현하는 수치해석학	2002.8
11	Visual C++ 6.0 으로 구현하는 수치해석학 2003	2003.1
12	고속 푸리에 변환(Fast Fourier Transform)으로 구현하는 무한정밀도(Infinite Precision)	2003.3
13	물리학자 푸리에와 고속 푸리에 변환	2003.8
14	Visual C++ 6.0 과 GNU 컴파일러로 구현하는 수치해석학 2004	2004.2

15	Visual C++ 6.0 과 GNU 컴파일러로 구현하는 수치해석학 2005	2005.3
16	셈틀에서 태어난 수치해석학 기본판 셈틀에서 태어난 수치해석학 완전판	2008.5

Visual C++ 6.0으로 구현한

전산물리학

2008년 6월 10일 초판 인쇄
2008년 6월 20일 초판 발행

저 자 / 최행진
발행자 / 오판근
발행처 / 교우사

주 소 / 서울 동대문구 제기2동 148-19
전 화 / 925-2861(대), 편집부 / 925-2825
팩 스 / 925-2860
E-mail / kw2861 @ chollian. net
http: // www. kyowoo. co. kr
등록 / 1994. 3. 24 제6-0256호

ISBN 978-89-8172-746-8 (93420)

값 **20,000**원